加拿大五台山大雄宝殿项目上梁仪式

加拿大五台山观音殿金属瓦屋面龙骨安装

加拿大五台山大雄宝殿正立面鸟瞰效果图

中亿丰集团领导欢送古建匠人合影留念

"一带一路"合规经营
系列丛书

工程建设企业境外合规经营指南

加拿大

中国施工企业管理协会
中亿丰建设集团股份有限公司 | 编著

中国市场出版社
China Market Press

·北京·

图书在版编目（CIP）数据

工程建设企业境外合规经营指南. 加拿大 / 中国施工企业管理协会，中亿丰建设集团股份有限公司编著. —北京：中国市场出版社有限公司，2023.8

（“一带一路”合规经营系列丛书）

ISBN 978-7-5092-2405-2

Ⅰ. ①工… Ⅱ. ①中… ②中… Ⅲ. ①建筑企业-对外投资-工业企业管理-中国-指南 Ⅳ. ①F426.9-62

中国国家版本馆 CIP 数据核字（2023）第 057938 号

工程建设企业境外合规经营指南：加拿大

GONGCHENG JIANSHE QIYE JINGWAI HEGUI JINGYING ZHINAN：JIANADA

编　　著： 中国施工企业管理协会 中亿丰建设集团股份有限公司
责任编辑： 王雪飞

出版发行： 中国市场出版社
社　　址： 北京市西城区月坛北小街 2 号院 3 号楼（100837）
电　　话：（010）68034118/68021338
网　　址： http：//www.scpress.cn

印　　刷： 河北鑫兆源印刷有限公司
规　　格： 145mm×210mm　　32 开本
印　　张： 12.75　　**字　　数：** 332 千字
版　　次： 2023 年 8 月第 1 版　　**印　　次：** 2023 年 8 月第 1 次印刷
书　　号： ISBN 978-7-5092-2405-2
定　　价： 68.00 元

《工程建设企业境外合规经营指南：加拿大》

编 委 会

主　　任： 曹玉书

副 主 任： 尚润涛　李清旭　郑学选　王海怀
汪建平　周育先　陈　云　戴和根
徐鹏程　蒋德军　汪桃义　白小虎
张　建　裴宏伟　叶卫东　蔡典维
沈德法　宫长义　张桂玉　梁　亮

主　　编： 曹玉书

副 主 编： 尚润涛　宫长义

执行主编： 孙晓波　马玉宝　王武民　张长春
王　锋　邹建刚　刘　剑　韩树山
姬　东

参编人员： 韩　磊　翟绍燚　潘　鸿　顾　锋
李民天　赵冰鑫　张雅雯

专家审核组成员：

马燕冰　中国现代国际关系研究院研究员
何　胜　对外经贸大学教授
章旭彦　中国施工企业管理协会合规顾问

彭世红　中建国际建设有限公司副总经理

岐温华　中国电建集团海外投资有限公司总法律顾问兼首席合规官

张　磊　中国土木工程集团有限公司中土研究院副院长

宋玉祥　上海市建纬（北京）律师事务所高级合伙人

张明明　中国石油天然气第一建设有限公司企管法规部经理

张玉金　江西中煤建设集团有限公司企业管理部部长、合规办公室主任

PREFACE
序言

"一带一路"倡议是顺应全球治理体系变革，彰显同舟共济、命运与共意识的国际公共产品。作为完善全球治理体系、推动构建人类命运共同体的中国方案，共建"一带一路"已经成为171个国家和国际组织开展国际合作的新模式，正在向高质量共建的阶段迈进。

共建"一带一路"在完成总体布局的基础上，聚焦重点、深耕细作，扎实推进项目实施，累计开展了3000多个项目，可圈可点的成果、实实在在的好处，让"一带一路"朋友圈不断扩大。中国企业参与"一带一路"建设的程度也越来越深入，面临的市场环境越来越复杂，合规经营在企业可持续发展中也显得越来越重要。

为更好地帮助企业提高合规经营管理水平，有效防范及化解经营风险，早在2017年5月，习近平总书记就中国企业合规经营问题，在中央全面深化改革领导小组会议上，明确指出加强企业海外经营行为合规制度建设的必要性。2018年7月1日，国家标准《合规管理体系指南》（GB/T 35770—2017）正式实施；2018年11月2日，国务院国资委《中央企业合规管理指引（试行）》发布实施；2018年12月26日，国家发展改革委正式发布《企业境外经营合规管理指引》，为中国企业更好地开展境外经营业务、建立合规管理体系和制度，提供了官方的指导意见。

中国施工企业管理协会基于工程建设行业的实践经验和研究成果，联合12家会员单位，在国家发展改革委区域开放司的指导下，出版《工程建设企业境外合规经营指南》（以下简称《指南》），结合企业自身情况，以丰富翔实的案例，系统地从市场环境、通用规则、国别规则以及示范项目等角度展示了中国企业在境外稳扎稳打、开拓进取的合规发展历程，具有针对性、实务性和系统性的特点，是一套指导性非常强的工具书。

《指南》的出版有利于帮助广大施工企业适应国际工程承包自由化、便利化的市场环境，引导企业以实现行业高质量发展为目标，期望通过树立境外合规经营优秀典型，分享境外合规运营经验，帮助企业完善合规运营体系，形成合规文化，提升企业在国际市场中的竞争力。同时，在更广泛的范围倡议共建“一带一路”的企业，增强机遇意识和风险意识，夯实基础，固牢底线，趋利避害，在发展中不断前进，在合作中茁壮成长。

2021年12月

PREFACE

前言

中亿丰建设集团股份有限公司（简称中亿丰）创立于1952年，是江苏省首家获得建筑工程和市政公用施工总承包特级资质及市政行业甲级、建筑设计甲级、岩土工程（勘察、设计）甲级的“双特三甲”民营企业，拥有特、一、二级资质20余项。成立以来，始终坚持服务国家发展战略，坚持“信为本、诚为基、德为源、创为先”的核心价值观，坚持改革创新发展，打造优质品牌，大力实施全国化发展、全产业协同联动、打造建筑全生命周期服务商的发展战略，积极宣贯执行力文化，传承和弘扬诚信意识和工匠精神。

在行业领域，中亿丰一直保持江苏城市建设主力军地位，成功建造了以苏州中心、苏州现代传媒广场、苏州东环南延高架桥、524国道改扩建工程、苏州轨道交通S1线、苏州东汇公园下穿护城河隧道工程、南京青奥馆、淮安金融中心、无锡新沟河水利枢纽工程、西安渭北工业园、郑州绿都、融创住宅群、越南海阳电厂、加拿大五台山仿唐式大殿工程等为代表的享誉国内外的一系列知名工程，获得詹天佑奖2项、鲁班奖15项、国家优质工程奖21项、华夏建设科学技术奖3项，以及各类省市级工程类奖数百项。在海外多个国家或地区承建项目，尤其以越南、巴林、加拿大等国家为重点开展业务。通过巩固国内外市场布局、提升盈利空间、优化产业结构等措施，致力于中亿丰“十四五”发展战略目标的实现。

2016年，中亿丰以“一带一路”沿线国家基础设施建设为契机，凭借越南、巴林等国家项目落地和加拿大古建木构技艺走出国门，借力中国元素和苏州优势，稳步培育“中亿丰”品牌在行业领域中的信誉度、专业力和匠心品质，充分利用国内和国际两个市场、两种资源，参与区域经济一体化和经济全球化发展。先后获得对外援助成套项目总承包资格、ENR全球最大250家国际承包商荣誉和中国对外承包工程企业信用AAA等级。

然而，当我们多角度地审视目前全球经济形势可以发现，在疫情蔓延、经济下行和境外营商环境复杂等因素的不利影响下，企业在“走出去”的过程中，对风险管理的控制手段不足，易受限于各类不可预见风险。因此，为更好地帮助企业了解和熟悉当地营商环境，提升防范和化解境外经营风险的能力，中亿丰特此编制《工程建设企业境外合规经营指南：加拿大》，力求全面、真实、客观地反映加拿大宏观经济形势、法律法规、经贸政策、营商环境等“走出去”企业关心的事项，为有意“走出去”开展对外投资合作的企业提供帮助，使其在风险可测、可防、可控的前提下获取主动权。

按总面积来算（包括陆地面积与水域面积），加拿大仅次于俄罗斯，是全世界第二大的国家。同时，加拿大也是世界第十大经济体，是经济合作与发展组织（OECD）和八国集团成员。能源资源行业、制造业、农业、金融保险业、专业服务业是加拿大国民经济的支柱产业。加拿大经济以服务业为主，约3/4的就业人口从事服务业，在先进国家中位居前列。

自 1970 年 10 月 13 日建交以来，中国和加拿大的关系取得了长足发展。1973 年 10 月，加拿大总理皮埃尔·特鲁多访华，这是两国建交后加总理首次访华。此后，两国高层交往不断增多。中国国家主席、总理、全国人大常委会委员长和全国政协主席等先后访加。加总督、总理和参众两院议长亦多次访华。两国正式贸易关系始于 1961 年中加签订的小麦协定。自 1970 年两国建交并于 1973 年签订政府间贸易协定以来，两国经济贸易关系发展顺利，友好合作保持良好发展势头。近年来，中加经济贸易关系有了较大发展，已从单一的商品贸易发展到全方位、跨领域、多元化的贸易和经济技术合作，商品、服务、人员和资本的流动日益频繁，两国间的经济联系不断加深。这也为有意“走出去”的企业提供了新机遇、新条件。

中国企业在“走出去”的发展道路上，必须选择正确的方法，一方面要提升自身竞争力和眼界，练好内功，另一方面不能急于求成，要找准切入点和着力点，科学部署企业走向海外市场的计划和措施，谋求长远发展。同时也要学会整合资源，与优秀企业加强合作，积极关注政府搭建的对接交流平台，借船出海、集群抱团，实现互惠共赢。“走出去”是机遇也是挑战，要想走得稳，就必须建立合规经营体系，希望本书可以为关注跨境合规经营的读者提供有价值的参考。

CONTENTS
目录

第五章 工程项目投建营全生命周期中的合规要求 173

Chapter 1

第一章

境外工程建设合规管理的重要性

“合规”一词源自英文 compliance，是指企业行为符合法律法规及其内部规章制度和商业道德的要求。企业合规管理本质上是对企业内部的自我管理提出了要求，不仅要求其合法合规，还要求其遵守企业自己制定的规章和社会承认的商业道德。近年来，随着中国“走出去”战略、“一带一路”倡议的推动，越来越多的企业走出国门，开始广泛参与跨国经营，而与此同时，越来越多的中国企业遭受海外合规处罚，引发了国内企业对于合规问题的关注和思考。

一、合规的起源

（一）企业合规思想的起源

合规思想最早可追溯到成立于1906年的美国食品和药物管理局（FDA）当时对食品和药物安全的监管，这促使部分企业开始将合规视为企业运营的一部分。20世纪50年代，英国为发展外向型经济，向外扩张本土企业。尽管当时的英国法律以及各个行业的规章制度相对比较完善，但对外投资要做到“入乡随俗”，英国本土的法规、企业规章和文化理念等已不适应投资所在国。在此背景之下，从国家、行业和人员三个层面考虑，英国率先推出合规。

（二）企业合规体系的诞生

20世纪60年代，因电气设备行业龙头企业的垄断行为，美国开始反垄断大潮，政府在该领域重拳出击，合规管理随着美国防止违反《反托拉斯法》（反垄断法）的政策实施进程而得到了普及，在当时促使很多企业开始建立反垄断合规体系。

（三）企业专项合规体系的建设

20世纪70年代，为应对这时期出现的系列财务丑闻，美国证券交易委员会在1977年颁布了《反海外腐败法》，要求上市公司在贿赂、回扣、记账和其他方面执行合规政策。《反海外腐败法》在合规的世界发展史上具有标志性意义，一方面是因为该法在反腐败领域具有广泛的域外管辖效力，至今仍然是悬在各跨国企业头上的“达摩克利斯之剑”；另一方面是因为该法要求企业对资金往来进行准确的会计记录，从而直接介入了企业财务内控体系的建设。

1986年，美国发布了《环境审计政策声明》，将企业环保作为合规工作要点，鼓励公司对设备使用是否符合环保要求进行系统、定期和客观的检查，以确保公司合规体系的有效性，发现潜在的环保违规问题。同一年，美国军火企业联合起草了《国防工业的商业伦理与企业活动精神》，将自觉履行合规管理制度作为企业自律的要求。1988年，美国又通过了《内幕交易与证券欺诈取缔法》，进一步防止证券内幕交易。这一系列专项法案的制定推动了企业在问题领域专项合规体系的建设。

二、合规体系的成形与完善

（一）企业合规体系的成形

20世纪90年代以前的合规多集中在某些具体领域，从20世纪90年代开始，企业全面合规体系建设逐渐成形。标志性的事件是1991年美国量刑委员会发布《针对机构实体联邦量刑指南》（以下简称《量刑指南》）。

《量刑指南》主张将机构实体是否具备完善的合规体系作为减轻刑事责任的重要考量。该指南的出台标志着现代合规理念与合规标准的成形。企业按照《量刑指南》的合规标准审查现有合规体系或建立新合规体系。

1992年，关于通过控制危险废物跨越国境的转移和处置来防止危险废物对环境和人体健康造成危害的全球性国际公约《巴塞尔公约》开始生效，目前已经有187个国家签署。

1995年，联合国首次提出“全球契约”的构想，号召企业以承诺遵守国际行为准则的方式，使经济活动兼顾社会公益，承担相关社会责任。2004 年，“全球契约”扩充形成人权、劳工标准、环境、反贪污四个方面的十项基本原则。

1997 年，经济合作与发展组织（OECD，简称经合组织）成员国达成《反对国际商业活动中向海外政府官员行贿行为公约》。

（二）企业合规体系的规范

2001—2002 年，安然有限公司和世界通信公司等企业发生财务造假丑闻，暴露出美国上市公司治理和财务审计方面存在的严重问题。为加强公司监管、重振投资者信心，美国国会于 2002 年通过《萨班斯-奥克斯利法案》（简称《萨班斯法案》），对美国上市公司财务监管中存在的问题做出了针对性规定。

《萨班斯法案》适用于所有在美国上市和准备赴美上市的公司，包括外国公司，如中国的阿里巴巴、网易等，因而对世界范围内的企业经营和合规管理产生了深远影响。

2004 年，巴塞尔银行监管委员会颁布《巴塞尔协议》，鼓励银行不仅要识别当前的风险，而且要识别将来的风险，并且改进现有的风险管理体系来管理这些风险。2005 年，巴塞尔银行监管委员会又发布了《合规与银行内部合规部门》高级文件。

这一时期对合规发展产生重要影响的，还包括 2004 年修订过后的《针对机构实体联邦量刑指南》。修订后的《量刑指南》为评估合规体系的有效性规定了更为细致和严格的要求，包括但不限于：培养诚信合规的组织文化，强调管理层对合规体系的监督，加强员工合规培训和宣介，建立内外部风险评估机制等内容。

（三）企业合规体系的发展和完善

肇端于 2007 年的次贷危机席卷全美。为遏制金融违规、挽回公众信任，美国国会于2010年通过了《多德-弗兰克华尔街改革和消费者保护法案》。该法案的规则覆盖了几乎整个金融业和国民经济，旨在改善金融业责任制和透明度，避免再次发生经济危机，是美国金融业自大萧条以来最为深远的一次改革。

反腐败合规在这一阶段再次成为热点。以美国对德国西门子公司的反腐败执法案为代表，美国司法部和证券交易委员会在这一时期对大量跨国公司进行了反腐败调查和执法。受《反海外腐败法》巨额罚款的警示（西门子被罚约16亿美元）和会计条款的要求，众多企业开始不断加强自身的反腐败合规体系建设。

2010年，《量刑指南》再次修订，此次修订强调了合规官的独立性，对企业合规体系建设产生了不小的影响。

2010年，经合组织OECD颁布《内控、道德与合规最佳行为指南》，要求企业制定明确的政策来禁止海外贿赂，制定针对所有员工的合规执行体系、相关交流和培训机制、完善的举报制度等。

2014年，国际标准化组织ISO发布实施了ISO 19600《合规管理体系指南》，将合规管理分为建立和改进两部分，包括确定合规范围、建立合规方针、评估合规风险、制定应对计划、实施和控制、评估和报告、持续改进等阶段，为所有规模和类型的企业建立有效的合规管理体系提出了指导性建议。

2014年，亚太经合组织APEC通过了《北京反腐败宣言》《亚太经合组织预防贿赂和反贿赂法律执行准则》《亚太经合组织有效和自愿的公司合规项目基本要素》。

2016年，国际标准化组织ISO颁布了《ISO 37001：2016反贿赂管理体系——要求和使用指南》，对于企业运营当中可能存在的不正当的利益往来行为，阐述了预防、发现和应对措施。

2017 年，美国司法部发布的《合规管理体系评估》罗列了问题样本清单，企业可以对照这份清单，对自身的合规管理体系的充分性和效能进行评估。

2019 年，《量刑指南》更新版明确提出了 12 项评估合规体系有效性的指标，并在《商业组织联邦起诉原则》中明确提出了 3 个评价标准：合规体系是否设计良好？是否有效实施？是否实际发挥作用？

2021 年，国际标准化组织 ISO 的《ISO 37301：2021 合规管理体系要求及使用指南》正式发布实施。ISO 37301 规定了组织建立、运行、维护和改进合规管理体系的要求，并提供了使用指南，适用于全球任何类型、规模、性质和行业的组织。

到目前为止，经营合规的概念已经深入到商业领域的各个方面，各个国际组织都为构建全世界范围内公平、公正的合法合规经营环境不断努力着。而反过来对企业而言，经营风险不可能完全杜绝，但却可以利用已尽合规义务的规则来保护自身，并且利用合规管理规则来加强企业建设。可以说，合规潮流不可逆，主动拥抱使用才是正确的做法。

点评：

从合规的起源到完善成形这近一个世纪以来的发展历程之中，我们可以看到企业的合规从最初经济法的各领域，如反垄断法、证券和金融监管以及跨国商业行为，到现在已经扩展到经济和社会规制的各个领域。它从不同的企业和部门兴起，从最开始的分流和不同目标，到 20 世纪 90 年代，最终汇总成干流，初步形成相对完整的体系，而目前已经成为各国家、地区乃至全球商业组织和法律部门的共享制度。每一次合规的演变都是各个历史大事件的迭代结果，各个国家和组织都努力地从失败事件中总结经验，逐步完善并形成达成共识的合规规范。

站在企业的立场上，合规更多和“风险管理”“内控体系”联系在一起（后文将阐述这三者的关系）。对于风险事件而言，每一个风险事件有危又有机，危与机是共存的孪生兄弟。每一次的事件，不只是事故，同时也是改进的契机，是推动前进的最深刻动力。因此，每个企业经营者都应充分意识到以下几点：

1. 合规要求不是对企业的约束，它最终的目标是引导全球商业环境朝健康有序、公平公正的方向发展。

2. 只有融入全球商业规则中，成为其中合格的一分子，才能接入全球的供应链环境，获取更多的业务机会，同时也能规避更多的风险。可以说，企业成为“合规组织”是参与全球竞争的最基本条件。

3. 注重企业发展过程中或者同行业中的每一次大事件，这是完善企业运行机制，规避运营风险的最好时机。

“走出去”与“全球性协作”是不可逆转的趋势，因时势而勃发的中国合规管理成为我国各个企业在国际化进程中的实践热点。但是源于美国并扩展到世界范围内的这一制度，在国内推行的时候的确有许多值得检讨的地方。中国式的公司治理、法治水平和大陆法系的制度局限性，限制了合规作用的发挥。然而，相对于开拓者，我们是幸运的，是站在前人的肩膀上去处理合规问题。我们还需要不断地完善合规管理和制度，这正是我们向前迈进最正确的方向。

三、合规管理的基本概念

合规是指企业及其员工的经营管理行为符合有关法律法规、国际条约、监管规定、行业准则、商业惯例、道德规范和企业依法制定的章程及规章制度等要求，是企业通过制定合规政策，按照内部规范的要求统一制定并持续修改合规规范，监督内部规范的执行，以增强内部合规控制；对违规行为进行持续识别、监测、预警，防范、控制、化解合规风险的一整套管理活动和机制。

合规管理包括组织内部的自我审查和来自外部组织的监管，其主要内容包括（但不限于）：合规管理制度建设、合规文化建设、合规信息系统建设、合规咨询、合规培训、合规审核、合规审计、合规检查、合规考核、合规评价、合规报告、法律法规追踪、投诉举报处理、监管配合和合规问责等。

四、合规管理的意义

（一）中国当前合规管理的现状

合规管理理念和实践于 20 世纪 70 年代末由三资企业引入中国。就合规监管而言，我国也经历了由金融机构逐步向其他行业扩散的过程，目前我国政府对于企业合规管理体系的建设十分重视，要求各行业都应加强企业合规管理，完善企业合规建设。如：

2006 年 10 月，中国银监会颁布了《商业银行合规风险管理指引》，为商业银行合规风险的管理提出了指引。

2016 年 4 月，国务院国有资产监督管理委员会印发了《关于在部分中央企业开展合规管理体系建设试点工作的通知》，指出企业合规管理在中国移动、中国石油、东方电气集团、招商局集团、中国中铁等 5 家中央企业开始试点。

然而，和跨国企业相比，中国企业在合规问题的处理上相对落后，很多中小企业乃至部分大企业甚至都不知道合规管理的概念，而相对重视合规管理的企业，如华为、中兴和中国铁建等，其合规管理体系的构建也还处于起步阶段。我国对企业经营合规方面的相关法律法规也正在逐步完善过程中。

2008 年以来，中国企业大规模“走出去”，更是大量出现对国际上通行规则与非通行规则的认识不足或者理解不到位而不合规的商业行为，导致企业受到经营所在地政府或者国际组织的制裁，这不仅给企业造成经济与声誉损失，还给中国企业国际形象带来负面影响。

在 2018 年，中兴通讯被美国政府处罚 14.9 亿美元的同时，被列入美国禁售制裁名单，几乎濒临倒闭。同样是中国通信行业领头羊的华为也一直受到美国相关监管机构的调查。

近年来，随着中国企业国际化程度逐步加深，我国“一带一路”倡议持续推进，更多的中国企业，尤其是工程建设、工程服务类企业，参与到世界银行以及其他国际多边开发机构贷款项目的投标、建设及服务中。然而，自 2019 年新冠疫情暴发以来，贸易保护主义日渐盛行、民粹主义不断抬头，部分地区地缘政治紧张局势难见缓解，大国政治博弈进一步加剧。受台海问题、新疆问题、印巴问题、南海问题以及 2022 年愈演愈烈的俄乌局势影响，欧美部分国家或组织为打击我国经济社会的发展，对我国在海外上市、经营的企业或项目开展过度的审核与监管，这使中国企业面临的境外经营合规风险越来越大。

截至 2022 年 3 月 11 日世界银行官网公布数据，尚在制裁名单上的中国企业和个人共计 196 个（不含港澳台），中国是受世界银行制裁企业数量最多的国家。这为“走出去”的中国企业在合规管理方面敲响了警钟。

(二) 国家对企业境外经营合规管理的重视

国家对企业境外经营合规管理越来越重视。近年来陆续出台了规范企业境外经营行为，提升企业合规管理水平的方针政策，见表1-1。

表1-1 中国政府近年来发布的合规要求

时间	机 构	事 项
2010年8月	商务部、外交部、国家发展改革委、公安部、国务院国资委、安全监管总局、全国工商联	·印发《境外中资企业机构和人员安全管理规定》 进一步加强新形势下境外中资企业机构和人员安全保护工作，保障“走出去”战略的顺利实施。
2011年7月	国务院国资委	·发布《中央企业境外国有资产监督管理暂行办法》 目的是规范境外企业经营行为，维护境外国有资产权益，防止国有资产流失。
2013年2月	商务部、环境保护部	·印发《对外投资合作环境保护指南》 引导企业积极履行环境保护社会责任，推动对外投资合作可持续发展。
2013年3月	商务部	·印发《规范对外投资合作领域竞争行为的规定》 促进对外投资合作业务健康和可持续发展，规范企业海外经营行为，鼓励和保护公平竞争，杜绝不正当竞争行为，提升对外投资合作企业管理水平和竞争能力。

续 表

时间	机　构	事　　项
2014 年 1 月	商务部、财政部	·审议通过《对外劳务合作风险处置备用金管理办法（试行）》 目的是规范对外劳务合作企业的经营行为，保障外派劳务人员合法权益。
2014 年 8 月	商务部	·审议通过《境外投资管理办法》 促进和规范境外投资，提高境外投资便利化水平。
2017 年 5 月	中央全面深化改革领导小组	·审议通过《关于规范企业海外经营行为的若干意见》 提出要"加强企业海外经营行为合规制度建设"。
2017 年 12 月	国家发展改革委、商务部、人民银行、外交部、全国工商联	·发布《民营企业境外投资经营行为规范》 从完善经营管理体系、依法合规诚信经营、切实履行社会责任、注重资源环境保护和加强境外风险防控等五方面对民营企业境外投资经营活动进行引导和规范。
2017 年 12 月	国家发展改革委	·审议通过《企业境外投资管理办法》 加强境外投资宏观指导，优化境外投资综合服务，完善境外投资全程监管，促进境外投资持续健康发展。
2017 年 12 月	国家质量监督检验检疫总局和国家标准化管理委员会	·发布 ISO 19600《合规管理体系 指南》（GB/T 35770—2017/ISO 19600：2014） 为企业全面系统地建设合规管理体系提供了具体的指南。

续 表

时间	机 构	事 项
2018 年 8 月	习近平总书记，推进“一带一路”建设工作 5 周年座谈会	强调企业应规范投资经营行为，合法合规经营，注意保护环境，履行社会责任，成为共建“一带一路”的形象大使。
2018 年 11 月	国务院国资委	·印发《中央企业合规管理指引（试行）》 对中央企业的合规管理体系建设提出了要求和建议。
2018 年 12 月	国家发展改革委等七部委	·发布《企业境外经营管理指引》 对于推动企业持续提升合规管理水平提供了更加具体的行动指引。
2021 年 8 月	国家市场监督管理总局和国家标准化管理委员会	·发布《合规管理体系 要求及使用指南》征求意见稿 该稿基于 ISO 37301：2021 进行修订并代替 GB/T 35770—2017。

在 2018 年 11 月举行的民营企业座谈会上，习近平总书记指出，要在合法合规中提高企业竞争能力，形成更多具有全球竞争力的世界一流企业。在第二届“一带一路”国际合作高峰论坛上，习近平主席进一步明确，共建“一带一路”要引入各方普遍支持的规则标准，推动企业在项目建设、运营、采购、招投标等环节按照普遍接受的国际规则标准进行，同时要尊重各国法律法规。李克强总理也曾在批示中强调，强化合规经营意识是企业“走出去”的前提。他还要求国家发展改革委、商务部、国务院国资委、外交部四部委调查中国企业“走出去”遇到的问题，指导企业特别是国有大中型企业在经营中遵规守

法，切实防范风险。

2021 年 12 月，国务院国资委发布《关于进一步深化法治央企建设的意见》，提出认真落实全面依法治国战略部署，持续深化法治央企建设，着力构建世界一流企业的合规制度体系，不断提升依法治企能力，助推企业高质量发展。2021 年 12 月 3 日，国务院国资委再次召开中央企业“合规管理强化年”工作部署会，强调中央企业必须把强化合规放到贯彻习近平法治思想的高度来认识，放到落实全面依法治国战略的全局来部署，放到保障企业高质量发展的层面来推动，力争通过一年时间推动企业合规管理工作，建立健全企业合规管理体系，真正发挥规范管理、防控风险、支撑保障的重要作用。

同时，中国政府也更加积极地参与全球反腐败与合规管理的国际合作。2014 年亚太经合组织（APEC）北京会议通过了《北京反腐败宣言》（以下简称《宣言》），中国是《宣言》的发起者和参与者。此外，中国还参与发起并通过了《亚太经合组织预防贿赂和反贿赂法律执行准则》《亚太经合组织高效率公司合规项目基本要素》等重要文件。同时，中国也积极加入各类世界级别的公约，如《联合国反腐败公约》《国际商务交易中打击勒索和贿赂行为准则》等。作为成员方中国的企业，必然要顺应全球合规治理加强的大趋势，履行公约所规定的义务，积极预防和应对商业贿赂，树立和维护国家形象。

（三）中国企业境外经营合规管理的重要意义

合规管理是企业稳健经营运行的内在要求，也是防范违规风险的基本前提，是每一个企业都必须重视且进行管理的一部分，也是保障自身利益的有力武器。

合规管理可以防止决策失误，领导者的权限较大，再小的决策错误都有可能引发公司的多米诺效应，合规化管理能够通过约束高层领导人员的相关行为，最大限度地减少因决策失误而带来的经营风险。

合规化管理是规范员工行为的有效手段，通过建构科学的企业合规文化以及合规体系，有利于让员工养成合规化的习惯，避免违规风险。同时在制度层面向广大员工普及合规管理的相关条例，有利于让员工自觉自律地避免违规化操作。

对于境外经营的中国企业来说，合规管理还有着更多更高层次的意义。

1. 树立和维护国家形象的需要

跨国企业虽然具有国际性，并且遵循基本的商业逻辑行事，但在以国家为主体的当代世界中，让人产生的第一印象还是其国家形象。如果中国企业在“走出去”的时候能够塑造一个遵规、亲和、友善、负责的中国形象，就会减少许多冲突和困境。因此，建立合规体系并使其有效运行，是使企业所有商业活动始终保持合法合规的基本保障，是中国企业在境外经营时，树立和维护国家整体形象，促进企业国际声誉的最基本条件。

2. 文化融入的需要

在国际市场上，我国企业在工程建设领域技术方面的差距并不大，但在管理和文化层面还有很大差距。因此，建设与国际经营接轨的先进企业文化，转变思想观念、改变思维方式，成为我们参与国际竞争的关键因素。

在合规经营、反对腐败成为主流价值观的大背景下，我们首先要创新的就是合规文化。要把文化理念转变为行为，需要通过建立系统的制度，将合规要求融入具体的工作流程及岗位中，持之以恒地严格执行。将表面的合规管理逐渐变成习惯，形成一种严谨的行为方式。通过合规制度的建立与执行，合规文化的培育，将管理文化由任意型、粗放型向信誉型、集约型转变。

中国文化比较强调变通、灵活，有时候这是优点，有时候就容易出问题。企业要想真正融入国际大家庭，实现做强做优，就必须对我们的行为方式和道德文化进行认真反思和总结，学会遵守国际游戏规则，才有可能自立于世界大企业之林。

3. **市场竞争的需要**

随着中国企业的发展壮大，一部分中国企业已处于发展变革的重要阶段。在这个阶段中，一是面临更多、更复杂的合规风险。二是在合规要求更严格的环境下参与市场竞争是未来的发展趋势，这就决定我们只有走合规经营之路，才能防范合规风险，才能在世界范围内和发达国家跨国公司竞争。而合规经营又能反过来提升企业的信誉，从而增强国际竞争能力。通过行为的合规来进一步保障执行结果正确，这也是提升企业经营质量的必选之路。

4. **防范政治风险的需要**

当前，世界正在经历大变局，人类社会进入大发展、大变革的新时代。世界多极化、经济全球化、社会信息化、文化多样化持续发展，全球治理体系和国际秩序变革持续推进，各国相互联系和依存大大加深，国际力量分布趋于重构，国际社会对于可持续发展的呼声更加强烈。与此同时，新冠疫情在世界范围内持续蔓延，国际及地区安全形势日趋复杂，全球性威胁挑战日益上升。国际上少数势力继续顽固奉行单边主义，诉诸强权政治，干涉他国内政，损害他国正当权益，制造矛盾、分歧和对抗，阻碍人类社会发展进步。

在这样恶劣的国际形势背景下，作为后起之秀的中国企业，在国际市场上的一举一动都备受关注，一旦出现失误就会被无限放大、抹黑。如何保持合规经营，不被某些国家用经济规则的借口制约发展，对于应对极高的地缘政治风险具有积极意义。

（四）工程建设企业境外经营合规管理的重要性

自2013年我们提出共建“一带一路”倡议以来，引起越来越多国家热烈响应，共建“一带一路”正在成为我国参与全球开放合作、改善全球经济治理体系、促进全球共同发展繁荣、推动构建人类命运共同体的中国方案。而这其中，对外工程承包企业是共建“一带一路”的“前头兵”和“重点戏”，我们与“一带一路”沿线国家一起，以基础设施互联互通建设为起点和重点，共同建设了许多重大项目，对切实改善相关国家的基础设施状况发挥了重要作用。互联互通的基础设施发展目标更为对外工程承包业务注入了活力和动力。

随着共建“一带一路”向高质量发展方向不断推进，对外承包工程业务面临发展方式创新、合规合法经营等重大挑战。近年来，每年政府报告都指出了：高质量共建“一带一路”，坚持共商共建共享，其中特别强调要“遵循市场原则和国际通行规则”。这必然要求“走出去”的中国企业把境外合规经营放在首位，不搞内幕交易，不钻漏洞空子，树立起境外合规经营优秀典范的形象，让国际社会看到惠及世界人民的“一带一路”，是有规矩、守规矩的“一带一路”。同时，企业也能通过完善合规运营体系，形成合规文化，进一步提升在国际市场中的声誉和竞争力，朝着良性、健康的方向行稳致远。

五、合规管理与风险管理和企业内部控制的关系

（一）三者的含义

1. 合规管理

合规管理的定义如前文所述。

2. 内部控制

内部控制是指企业和各个组织在经济活动中建立的一种相互制约的业务组织形式和职责分工制度。是为了实现其经营目标，保障资产的安全、完整，保证会计信息资料的准确可靠，确保企业经营方针的贯彻执行，以及经营活动的经济性、效率性、效果性，而在企业内部采取的自我调整、约束、规划、评价和控制的一系列方法、程序与措施的总称。

1980年后，美国COSO委员会（全美反舞弊性财务报告委员会发起组织）将“内部控制”定义为“一个组织设计并实施的程序，以便为达到该组织的经营目标提供合理保障”。

在COSO委员会制定的内部控制框架中，把内部控制活动分成五大组成部分，即：控制环境、风险评估、控制活动、信息与交流和监督评审。

2002年，美国成立的上市公司会计监管委员会（PCAOB）明确采用了《COSO内部控制整合框架》作为内控评价的标准体系。许多国家和地区的资本市场也采用了《COSO内部控制整合框架》，有些国家和地区在参照该框架的基础上建立了自己的内控体系。

我国在2005年先后出台了《上交所上市公司内部控制指引》和

《深交所上市公司内部控制指引》两个文件。上述两个文件参照了美国《萨班斯法案》的要求，在理论体系上和《COSO 内部控制整合框架》一脉相承。

3. 风险管理

风险管理是指通过对风险的识别、评估，选择最有效的应对方式，在事前主动地、有目的地、有计划地处理风险，以最小成本争取获得最大安全保证的管理方法。

企业风险管理理论的发展大致分为三个阶段。

第一阶段：以“安全和保险”为特征的风险管理。100 多年前航运企业风险管理的主要措施就是通过保险把风险转移给保险公司。

第二阶段：以“内部控制和控制纯粹风险”为特征的风险管理。随着工业革命的发展，公司对业务管理和流程方面的内部控制提出了要求。美国 1977 年的《反海外腐败法》要求公司管理层加强内部会计控制，1992 年的《COSO 内部控制整合框架》提出以财务管理为主线的内部控制系统。

第三阶段：以“风险管理战略与企业总体发展战略紧密结合”为特征的全面风险管理。风险管理实践表明，仅靠内部控制难以实现企业的最终目标。为此，COSO 委员会于 2004 年 9 月出台了《COSO 企业风险管理整合框架》，提出了由三个维度构成的风险管理整合框架。

我国国务院国资委于 2006 年发布《中央企业全面风险管理指引》，标志着我国中央企业建立全面风险管理体系工作的启动。

（二）三者的侧重点

合规管理是内部控制的一个重要方面，也是风险管理的一个关键环节。内控制度的完善离不开合规化的管理及操作。

这三者各有侧重点，详见表1-2。

表1-2 合规管理、内部控制与风险管理的侧重点

合规管理	内部控制	风险管理
1. 反商业贿赂、反欺诈、反舞弊； 2. 反垄断、反不正当竞争、反洗钱； 3. 贸易管制、海关估值、转移定价； 4. 数据安全、信息保护、隐私保护； 5. 高管刑事责任； 6. 税务合规； 7. 安全健康环保； 8. 知识产权保护。	1. 组织架构的设计与运行； 2. 发展战略的制定与实施； 3. 人力资源的引进与开发、使用与退出； 4. 安全生产、产品质量、环境保护与资源节约、促进就业与员工权益保护； 5. 企业文化的建设与评估； 6. 资金活动：筹资、投资和资金营运； 7. 采购业务：购买、付款； 8. 资产管理：存货、固定资产、无形资产； 9. 销售业务：销售、收款； 10. 研究与开发：立项与研究、开发与保护； 11. 工程项目：立项、招标、造价、工程建设、工程验收； 12. 担保业务：调查评估与审批、执行与监控； 13. 业务外包：承包方选择、外包实施； 14. 财务报告：编制、对外提供、分析利用； 15. 全面预算：编制、执行、考核； 16. 合同管理：合同订立、履行； 17. 内部信息传递：内部报告的形成、内部报告的使用； 18. 信息系统：开发、运行与维护。	1. 战略风险 2. 财务风险 3. 市场风险 4. 运营风险 5. 法律风险 6. 环境风险 7. 政策风险 8. 技术风险

合规管理的核心，是“不合规，企业及相关利益主体将遭遇声誉损害、高额赔偿，乃至刑事处罚”。将企业和个人行为纳入合规管理体系中，保障主体不因不合规而遭受以上损失。这是合规管理的驱动力，也是合规管理的内在核心。至于合规可创造价值，完善的合规体系可成为减轻责任的抗辩理由，则是锦上添花的事。

内部控制的核心，是“通过内部控制五要素，对管理层及员工的行为进行约束，以尽可能实现企业的运营有效、报告可靠、合规这三大目标”。内部控制是帮助企业实现业绩和盈利目标，同时又保证企业出具的财务报告可靠和企业行为符合法律法规。

风险管理的核心，是“以可接受的成本保护和创造价值”。可接受的成本是指企业对风险的偏好程度，保护价值是指企业进行风险管理的基本目的，创造价值是指企业运用风险带来的机会，它是企业进行风险管理的高级目的。随着社会波动性、复杂性和模糊性日益增加，以及利益相关者的参与度越来越高，企业更加需要完善的风险管理机制来应对。将风险管理贯穿于整个企业会产生许多好处，包括增加新的机遇，识别和管理企业的风险，增加竞争优势，减少负面损失，降低绩效偏离度，改善资源部署，提升企业韧性等。近年来，基于风险导向的管理理念逐渐兴起，企业管理中常见的公司治理、企业文化、战略管理、绩效管理、危机管理等都可以用风险管理框架来更好地使之标准化、科学化。

（三）三者的关系

合规管理、内部控制、风险管理都是企业治理与管理必不可少的一部分。在经济与社会不确定性不断增加的情形下，以及处于政策作为经济与社会治理的重要手段不断加强的时代中，在历经一些惨痛教训之后，三者都越发显得重要。

与战略管理、营销管理、人力资源管理等职能与职责相比，合规管理、内部控制与风险管理在企业中偏向于基本保障、风险预防。如果将企业比喻为一辆向前行驶的车辆，那么合规管理、内部控制与风险管理应该类似于刹车、前后护栏、ABS（防抱死制动系统）等组合在一起的功能。

合规管理、内部控制、风险管理侧重的视角不同。合规管理强调对规则（法律、规章制度、商业伦理、当地宗教和文化）的遵守，内部控制强调对行为（企业各层级、业务各环节）的限制，风险管理强调对未来不确定性事件的控制。

合规是内部控制要达到的目标之一，而内部控制则被涵盖在企业风险管理之内，是风险管理的一个基础和组成部分。因此，从三者的内涵来看，合规管理小于内部控制，内部控制小于风险管理。但从价值上来看，三者目前并不是可以相互取代的。

Chapter 2
第二章

加拿大概况

一、地理位置和人口分布

（一）地理位置

加拿大占据着北美洲北部的大部分地区，在北纬 41°~83°、西经 52°~141°之间。其领土西抵太平洋，东迄大西洋，北至北冰洋，东北部和丹麦领地格陵兰岛相望，东部和法属圣皮埃尔和密克隆群岛相望，南方与美国本土接壤，西北方与美国阿拉斯加州为邻。

加拿大国土面积为 998.5 万平方千米，整体面积仅次于俄罗斯，居世界第二位，其中陆地面积 909.4 万平方千米，淡水覆盖面积 89.1 万平方千米。

（二）人口分布

根据加拿大统计局数据，截至 2022 年 10 月，加拿大人口估计为 3929.2 万人，人口密度约每平方千米 4 人，是世界上人口最稀少的国家之一。

加拿大地广人稀、人口分布很不均匀，虽然国土面积仅次于俄罗斯国土面积，但是它大部分的面积都处于高纬度地区，并不适合人类居住。由于地理和气候的缘故，加拿大绝大部分人口都居住在北纬 55°以南的地区内。80%的人口居住在靠美国北部边界线 160 千米宽的一条狭长地带，超过 60%的加拿大人居住在安大略省和魁北克省。加拿大各省和地区人口分布如表 2-1 所示。

表 2-1　加拿大各省和地区人口分布

省份（地区）	人口数量（万人）
安大略省	1526.3
魁北克省	875.1
不列颠哥伦比亚省	536.8
阿尔伯塔省	460.1
曼尼托巴省	142.0
萨斯喀彻温省	120.5
新斯科舍省	103.1
新不伦瑞克省	82.1
纽芬兰-拉布拉多省	52.9
爱德华王子岛省	17.3
西北地区	4.6
育空地区	4.4
努纳武特地区	4.1

资料来源：加拿大统计局。

二、自然环境和自然资源

（一）自然环境

1. 气候条件

加拿大是一个阳光充沛、四季分明的国家。由于幅员辽阔且地形多样，加拿大的气候在不同地区会有明显差别，共有 6 个气候区：北极地区、北方地区、草原地区、山脉地区、太平洋沿岸地区、东南部地区。

北极地区由育空地区和西北地区的大部分组成，属于加拿大最寒冷的地区，年平均气温为-5.6℃。北方地区由草原省份的北部以及安大略省、魁北克省和大西洋沿岸省份的大部分组成，冬天长、夏天短，降雨量适中。草原地区包括草原省份的主要产粮区，包括阿尔伯塔省、曼尼托巴省和萨斯喀彻温省，该地区属大陆性气候，四季分明，冬天寒冷、夏天炎热。山脉地区即落基山地区，天气多变，大部分时间风雪交加。太平洋沿岸地区包括不列颠哥伦比亚省的沿海地区以及该省沿海岛屿，气候温和宜人。东南部地区包括安大略省和魁北克省的东南部、新斯科舍省、纽芬兰-拉布拉多省的东部、新不伦瑞克省和爱德华王子岛省，气候宜人，冬暖夏凉。

2. **地形地貌**

加拿大东部为拉布拉多高原，海拔约300~900米，大部分为低高原。东南部是五大湖中的苏必利尔湖、休伦湖、伊利湖和安大略湖，和美国的密歇根湖连接起来形成圣劳伦斯河，夹在圣劳伦斯山脉和阿巴拉契亚山脉之间形成河谷，地势平坦，多盆地。西部为科迪勒拉山系的落基山脉，许多山峰在海拔4000米以上。北部北极群岛地区，多丘陵低山，受极地气候影响，冰雪覆盖。中部为大平原和劳伦琴低高原，面积占国土的一半左右。

（二）自然资源

1. **林业资源**

加拿大森林资源丰富，森林面积3.47亿公顷，居全球第三位，仅次于俄罗斯和巴西，占世界森林覆盖面积的9%。约2.4亿公顷为可用木材林，其中68%为针叶林（软木），15.5%为混合林，10.5%为阔叶林。加拿大94%的森林为公有，余下的6%为私有。木材总蓄积量约为

446.5亿立方米。

2. 水利资源

加拿大领土面积中有89万平方千米为淡水覆盖，可持续性淡水资源占世界的7%。

加拿大主要河流有：圣劳伦斯河、马更些河、育空河、哥伦比亚河、纳尔逊河和渥太华河等，其中马更些河是加拿大第一长河，全长4241千米，仅次于密西西比河，为北冰洋水系。圣劳伦斯河为五大湖和大西洋之间的航运通道，全长1287千米，为加拿大径流量最大的河流。

点评：

尽管加拿大拥有丰富的淡水资源，但是大约60%的淡水流向北部地区，而加拿大大约85%的人口居住在加美边界300千米以内，导致许多地区的供水受到限制。此外，在不列颠哥伦比亚省内陆、草原省份南部和北极高海拔区域的一些地区也会经历干旱或半干旱气候，在这些地区，供水进一步受到限制。

3. 油气资源

加拿大原油探明储量1667亿桶，居世界第3位，仅次于委内瑞拉和沙特，其中97%以油砂形式存在，基本全部位于阿尔伯塔省。阿萨巴斯卡油砂矿区为世界最大油砂富集区，已探明原油储量约为80亿桶。加拿大天然气探明储量约为2.1万亿立方米，居世界第17位。

4. 矿产资源

加拿大是世界第三大矿业国，生产的金属和非金属矿物超过60种。2020年，加拿大开采了价值超过440亿美元的矿物，金属矿物占总产量的2/3以上，其中以黄金为主。加拿大还是许多关键矿物的全球领先生产国，包括用于先进电池生产的矿物，例如钴、石墨、镍等。

三、经济状况和发展规划

（一）经济状况

1. 总体经济

加拿大地域辽阔、自然资源丰富，国民经济主要产业包括服务业、制造业、能源行业和高科技产业等。加南大以贸易立国，对外贸依赖较大。

加拿大是少数能源净出口国之一，其大西洋沿岸拥有巨大的海上天然气储量，而阿尔伯塔省也拥有大量的石油和天然气资源，能源行业在加拿大国民经济中占有重要地位。加拿大同时是世界上最大的农产品供应国之一，也是锌、铀、铁矿石等矿产品的主要出口国之一；在加拿大安大略省南部和魁北克省地区也有相当规模的制造业、汽车和航空业布局。同时与其他发达国家一样，加拿大经济结构中批发贸易、零售贸易、不动产和租赁业、金融保险业等服务业占比较高，服务业雇佣的就业人数占该国劳动人口的近80%。

2. GPD

加拿大经济运行保持总体平稳态势。2019年，加拿大GDP为1.74万亿美元，同比增长1.9%，与通胀率基本持平。2020年受新冠疫情影响，加拿大GDP同比下降5.2%，失业率飙升至9.6%。随着疫情得到有效控制和国内纾困政策的支持，2021年加拿大经济整体回暖，GDP达到1.99万亿美元，增长率回升至4.5%。国际货币基金组织（IMF）预测，2022年加拿大GDP增速可达3.3%。

近五年来加拿大宏观经济数据见表 2-2。

表 2-2　2017—2021 年加拿大宏观经济数据

年份	GDP 总额（万亿美元）	GDP 增长率（%）	人均 GDP（美元）
2017 年	1.65	3.0	45129.4
2018 年	1.73	2.8	46548.6
2019 年	1.74	1.9	46328.7
2020 年	1.65	-5.2	43258.3
2021 年	1.99	4.5	51987.9

资料来源：世界银行。

注：表内 GDP 总额以及人均 GDP 均以现价美元为基准。

3. 产业结构

2020 年，加拿大第一、二和三产业在 GDP 中所占的比重分别为 1.7%、28.5%、69.8%。

4. GDP 支出构成

2020 年，加拿大投资、消费和出口在 GDP 中所占的比重分别为 21.5%、78.9%、30.6%。

5. 财政收支

2015 年 11 月特鲁多就任总理后，提出加大政府支出，通过赤字财政刺激经济增长。2021 年 4 月，加众议院表决通过了 2021 年联邦财政预算案，推出了总额 1014 亿加元、为期 3 年的经济刺激计划。2022 年 4 月，加副总理兼财长弗里兰向联邦议会提交 2022/2023 财年预算案。近年财政预算情况如表 2-3 所示。

表 2-3 加拿大近年财政预算情况（单位：亿加元）

财年	2017/2018 年	2018/2019 年	2019/2020 年	2020/2021 年	2021/2022 年
收入	3047	3205	3388	2962	3551
支出	3332	3386	3586	6504	5098
盈余	-285	-181	-198	-3542	-1547

资料来源：加拿大财政部。

6. 通货膨胀

2022 年商品和服务价格普遍上涨，消费者价格指数（CPI）年均上涨 6.8%，高于 2021 年（+3.4%）和 2020 年（+0.7%），涨幅创 40 年来新高。其中交通（+10.6%）、食品（+8.9%）和住所（+6.9%）等日常基础设施的价格涨幅最大。

7. 外汇储备

加政府自 2016 年 3 月起不再储备黄金。截至 2022 年 9 月，加外汇储备为 1027 亿美元。

8. 债务

截至 2022 年 3 月，加联邦总债务约 11401 亿加元。

9. 失业率

2020 年，受新冠疫情影响，加拿大失业率飙升至 9.6%。2021 年，失业率仍居高不下（7.7%），超过 1/4 的失业者已经待业半年或更长时间。2022 年，经济产业的恢复有助于推动就业增长，国际货币基金组织预计 2022 年加拿大的失业率将下降至 5.7%，并在 2023 年进一步降至 4.9%。

10. 对外贸易

2021 年，加拿大货物贸易总额为 12680 亿加元。加货物出口总额达6370亿加元，同比增长22.0%，货物进口总额达6310亿加元，同比增长12.2%。2021年贸易顺差总额为60亿加元。

（二）重点/特色产业发展情况

1. 农业

加拿大是世界第五大农产品出口国，每年出口约560亿加元的农产品。加拿大约50%的牛和牛肉、70%的大豆、70%的猪肉、75%的小麦、90%的油菜籽和95%的豆类用于出口。

加拿大可耕地面积占国土总面积的16%，其中已耕地面积约6800万公顷，占国土面积7.4%。农牧业机械化程度高，从业人数近27万，占全国劳动人口的1.5%。主要农产品有小麦、大麦、油菜籽、菜籽油、亚麻籽、燕麦等，主要畜产品包括牛肉、猪肉、牛奶和乳制品。

加拿大2021年农业普查数据显示，加农业部门继续在加经济和社会中发挥重要作用。截至2021年末，加全国共有18.99万个农场、26.24万名农场经营者和24.21万名农场雇员。

2. 渔业

加拿大外接太平洋、大西洋、北冰洋，内拥五大湖，海岸线长达24.4万千米，占世界海岸线的25%。大西洋渔业约占渔业总量的76%，产品有龙虾、螃蟹、虾和扇贝等；太平洋渔业占20%，产品有鲑鱼、蛤、底层鱼类和鲱鱼子等。淡水渔业占4%，产品有梭鱼、黄鲈、鲑鱼、白斑狗鱼、湖鳟鱼等。加拿大渔业发达，75%的渔产品供出口，是世界上最大的渔产品出口国之一。

3. 工业

2021年加制造业总产值1869亿加元，约占国内生产总值9%，从业人员约173.5万，占全国就业人口约9.1%。建筑业总产值1488亿加元，约占国内生产总值 7.5%，从业人员约 143 万，占全国就业人口约 7.6%。

（1）生物技术产业。

加拿大生物技术产业是该国首屈一指的高科技产业之一。该产业生态系统包括大型跨国医药公司和生物技术公司、早期和中期生物技术公司、研究机构、大学和包括合同研究和制造组织在内的支持网络。

外国投资公司主要有：雅培制药、美国安进、拜耳股份、安斯泰来制药、诺华、光谱制药、葛兰素史克等；加拿大本地企业主要有：Angicochem、奥贝泰克、Bioniche、Cangene 等。

根据加拿大政府统计数据，加拿大生物技术产业就业人员 38%分布于安大略省、35%分布于魁北克省、15%分布于不列颠哥伦比亚省，其余 12%分布于草原省份和大西洋区，这些区域已成为世界级的生物技术集散地。

（2）汽车制造业。

加拿大汽车制造业涵盖上千家企业，直接创造就业岗位近 13 万个，主要生产轻型车，包括轿车、面包车、皮卡，重型车包括卡车、公交车、校车、军用车辆等和各种类型车辆零配件和电子系统。

加拿大主要汽车制造商包括美国的菲亚特-克莱斯勒、福特、通用汽车，日本的本田和丰田汽车公司，汽车组装厂主要分布在安大略省。

（3）化学制造业。

加拿大化学工业（包括塑料）产品 60%以上用于出口，提供直接就业岗位约 8.7 万，关联就业岗位大致在 52.5 万。本国企业主要有：欧科全球、梅赛尼斯、新星化工、雷默工业等，外资企业主要有：液化空气、安姆科、巴斯夫、卡博特等。加化工公司主要集中在安大略省，约占行业的 43%，其次为不列颠哥伦比亚省（30%）、魁北克省

（17%），其他省份占 10%。

（4）航空航天业。

加拿大航空工业发达，是世界第三大飞机制造国，行业关联企业 700 多家。加航空航天工业公司集中分布在蒙特利尔航空工业园区，该园区集中了该行业一半以上的就业人口。其他分布在多伦多地区、温尼伯、温哥华和东部沿海城市。除民用航空器外，加拿大航天工业在地球观测、太空机器人、太空科技和探测、卫星通信等方面具有优势。

4. **金融业**

加拿大金融从业人员近 75 万人。业务领域包括银行，信托，面向生命、健康、财产和意外的保险，信用合作，证券交易，融资租赁，养老基金管理，共同基金管理，独立保险代理和经纪等。

（三）发展规划

加拿大的经济发展规划涉及多层次多领域，联邦政府层面的经济社会总体发展方案一般在每年的财政预算案中公布，各部门按照联邦政府的施政方案制定各行业发展规划。

1. **新政府施政大纲**

2021 年 11 月，特鲁多政府发布首份施政大纲，确立了政府施政的七大优先事项：改善医护条件；继续为疫情中遭受严重打击行业的工人和企业提供疫情援助；提供“住房加速基金”以帮助建造更多的房屋，更新“首次购房者激励计划”，继续实施 10 加元托儿协议；采取“更有雄心”的气候行动；加快与原住民和解；履行枪支管控承诺；继续实施曾承诺过的立法。

2. **民生保障计划**

2017 年起，加拿大联邦政府在住房、就业、医疗、绿色环保等领域推出多项民生保障安排。例如，“国家住房战略”计划在11年内投入112亿加元建设普通民众可负担的住房；支持落实《泛加拿大清洁增长和气候变化框架》，拨款219亿加元建设绿色基础设施；完善社会基础设施，2017—2027年计划拨款70亿加元，为中低收入家庭建设更多托儿所，减轻妇女负担；联邦政府与12个省区签订医保资金拨款协议等。

3. 农业和食品业发展规划

2018年4月1日，加拿大出台了《农业伙伴关系》投资计划，确立了加拿大农业和食品产业发展政策框架体系。该体系主要政策框架为：联邦政府层面重点支持农产品贸易增长与市场开拓；赋予省/地区政府较大的灵活性，联邦政府与省政府分摊项目经费；制定经营风险管理计划，旨在帮助生产者应对重大风险；建立农产品供给管理体系。

4. 基础设施规划

2016年，加拿大政府启动“投资加拿大”计划，对基础设施进行大规模投资，计划12年内在公共交通、绿色基础设施、社会基础设施、贸易和运输基础设施以及农村和北部社区基础设施等方面提供1800多亿加元投资。

加拿大设有资金总规模为350亿加元的基础设施银行，目的是以公共资金为杠杆，通过贷款、贷款担保和股本投资，撬动私人投资参与公共交通和高速公路等重大基础设施项目建设。2020年10月，加政府宣布基础设施银行未来3年新的重大基础设施计划，支出总额为100亿加元，预计将在全国创造约6万个工作岗位，推动高速互联网普及，帮助建立低碳经济。

5. 绿色经济发展规划

加拿大官方文件提及绿色经济或绿色转型时，一般聚焦保护环境和自然资源、降低能源资源消耗、开发利用可再生资源和减少温室气体排放等方面内容，主要涉及农业、电力、建筑、交通、能源资源开发等行业。目标是在保护环境和应对气候变化的同时，创造更多高收入绿色就业岗位，打造更加强劲和清洁的经济。

加拿大承诺2050年实现碳中和，为此，政府正在推动《加拿大净零排放责任法案》立法，拟通过法律形式确立上述碳中和目标，并确立每隔5年的分阶段减排目标。

2020年12月，加拿大环境与气候变化部发布《健康环境与健康经济》计划。该计划旨在通过减少资源浪费、扩大绿色电力供应、鼓励绿色交通方式、对碳排放进行定价以及建立加拿大绿色工业等多种措施，争取2050年实现净零排放。

2021年4月，加拿大总理特鲁多宣布，将2030年前的减排目标，由原定的在2005年基础上减排30%，提升为减排40%~45%。

四、国家象征和政治制度

（一）国家象征

1. 国旗

加拿大国旗为长方形，长宽之比为2∶1。旗面由红白两色组成，两边的红色代表大西洋和太平洋，白色正方形象征加拿大广阔的国土。中央绘有一片11个角的红色枫树叶，枫树是加拿大的国树，也是加拿大民族的象征。见图2-1。

图 2-1 加拿大国旗

2. 国徽

加拿大国徽为盾徽，图案中间为盾形，盾面下部为一枝三片枫叶；盾面上部的四组图案分别为三头金色的狮子、一头直立的红狮、一把竖琴和三朵百合花，分别象征加拿大在历史上与英格兰、苏格兰、爱尔兰和法国之间的联系。盾徽之上有一头狮子举着一片红枫叶，既是加拿大民族的象征，也表示对第一次世界大战期间加拿大牺牲者的悼念。狮子之上为一顶金色的王冠，以表示加拿大是一个以主权国王为国家元首的君主立宪制国家。盾形左侧的狮子举着一面联合王国的国旗，右侧的独角兽举着一面原法国的百合花旗。底端的绶带上用拉丁文写着“自海洋到海洋”，表示加拿大的地理位置——西濒太平洋，东临大西洋。见图 2-2。

图 2-2 加拿大国徽

3. **国歌**

加拿大国歌为《哦！加拿大》（英语：O Canada，法语：Ô Canada），官方认定英法两个版本。《哦！加拿大》从1939年起成为事实上的加拿大国歌，但直到1980年7月1日才成为法定国歌。

在《哦！加拿大》成为国歌之前，加拿大的国歌为英国国歌《天佑国王》（God Save The King），此歌至今仍是加拿大皇家颂歌。

（二）政治制度

1. **政治体制**

加拿大的政治体制为君主立宪下的议会制，并采用三权分立，立法权、司法权及行政权均源于加拿大君主。作为联邦国家，加拿大中央政府和10个省分享权力，联邦和省的权力分配载入宪法。三个北方地区的权限由联邦赋予。

从宪法意义上讲，加拿大国家元首为英国国王查尔斯三世。联邦设有1名总督，10个省各有1名省督，3个地区各有1名专员。他们代替国王行使权力，但这些职位主要是荣誉性质的。总督以英国君主的名义批准议会通过的法律，召集或解散议会，宣读国情咨文，签署某些和国家有关的文件，主持某些宣誓仪式等。

2. **宪法**

加拿大至今没有一部完整的宪法，主要由在各个不同历史时期通过的宪法法案共同构成。加拿大现行法律体系的基本框架是由1867年宪法确立的，当时称《英属北美法案》或《不列颠北美法案》。在当时，只有英国君主可以修改宪法。

1982年，加拿大联邦政府和除魁北克之外的9个省达成协议后，收回宪法，设立自己修改宪法的机制，并在宪法中加上《加拿大权利与自由宪章》。1982 年 4 月 17 日，加拿大宪法由英女王伊丽莎白二世在首都渥太华正式颁布。新宪法包括 1867 年的《英属北美法案》、《加拿大权利与自由宪章》和一份宪法修改模式。

根据宪法修改模式，大部分宪法条款的修改需要获得 2/3 省份的认可，这些省份的人口相加应至少占总人口的 50%。但是对于涉及众议院成员、官方语言、最高法院和宪法修改模式的条款，则需要所有省份一致同意才能进行修改。

3. **政府**

加拿大政府实行内阁制，由众议院中占多数席位的政党领袖出任总理并组阁。总理是加拿大最有实权和影响力的人物。总理就职后首要大事是组阁。内阁成员为政府各部门长官，由总理提名，总督任命。有时，总理在其任期内可重新组阁。枢密院为总理和总督的咨询机构，由内阁成员、省长和其他政界要人组成，是个荣誉性机构。1867 年建立联邦以来，加拿大基本上由自由党和保守党轮流执政。本届自由党政府于 2021 年 10 月就职，现政府内阁成员共 39 人。

联邦政府主要负责外交和具有全国性影响的国内事务，如国防安全、对外政策、人口统计、发行货币、邮政服务、移民和公民资格审定以及全国性的经济政策和税收等。此外，联邦政府还可组建规模巨大的国营公司来经营全国性事业，如加拿大航空公司、加拿大铁路公司、加拿大石油公司和加拿大广播公司等。

4. **议会**

加拿大议会由参议院和众议院组成，参众两院通过的法案由总督签署后成为法律。总督有权召集和解散议会。

参议院共 105 席，名额按各省人口比例和历史惯例分配。参议长由联邦总理提名，总督任命。1965 年 6 月 2 日前任命的为终身制，此后任命的 75 岁退休。参议院主要职责是审议并通过众议院提出和通过的立法法案。参议院有权修改这些法案，但修正案必须经众议院通过。参议院也可提出某些不属于财政预算问题的议案或法案。

众议院共 338 席，众议员由按各省人口比例划分的联邦选区直接选举产生，任期 4 年。加拿大联邦与省一级的选举基本上采取政党制度，即某一候选人代表某一政党参加选举，因而，众议院内会明显地分成两大集团。议席占多数为执政党，该党领袖成为总理并组织政府；议席占少数的为少数党，少数党中占有席位最多的称为反对党，反对党的主要作用是监督执政党的政府。

点评：

根据议会制传统，当选议员人数最多的政党组建政府。如果组建政府的政党在众议院获得的席位超过半数，组成的政府就是多数政府，它有能力控制众议院。

反之，如果一个政党虽然获得最多议席，但所获议席在众议院不过半，它组建的政府就是少数政府。这意味着拥有更多议席的反对党可以否决政府提出的法案，也可以通过对财政预算等重要问题的投票来推翻政府。

政府如果垮台，随之而来的就是解散众议院和召集大选。

一个少数党可以和另一个政党组成联盟以获得绝对多数。这种联盟可以是暂时性的，如 2005 年自由党和新民主党之间的合作；也可以是正式联盟。在后一种情况下两党联合执政，共同组阁。

5. 司法体系

加拿大属英美法系国家，法院分为联邦法院和省法院两大系统。

加拿大联邦法院是加拿大联邦的司法机构。联邦法院的管辖权包括跨省纠纷、移民或难民事务、知识产权诉讼、公民诉求、竞争法案件和涉及加拿大政府部门的案件等。

联邦法院体系实行三级制，即联邦最高法院、联邦（上诉）法院和联邦（审判）法院。另外还设有税务法院等专门法院。联邦最高法院是加拿大最高审判机关，也是加拿大刑事和民事案件的终审法庭，由 1 名大法官和 8 名陪审法官组成。

加拿大的省法院体系目前分为三级，即省高等（审判）法院、省高等（上诉）法院和省法院。主要审理刑事案件及其他与该省有关的重要案件。

（三）主要党派

加拿大主要政党如下。

1. 自由党

执政党，1873 年成立，代表工业垄断资本集团利益并兼顾中、小企业利益。2013 年，贾斯廷·特鲁多（Justin Trudeau）当选为自由党党魁，2019 年 10 月、2021 年 9 月率自由党两次赢得大选，连任总理。

2. 保守党

加拿大右翼政党，由联盟党和进步保守党于 2003 年 12 月合并而成，代表银行保险业、铁路运输业、能源工业垄断资本和大农场主利益。2020 年 8 月，艾林·奥图尔（Erin O'Toole）当选为保守党领袖。

3. 魁北克集团

也称魁人党，1990 年成立，主张魁北克独立。2019 年 1 月，伊夫-弗朗索瓦·布兰谢（Yves-François Blanchet）当选为该集团领袖。

4. 新民主党

也称新民党，1961 年由“平民合作联盟”与“加拿大劳工大会”

联合而成。属于中左翼社会民主党性质，代表中下劳动阶层利益，主张政府提供更多公共产品，以弥补市场缺陷。2017 年 10 月，贾格米特 · 辛格（Jagmeet Singh）当选为新民主党领袖。

其他政党包括人民党、英联邦共同党、社会信用党、加拿大党、绿党和加拿大共产党等。

五、政府机构和行政区划

（一）政府机构

加拿大实行三级政府制度，即联邦政府、省/地区政府和市政府。联邦政府的首要责任就是保证并支持国家经济的运营，另外还负责国防、各省之间和与各国之间的商业贸易、移民、银行、货币系统、刑法及渔业等方面的事务。联邦政府还对航空、船运、铁路、通信和原子能等产业实施监督。

省政府和地区政府的组织结构类似联邦政府的结构，并负责各自地区在教育、财产与公民权利、司法审判、医院系统、自然资源、社会保障、保健和市政机构等方面的事务。

近年来，联邦政府已开始将一些方案和服务方面的更大责任转交给各省，比如劳务培训以及矿业和森林开发。省/地区政府还在其他诸如教育、土地开发、地区商业法规以及民事及文化活动等方面起着重要的作用。

加拿大主要经济部门及其职能如下：

（1）全球事务部：由外交部长，国际发展部长，小企业、出口促进与国际贸易部长分管。主要负责加拿大外交、发展援助和国际贸易及其多元化等方面事务。

（2）科学创新和经济发展部：由创新、科学与工业部长，经济发展和官方语言部长，小企业、出口促进与国际贸易部长，妇女、性别平等和乡村经济发展部长等分管。负责区域经济发展、投资与创新、研发、知识产权、中小企业、出口促进、旅游、标准化等方面事务。分管加拿大广播电视与电信委员会、加拿大著作权委员会、加拿大太空总署、加拿大统计局、加拿大旅游委员会、加拿大标准委员会等部门。

（3）农业与农产品部：加拿大政府掌管农业生产、农场经营收入、研究、开发、检验、动植物规范等政策的部门，另外也负责农村发展。分管加拿大食品检验局、加拿大谷物委员会等部门。

（4）财政部：负责财政和税务工作。

（5）自然资源部：负责管理自然资源、能源、矿物与金属、森林、地球科学、制图、遥测等，确保加拿大能源、矿物和金属等自然资源的发展。

（二）行政区划

加拿大是一个由十个省和三个地区组成的联邦。整个国家可分为四个主要区域：加拿大西部、加拿大中部、大西洋省份以及加拿大北部。在医疗保险、教育及社会福利等方面，省通常比地区拥有较多自治权。联邦政府可以在其他省份推行联邦法律，例如加拿大卫生法。

十个省分别为：

安大略省，简写为 ON，1867 年加入联邦，首府及最大城市为多伦多，首都渥太华位于该省。

安大略省全省大约有 25000 个湖泊以及全长超过 10 万千米的河

流，该省主要种植玉米、蔬菜、小麦、烟叶等，工业主要为制造业，东南部城市带为加拿大的工业中心。安大略省首府多伦多市是加拿大金融业的心脏，也是北美第三大金融中心。安大略省的科技工业主要集中在马克哈姆、滑铁卢和渥太华等城市。安大略省也是北美最大的生物医药研究中心之一。

不列颠哥伦比亚省，简写为 BC，1871 年加入联邦，首府为维多利亚，最大城市是温哥华。

不列颠哥伦比亚省气候温和，省内森林广布，自然资源储量丰富，经济以自然资源开发为主，支柱产业是林业、矿业、农业、渔业，新兴产业包括旅游业、电影业和高科技产业等。

魁北克省，简写为 QC，1867 年加入联邦，首府为魁北克市，最大城市为蒙特利尔。

魁北克省的种植业以玉米、大豆、蔬菜、土豆为主，畜牧业以奶牛等家畜家禽养殖为主。该省拥有富饶的农业区，是世界最大的枫糖产地。魁北克省制造业起步较早，是加拿大重要的铁矿、电力、纸制品产地。该省北部矿产丰富，支持创新型经济和高新技术产业发展，航空工业、铝加工、多媒体游戏、生物医药、信息通信、清洁能源是北部的核心产业。

阿尔伯塔省，简写为 AB，1905 年从西北地区分离成立，首府为埃德蒙顿，最大城市为卡尔加里。

阿尔伯塔省盛产石油和天然气，是加拿大最富裕的省份之一，经济支柱为石油开采加工和天然气产业，该省这两个行业的产值占全国矿业产值近一半。此外，阿尔伯塔省是加拿大重要的粮仓，畜牧业与农业发达，是加拿大牛肉的主要产地，工业部门主要有食品加工、化学工业和化工副产品。

新斯科舍省，简写为 NS，1867 年加入联邦，首府及最大城市为哈利法克斯。

爱德华王子岛省，简写为 PE 或 PEI，1873 年加入联邦，首府及最大城市为夏洛特顿。

纽芬兰-拉布拉多省，简写为 NL，1949 年加入联邦，首府及最大城市为圣约翰斯。

新不伦瑞克省，简写为 NB，1867 年加入联邦，首府为弗雷德里克顿，最大城市为蒙克顿。

曼尼托巴省，简写为 MB，1870 年从西北地区分离成立，首府及最大城市为温尼伯。

萨斯喀彻温省，简写为 SK，1905 年从西北地区分离成立，首府为雷吉娜，最大城市为萨斯卡通。

三个地区分别为：

努纳武特地区，简写为 NU，1999 年从西北地区分离成立，首府及最大城市为伊卡卢伊特。

西北地区，简写为 NT 或 NWT，1870 年加入联邦，首府及最大城市为黄刀市。

育空地区，简写为 YT，1898 年从罗伯特领地分离成立，首府及最大城市为白马市。

六、社会组织和公共交通

（一）社会组织

1. 工会

加拿大的工会组织涉及领域较广，会员包括产业工人、办公室职员、政府机构、教育系统和医疗等行业的公职人员，还包括工程师、教授、护士、教师以及其他专门职业雇员。由于雇主的强烈反对，私营服务企业如零售店、餐饮店、银行、保险公司等的雇员不大容易组成工会。

加拿大工会包括全国总会、地方总会和基层工会等层级。加拿大的全国性工会组织是加拿大劳工总会，各省有劳工联合会，各城市和地方有地方工会。加拿大的工会作为一个职工组织，在经各省劳工关系委员会的认可和雇主自动承认后，就具有谈判的权利。工会代表职工同雇主就工资、工时、福利、工作环境和劳资纠纷等进行谈判，并代表职工向政府表达对税收、失业、保险和退休金等事项的意见。加拿大的许多行业都有工会，职工有权参加工会及相关活动。如果雇主因职工参加工会而加以歧视或排斥，职工或工会可以向各省的劳工关系委员会申诉。每个工会都有自己不同的会章和附则，并据此进行组织和管理。

各层级的工会分工明确，上级工会的主要工作为与行政机关沟通对接及扩大工会社会影响力等，对下级工会有指导和支持义务，但一般不承担谈判和签订集体协定等职责。基层工会主要负责代表会员职工与资方进行集体协定、劳资纠纷等谈判，谈判破裂则负责按照法定程序进行罢工。

工会以维护工人利益为出发点，帮助工人就工作条款与雇主进行谈判，雇员按照达成的协议工作。协议条款包括工作分类、薪酬级别、工作时间长度、加班报酬、工人的健康医疗保险和安全保障措施、工作分配，以及谈判过程中出现冲突时应采取的申诉和仲裁程序。工会还与雇主谈判并签订协议，以决定工会在企业中所处的地位。该类协议分为三种：第一种是闭合式雇用协议，该协议决定受聘人员首先必须是工会会员，然后才能受聘，参加工会是工人受聘于企业的先决条件；第二种是工会合作式雇用协议，即工人受聘时可以不是工会会员，但受聘之后必须加入工会；第三种协议为缓和模式，该模式不强求所有工人都加入工会，但要求非会员支付工会一定费用。此种模式还允许雇主从工人的薪酬中自动扣除工会的收费。

劳资双方的协议具有固定时限，期满后须重新谈判。如果双方不能达成一致，任何一方都可通过停工向对方施加压力。加拿大的大多数工人都有罢工的权利，但消防员、警察、部分医务工作人员以及其他重要服务行业的工作人员除外。这些雇员与资方的纠纷采取其他仲裁方式解决。

点评：

工会与雇主之间就工资、福利和工作环境等进行谈判，所签订的书面协定称为合同或集体协定。这种协定在今后一段时间内支配劳资关系，一般为期两年左右。在此期间罢工是不合法的。工会会员或小组如果有不满意的地方可以投诉。一般协定中都有投诉的规定。未经工会批准或违反合同的自发罢工为“野猫罢工”。合同期满时，工会和雇主要谈判新的合同，如果谈判破裂，双方可请省政府派人来调解。若仍不能达成协议，工会会员可以投票决定罢工与否。只有在这样的情况下，罢工才是合法的。在谈判过程结束之前，工人罢工和雇主停工都是非法的。

工会还努力促进制定工人享受社会福利的措施，包括关于普及医疗保险、失业保险、健康和安全的立法。此外，工会还关注更多的社区问题，如人权、男女同工同酬、确定环境标准等问题。

2. 非政府组织

加拿大有以下几个主要的非政府组织：

（1）加拿大社区再投资联盟。该机构代表百余家反贫困组织、消费者协会、社区经济发展组织、劳工组织和小企业等组织，并代表全国约 300 万人口，主张加拿大银行问责制。

（2）安大略省东部经济发展委员会。该组织旨在促进安大略东部经济全面发展。

（3）加拿大社会发展委员会。全国性非营利组织，其主要业务是针对社会关心的问题进行调研，如收入安全、就业、贫困、儿童福利、养老金和政府相关的社会政策等。

（4）伯灵顿青年商会。该组织旨在培养商会会员的领导才能和社会交往能力，同时对社区福利做出贡献。

（5）加拿大青年商会。是加拿大培养青年领导才能的主要组织。

（6）安大略青年农民会。该组织旨在通过自助和社区扶助，培养未来的农业领导人才。

（7）加拿大青年商务基金会。该组织为非营利组织，旨在帮助青年企业家成功经商。

（8）全国青年站。该组织通过对年轻人提供职业技能培训、工作经历和劳动就业信息获取技能，帮助年轻人顺利进入就业市场。

（9）绿色和平组织。该组织为独立的非营利组织，通过使用非暴力手段和有创意的活动，揭露地球环境问题。

（二）公共交通

加拿大交通运输发达，水、陆、空运输均十分便利，人均交通线占有量居世界前列。2021 年运输业总产值 728 亿加元，约占国内生产总值 3.7%。

1. 公路

据加拿大交通部统计，截至 2021 年底，加拿大公路总里程超过

113 万千米。其中，安大略、魁北克、萨斯喀彻温和阿尔伯塔 4 省公路里程占比约 75%。

加拿大高速公路 3.8 万千米，构成加拿大国家高速公路系统，通过快捷的边境线与美国公路网紧密连接。横贯加拿大的泛加高速公路从太平洋东岸的维多利亚市一直绵延至大西洋西岸的圣约翰斯市，全长约 7821 千米，是全世界最长的国家级高速公路。

2. **铁路**

加拿大铁路网发达完善，主要承担加拿大和美国之间客货运输及长途集装箱货运、境内客运服务。

截至 2021 年底，加拿大铁路总里程为 44917 千米，其中国家铁路 21904 千米、太平洋铁路 13063 千米，其他铁路 9950 千米。货运方面，加拿大铁路货运网络主要由国家铁路和太平洋铁路两个一级铁路网组成。客运方面，加拿大铁路客运服务主要由加拿大的国有公司 VIA 铁路公司提供。

多伦多、温哥华、蒙特利尔等大城市有地铁及城铁。其中，多伦多首条地铁路线于 1954 年落成，是加拿大的第一条地铁线。多伦多现有 4 条路线（其中一条为架空轻铁）及 80 个车站，路线总长度达 76.9 千米。

3. **空运**

加拿大是世界第三大航空市场，拥有 1800 万平方千米的空域，由加拿大航管公司管理。加拿大航管公司是一家私营非营利性公司，拥有并运营加拿大民用航空导航系统。它在 40 个机场运营空中交通管制塔，在 55 个机场运营航班服务站。

截至 2020 年底，加拿大境内共有 2016 个机场，包括 1254 个陆地机场、344 个水上机场、418 个直升机机场。其中多伦多皮尔逊国际机场、温哥华国际机场、卡尔加里国际机场和蒙特利尔特鲁多机场是加拿大前四大机场。

加拿大国内航空公司主要有加拿大航空、西捷航空、波特航空、越洋航空和太阳之翼航空。

目前，中国前往加拿大的航班一般飞往加拿大多伦多皮尔逊国际机场、温哥华国际机场、渥太华麦克唐纳-卡蒂埃国际机场等主要机场。

4. **水运**

加拿大交通部的授权涵盖两类港口：由加拿大港务局独立管理的港口以及由加拿大交通部拥有和运营的港口。据加拿大《2021 年度交通基础设施报告》统计，截至 2021 年底，加拿大共有 560 个港口设施、845 个渔港、106 个休闲港湾。主要港口为温哥华港、蒙特利尔港和哈利法克斯港，温哥华港是其中最大的港口。加拿大水运航道与三大洋（太平洋、大西洋和北冰洋）、五大湖区及圣劳伦斯河连接，年总吞吐量约 4 亿吨。

世界银行统计数据显示，2020 年加拿大港口集装箱运量总计 619.7 万标准箱，世界排名第 28 位。

七、外交关系

1926 年，英国承认加拿大的“平等地位”，加拿大获得外交独立权。

1. **同中国的关系**

中国和加拿大自 1970 年 10 月 13 日建交以来，两国关系取得长足发展。

（1）中加双边政治关系。

1973 年 10 月，加拿大总理皮埃尔·特鲁多访华，这是两国建交后加总理首次访华。此后，两国高层交往不断增多。中国国家主席、总理、全国人大常委会委员长和全国政协主席等先后访加。加总督、总理和参、众两院议长亦多次访华。

2013 年 10 月，加总督约翰斯顿对中国进行国事访问，习近平主席、李克强总理分别与约翰斯顿会见会谈。约翰斯顿还出席在成都举行的第 14 届中国西部国际博览会，并访问上海、南京、广州等地。

2014 年 11 月，加总理哈珀第三次正式访华并出席北京亚太经合组织领导人非正式会议有关活动，习近平主席、李克强总理和张德江委员长分别与其会见、会谈。两国领导人重申致力于在相互尊重、平等互利的基础上加强中加战略伙伴关系，双方发表联合成果清单，同意建立外交部长年度会晤机制和中加经济财金战略对话机制，并签署多项政府协议和商业合同。

2016 年 8 月 30 日至 9 月 6 日，加总理特鲁多正式访华并出席二十国集团领导人杭州峰会，习近平主席、李克强总理和张德江委员长分别与其会见、会谈。双方发表中加《联合新闻稿》并签署多项政府协议和商业合同。9 月 21 日至 24 日，李克强总理对加进行正式访问。访问期间，李克强总理同特鲁多总理举行会谈并启动中加总理年度对话机制，与总督约翰斯顿、参议长富里、众议长里甘以及有关地方政要举行会见。双方发表中加《联合声明》，涵盖贸易、投资、第三方市场合作、金融服务、航空、农业、旅游、教育、司法执法等广泛领域，并签署多项合作协议。

2017 年 7 月 10 日至 14 日，加总督约翰斯顿任内第二次访华，习近平主席、李克强总理分别与其会见。12 月 3 日至 7 日，加总理特鲁多第二次正式访华并出席2017年广州《财富》全球论坛。其间，习近平主席会见，李克强总理同特鲁多总理举行第二次中加总理年度对话，张德江委员长、汪洋副总理分别会见。

2018年11月，李克强总理在出席新加坡东亚合作领导人系列会议期间同特鲁多总理举行第三次中加总理年度对话。同月，王勇国务委员同加财政部长莫诺、国际贸易多元化部长卡尔在北京共同主持首轮中加经济财金战略对话。

2019年8月，王毅国务委员兼外长在泰国曼谷出席第九届东亚峰会外长会期间应约会见加外长弗里兰。11月，王毅国务委员兼外长在日本名古屋出席二十国集团外长会期间应约会见加外长商鹏飞。2020年1月、4月，王毅国务委员兼外长两次应约同加外长商鹏飞通电话。2020年2月、8月，王毅国务委员兼外长分别在德国慕尼黑、意大利罗马应约会见加外长商鹏飞。2022年4月，王毅国务委员兼外长应约同加外长乔利通电话。

（2）其他领域交流。

①经济：中加两国自20世纪50年代就有民间贸易活动，正式贸易关系始于1961年中加签订的小麦协定。自1970年两国建交并于1973年签订政府间贸易协定以来，两国经济贸易关系发展顺利，友好合作保持良好发展势头。近年来，中加经济贸易关系有了较大发展，已从单一的商品贸易发展到全方位、跨领域、多元化的贸易和经济技术合作，商品、服务、人员和资本的流动日益频繁，两国间的经济联系不断加深。据中方统计，2021年中加货物贸易额819亿美元，同比增长27.7%。其中，中国出口515.2亿美元，进口303.8亿美元。中国是加第二大贸易伙伴、进口来源地及出口市场。50多家加拿大企业和机构参展第三届中国国际进口博览会，同中方企业签署多项合作协

议。2021 年 1 月，中国人民银行与加拿大银行续签双边本币互换协议。

②文化：中加分别于 2003 年和 2005 年签署《中加政府关于加强文化合作的联合声明》和《中加政府文化协定》。2012 年 2 月加总理哈珀访华期间，双方宣布 2013 年和 2014 年互办系列文化活动。双方成功举办 2015—2016 年“中加文化交流年”。2018 年 2 月，中加文化联委会首次会议在渥太华举行。中加双方有关机构每年春节期间在渥太华、温哥华、多伦多、蒙特利尔等城市举办丰富多彩的“欢乐春节”活动。

③教育：中国自 1959 年起向加提供来华政府奖学金名额。截至 2020 年底，共有 1200 余名加留学生在华学习，中国在加留学生约 16. 7 万人。

截至 2022 年，中方已与加 10 省签署《关于相互承认高等和高中后教育的谅解备忘录》，已在加建成 11 所孔子学院和 38 所孔子课堂。双方于 2010 年 9 月建立中加教育合作高层磋商机制，并于 2014 年 2 月在加举行第三次会议。2019 年 9 月，国家主席习近平授予加拿大友人和教育家伊莎白 · 柯鲁克中华人民共和国“友谊勋章”。

④科技：中加 1972 年开始科技合作。自 2007 年《中加政府科学技术合作协定》签订以来，双方设立了政府科技合作基金，并建立科技合作联委会机制。2016 年加总理特鲁多访华期间，双方同意建立中加清洁技术联合工作组。中加清洁技术联合工作组首次会议于 2017 年 5 月在渥太华举行。2016 年李克强总理访加期间，双方同意建立中加创新对话机制。2018 年 10 月，首届中加创新对话在北京举行。

⑤环保：中加分别于 1998 年和 1999 年签署《中加面向 21 世纪环境合作框架声明》《中加关于环境合作的行动计划》，并据此建立两国环境合作联委会机制。2015 年 6 月，中加环境合作联委会第九次会议

在杭州举行。2017 年特鲁多总理访华期间，双方宣布建立中加环境部长级对话机制。2017 年 12 月，首次中加环境部长级对话在北京举行。2018 年 11 月，第二次中加环境部长级对话及首次中加气候变化部长级对话在北京举行。2022 年 5 月，中国、加拿大、欧盟以线下线上结合方式举办第六届气候行动部长级会议。

⑥卫生：中加先后于 2007 年、2009 年建立卫生政策对话（部长级）和卫生联委会（司局级）机制。2014 年 4 月，加卫生部长安布罗斯访华，并与国家卫生计生委主任李斌共同主持召开第四次中加卫生政策对话。2015 年 11 月，第五次中加卫生联委会在北京举行。新冠疫情发生后，中加双方相互支持、守望相助，积极开展应对疫情合作。加政府向中国捐赠约 16 吨医用防护物资。加疫情暴发后，中国政府向加捐赠约 32 吨医疗物资，并为加方在华采购医疗物资提供积极协助和便利。双方亦通过友好省市、企业、民间等渠道相互捐赠抗疫物资，举办卫生专家视频会议，交流疫情防控和诊疗经验。

⑦旅游：加拿大是中国公民出境旅游目的地。疫情前，中国是加第四大旅游客源国。据加方统计，2019 年中国公民访加约 57.1 万人次。据中方统计，2019 年加公民来华约 77.63 万人次。

⑧军事交流：两国于 1973 年互派武官。2013 年 6 月，加国防部长麦凯访华。8 月，国务委员兼国防部长常万全访加。2014 年 8 月，加皇家海军“里贾纳”号护卫舰访问上海。2016 年 6 月，中央军委委员、后勤保障部部长赵克石上将访加。12 月，由中国海军导弹护卫舰盐城舰、大庆舰和综合补给舰太湖舰组成的舰艇编队访问加拿大维多利亚港。2017 年 5 月，加海军“渥太华”号护卫舰访问上海。

2. 同美国的关系

美国是加拿大邻国和最重要的盟国，两国在政治、经贸、军事等领域保持着密切关系。加拿大历届政府均视对美关系为外交政策基石。

美国是加拿大最大投资来源国，加美互为重要贸易伙伴。2021 年加美货物贸易总额 7743.44 亿加元，其中，加对美出口额占加出口总额 75.6%，自美进口额占加进口总额 48.6%。

2017 年 8 月，加拿大、美国、墨西哥三方启动《北美自由贸易协定》（NAFTA）重新谈判。2018 年 9 月，加、美、墨三方宣布 NAFTA 重谈成功，新协定更名为《美墨加协定》（USMCA）。11 月，美总统特朗普、加总理特鲁多、墨总统涅托在阿根廷出席二十国集团峰会期间正式签署《美墨加协定》。该协定于 2020 年 7 月 1 日正式生效。

3. 同亚太地区国家的关系

加拿大认为亚洲将成为未来的世界经济中心，重视发展与亚洲的经济和战略关系。加拿大是亚太经合组织成员、东盟地区论坛成员和东盟对话国。亚太地区已成为加重要的贸易伙伴，也是加资金、技术和移民重要来源地之一。

日本、韩国、新加坡是加传统贸易伙伴，中国、印度、东盟等也是加重视的新兴市场。加政府制订“亚太门户计划”，重点用于基础设施建设，旨在将不列颠哥伦比亚省打造成连接北美和亚洲的航运枢纽。

4. 同西欧国家的关系

加拿大是北约、英联邦、七国集团和法语国家首脑会议的成员国，重视发展同西欧国家的关系，认为自身的繁荣和安全与西欧国家紧密相关。加与西欧国家在政治、经济、军事和文化等领域保持着传统的密切关系，在重大国际问题上经常与西欧各国协调立场。

5. 同独联体和东欧国家的关系

苏联解体后，加迅速承认独联体各国，并积极发展同它们的双边关系。加向独联体和东欧国家均提供援助。对独联体国家的援助主要用于推动结构性改革和民主进程，以帮助其顺利完成向市场经济的转轨。对东欧国家援助主要集中在政治、司法改革以及技术和管理援助等领域。

6. 同拉丁美洲国家的关系

拉美国家是加重要贸易伙伴和投资目的地。加是美洲国家组织成员国，与拉美国家建立了“加拿大-拉美国家论坛”，与加勒比国家建立了不定期首脑会晤制度，与智利、哥斯达黎加等国签署了自由贸易协议，与墨西哥同为北美自由贸易区成员。加关注海地局势，在海地派有维和部队。加对古巴奉行接触政策，近年来对古投资增长较快，现有数十家企业在古经营采矿等业务。

7. 同非洲国家的关系

近年来，加对发展与非洲国家关系重视程度提高，关注并参与联合国及非洲地区组织主导的非洲地区冲突及内战的调停与斡旋。

八、民族和宗教

（一）民族

加拿大是多民族国家，原住民为北美印第安人，移民分别来自英国、爱尔兰、法国、苏格兰、德国、意大利、中国、乌克兰和瑞典等。根据加拿大 2021 年人口普查结果，英裔约占 13.5%，爱尔兰人和苏格兰人各占 11.2%，法裔约占 10.2%。另外，华人占 4.7%，主要分布在多伦多、温哥华、卡尔加里、埃德蒙顿、渥太华和温尼伯等城市。

（二）宗教

加拿大宪法保障宗教自由，尊重多元文化和保障不同宗教的信仰自由。根据 2021 年人口普查，超过 1930 万人信奉基督教，占加拿大总人口的 53. 3%。有 4. 9%的人信仰伊斯兰教、2. 3%的人信仰印度教、2. 1%的人信仰锡克教，少数人信仰犹太教和佛教。另外，约有 34. 6%的人口表示没有宗教信仰。

九、语言和习俗

（一）语言

加拿大是双语国家，官方语言为英语和法语，但是很多加拿大人的母语是意大利语、汉语、德语、葡萄牙语、波兰语、乌克兰语、荷兰语和希腊语等。1969 年 7 月，加拿大政府颁布的《官方语言法案》规定，英语和法语均为官方语言，联邦政府的文件须用两种文字颁布，政府部门也须用两种语言向公民提供服务。

根据 2021 年人口普查结果，约 75. 5%的加拿大人将英语作为使用的第一语言，21. 4%的人将法语作为第一语言。移民增加了加拿大人对英语和法语以外语言的使用，比如意大利语、汉语和南亚国家语言等。

（二）习俗

加拿大是移民国家，政府鼓励多元文化的并存和发展。不同的民族团体保留了各自的文化传统习俗，同时尊重其他民族的习俗和传统，民族的包容性是加拿大人生活的一大特点。

加拿大人在社交场合与客人相见时，一般都行握手礼。亲吻和拥抱礼仅适用于熟人和亲友之间。

加拿大人在饮食上与英美人相似。由于气候寒冷，他们喜好烤制食品。加拿大有付小费的习惯，一般在餐馆按消费额的 10% ~ 15% 支付。

加拿大最普及的运动和户外活动主要有冰球、滑雪、滑冰、钓鱼、划船、野营等。

（三）商务礼仪

（1）语言：英语是通用的商务语言，但如果在魁北克经商，在联邦政府工作或与联邦政府合作，或在旅游业中开展业务，建议以法语为主要语言。

（2）问候：一般用眼神接触、握手来问候，但在魁北克地区亲吻礼也比较常见。初次见面可谈论一些关于加拿大气候、风俗习惯、游览胜地等轻松的话题。交谈中不宜询问对方的年龄、收入和私生活。

（3）着装：在正式场合，如商务谈判时，男性着深色西装，打领带，女士宜穿样式庄重的衣裙。

（4）准时：在加拿大开会，准时很重要。商务场合不应迟到，也不宜太早。如无法参会，应及时通知其他人。

（5）商务会议：商务会议应遵守时间表和协议。商务场合宜携带名片，如果在魁北克地区，应将其中一面印成法文，然后将法文一面朝上。在收到他人递来的名片时，礼貌的做法是先查看收到的名片，然后再收好。在会议陈述时，加拿大人较为看重客观事实、数据和相关论据。

（四）节假日

加拿大推崇多元文化，节假日也因民族众多和地区差异而异，全国性的节假日主要有：

（1）新年：1 月 1 日。

（2）爱尔兰节：3 月 17 日。

（3）复活节：春分后月圆后的第一个星期日。

（4）维多利亚日：5 月 24 日。

（5）国庆节：7 月 1 日。

（6）劳动节：9 月份第一个星期一。

（7）感恩节：10 月份第二个星期一。

（8）停战纪念日：11 月 11 日。

（9）圣诞节：12 月 25 日。

（10）节礼日：12 月 26 日。

十、货币与物价

（一）货币兑换

加拿大的货币为加拿大元（ISO 代码：CAD），简称加元，通常以符号 C $表示。加元为可自由兑换货币。在加拿大的任何金融机构、兑换点，加元与美元、欧元等国际主要货币可随时相互兑换。

加拿大中央银行有唯一的钞票发行权，由加拿大印钞有限公司印制。联邦政府则有唯一的硬币发行权，由皇家加拿大铸币厂铸造。目前市面上流通的加拿大货币，纸币分为 5 元、10 元、20 元、50 元、100 元等 5 种面额，硬币有 1 元、2 元和 5 分、10 分、25 分、50 分等 6 种面额。

截至 2022 年 11 月 14 日，加元兑美元和欧元的汇率分别为：1 美元 = 1. 33 加元，1 欧元 = 1. 37 加元；加元兑人民币的汇率为：1 加元 = 5. 31 元人民币。

（二）消费水平

据加拿大官方统计，2021 年加拿大人均 GDP/购买力平价为 52085 美元。

加拿大总体消费水平较高。2022 年 11 月，加拿大人平均每周收入为 1180.21 美元，同比上涨 4.2%，但收入增加并不能完全抵消通货膨胀的影响。调查发现，近 3/4 的加拿大人报告说，物价上涨正在影响他们支付衣食住行等日常开支的能力，许多人通过调整消费习惯或暂缓购置和租赁房屋来适应这种变化。

2022 年 12 月，加拿大部分商品价格如表 2-4 所示。

表 2-4　2022 年 12 月加拿大部分商品价格

类别	价格	类别	价格
牛肉（切块）	19.02 美元/千克	牛排骨（切块）	21.18 美元/千克
猪排骨（切块）	10.05 美元/千克	鸡肉	6.58 美元/千克
培根	7.50 美元/500 克	三文鱼	25.12 美元/千克
牛奶	2.91 美元/升	黄油	6.16 美元/454 克
苹果	5.87 美元/千克	橙子	4.08 美元/千克
西红柿	6.99 美元/千克	卷心菜	2.42 美元/千克
白面包	3.70 美元/675 克	糙米	5.66 美元/900 克

资料来源：加拿大统计局。

十一、金融服务

（一）外汇管理

加拿大没有专门的外汇管理机构，也没有外汇管制。在加拿大注册的外国企业可以在当地银行开设外汇账户，用于进出口结算。外汇的进出一般无须申报，也无须缴纳特别税金。在加拿大工作的外国人，其合法税后收入可全部汇出国外。

加拿大海关规定，携带现金出入境需要申报，每人最多可携带相当于 1 万加元的外币入境。

（二）银行与保险

1. 银行

（1）中央银行。

加拿大银行是加拿大的中央银行，总部设在渥太华，负责发行货币、代理国库、发行公债、接受商业银行的准备金，以及通过发放与回收贷款、调整贴现率控制货币供应量和货币市场。相对于联邦财政部，加拿大银行具有一定的独立性。

（2）商业银行。

加拿大商业银行是国家特许银行，是加拿大金融机构的重要组成部分，绝大多数为综合性银行，为客户提供储蓄、公司贷款、房屋贷款、投资等多元化金融服务。

加拿大皇家银行成立于 1869 年，是加拿大最大的银行之一，也是北美领先的多元化金融服务公司之一。该公司为 1600 多万名加拿大、美国和 33 个其他国家的客户提供各类金融服务，总资产近 1.49 万亿加元。

加拿大帝国商业银行由加拿大商业银行（1867 年成立）与加拿大帝国银行（1875 年成立）于 1961 年合并而成，总部位于多伦多。2020 年第一季度，该行有员工 4.5 万余人，客户 1000 多万，总资产 6516 亿加元。

蒙特利尔银行成立于1817年，是加拿大历史最悠久的商业银行。2020年第一季度，该行拥有员工近4.6万人，客户1200多万，总资产8522亿加元。

丰业银行是北美著名的金融机构之一。截至2020年1月底，该行在55个国家拥有10万名员工，客户超过2500万，总资产1.2万亿加元。

道明银行与旗下附属公司统称道明银行财务集团，集团业务遍布全球主要金融中心。2020年1月，该行拥有员工8.5万人，客户超过2600万，总资产约1.5万亿加元。

加拿大国民银行始建于1859年。目前是加拿大主要宪章特许银行之一，也是魁北克省领先的银行。截至2019年底，该行拥有员工2.5万，总资产约2810亿加元。

（3）外资银行。

外资银行在加拿大业务份额较低。其中汇丰银行是加拿大第七大银行，也是加拿大最大的外商独资银行。该银行是英国银行业巨头汇丰银行在加拿大的分行，总部位于不列颠哥伦比亚省温哥华金融区，除了爱德华王子岛省，它在加拿大每个省都设有办事处。

（4）中资银行。

加拿大中资银行包括中国银行（加拿大）、中国工商银行（加拿大）、中国建设银行多伦多分行等。

中国银行（加拿大）于1993年5月18日作为中国银行全资子公司在多伦多注册成立并对外营业，持有加拿大SCHEDULE Ⅱ类别银行牌照。自1994年在多伦多中区华埠设立第一家分行以来，已先后在温哥华、万锦、北约克、列治文、卡尔加里、密西沙加、蒙特利尔设立机构。中国银行（加拿大）主要业务包括：国际银团贷款、商业贷款、贸易融资、国际结算、外汇交易、个人住房按揭贷款、个金存款、汇款、外汇兑换、信用卡、网上银行等。

中国工商银行（加拿大）是2010年中国工商银行收购加拿大东亚银行70%的股份，正式成为控股股东，并正式更名而成的。中国工商银行（加拿大）持有加拿大全功能银行牌照，目前拥有8家分行，其中5家位于大多伦多地区，2家位于温哥华，1家位于卡尔加里，并在不列颠哥伦比亚省设立高端客户服务中心，为广大客户提供各类零售银行和企业银行服务。

中国建设银行多伦多分行于2014年10月29日正式获得加拿大金融机构监管署授予的开业许可，持有加拿大全功能银行牌照，为客户提供存款、贷款、贸易融资、国际结算、金融市场业务等广泛的金融服务。

点评：

中资企业在当地银行开立企业账户的要求和程序与当地企业大体一致。银行需通过沟通与信息采集对申请开户企业进行深入了解。企业须提供当地政府颁发的营业执照和公司章程，前者表明企业已在加拿大合法注册，后者说明企业的股东构成、公司治理架构等情况。银行根据材料进行反洗钱等合规审查，如需更多资料，会及时通知申请人。

如申请人符合开户条件并无不良历史记录，银行会通知企业同意开户。此时企业通常需要填写、签署数份文件，如公司账户开立申请表、公司董事个人信息表，以及董事会同意在该银行开户的决议等。

银行通常会提供几种功能、收费不同的账户供客户选择，例如工商银行会提供加元、人民币、美元三币种合一的账户，其中美元户可以单独关闭或开放。银行根据企业的要求为其开通公司账户并提供相关的账户功能，如开通网银、发给企业借记卡等。

2. **保险**

加拿大政府重视保险业。在立法上，加拿大联邦政府颁布了《保险法》《保险公司法》和《外国保险公司法》。联邦层面设立了保险部管理保险公司的保证金并负责监管各种条例法规的实施；加拿大各省也设有保险部，负责管理本省保险公司的财务经营情况以及审核保险条款和费率。总体看，加拿大金融保险市场相对完善，服务种类丰富且安全系数高。加拿大主要大型保险公司如下：

宏利金融股份有限公司总部位于多伦多，1887 年创立，主要业务是提供各类金融产品和服务，包括个人人寿保险、团体人寿及医疗保险、团体退休金计划、再保险服务及投资管理服务。1996 年，宏利金融旗下宏利人寿保险与中化集团财务公司合资组建中宏人寿保险有限公司，这是中国国内首家中外合资人寿保险公司。

鲍尔金融于 1925 年创立，总部在加拿大魁北克省蒙特利尔市，是一家专注于北美、欧洲和亚洲的国际性金融服务和投资管理公司。

永明金融集团股份有限公司成立于 1865 年，总部位于多伦多，在世界各地为个人和公司客户提供广泛的储蓄、退休、养老金、人寿和健康等保险产品和服务，主要业务遍及加拿大、美国、英国和亚太地区，在世界 20 多个重要市场设有办事机构。

（三）信用卡

加拿大信用卡业务发达。中国金融机构发行的带有 VISA 和 Master Card 标志的信用卡在当地均可使用。

（四）融资

加拿大拥有完善的银行制度及管理良好的金融市场，联邦政府亦提供一系列融资选择及税务奖励措施，以鼓励外国直接投资。

加拿大特许银行、其他金融机构（包括退休基金、投资基金和保险公司）、公众市场和政府相关部门是企业融资的主要来源。

在商业贷款方面，主要是根据拟贷款企业的行业类别、风险程度以及该公司的财务报表情况等条件来决定贷款利率，外资企业与当地企业基本享受同等待遇。以加拿大帝国商业银行为例，对企业的借贷及信用透支分类较细，包括小型商业透支服务、商业捷达信贷、商业借贷/信用透支、循环信用透支、分期贷款（固定或浮动）、农务贷款以及设备贷款等多项服务。具体融资条件需要和银行协商确定。

点评：

除了在加拿大融资外，“走出去”企业还可以通过如下途径开展融资。

(1) 在中国境内融资。在境内融资一般采用信贷融资、债券融资、股权融资等三大类方式。

(2) 在国际市场融资。如可以向亚洲基础设施投资银行、欧洲复兴开发银行、国际金融公司等金融机构进行融资。

(3) “一带一路”多双边合作基金。为推进“一带一路”建设、企业“走出去”和国际产能合作，中国发起设立了多支多双边合作基金，如丝路基金、中国–东盟投资合作基金、中国–中东欧投资合作基金、中国–欧亚经济合作基金、中非发展基金、中非产能合作基金、中拉合作基金等。

多双边合作基金主要以股权类投资为主，可在不增加企业债务负担的情况下，为项目建设提供长期、可靠的资金支持，契合大型项目建设周期长、资金需求量大的特点，是对信贷融资、债券融资等融资方式的有益补充。中国企业可根据项目特点及所在地区，多与对应的多双边合作基金进行对接，获得融资支持。

（五）证券市场

加拿大股票市场国际化程度较高，许多加拿大公司和美国公司选择两地同时上市。多伦多证券交易所（TSX）、多伦多创业交易所（TSXV）和加拿大证券交易所（CSE）是加拿大的主要交易市场。

多伦多证券交易所成立于1852年，是加拿大主板市场，也是加拿大最大、北美洲第三大、世界第七大证券交易所，适合业绩优良的成熟公司或具有良好产业化前景的先进技术型公司，很多在该交易所上市的公司也同时在纽约交易所上市。

多伦多创业交易所是加拿大国家级创业类证券交易所，有2000多家上市公司。TSXV的前身是温哥华证券交易所，其入市门槛较低，适合有一定业绩或经营历史并希望筹集100万~500万加元资金的企业。TSXV的另一个职能是向其他几家交易所输送新生力量，每年都有一定数量的TSXV上市公司进入规模更大的证券交易所。

加拿大证券交易所前身为加拿大新证券交易所，是加拿大小型股和微型股公司以及新兴公司的电子替代证券交易所。CSE的特点是批准手续更为简便，耗时更短，一般4个月即可上市，适合急于以低成本上市并急需少量资金的公司。

十二、通信与电力

（一）通信

加拿大的国家代码是001，从加拿大国外拨打该国固定电话和手机需要在电话号码和地区区号前加001，即“+001-（区号）-×××××

××××”。

加拿大前五大电信运营商分别为罗杰斯通信、加拿大贝尔、研科、魁北克人和肖氏，这些大型运营商占据加拿大电信市场85%的份额。据加拿大广播电视及通信委员会《2020年通信监测报告》，加通信产业年收入达781亿加元，92%的家庭有互联网接入，移动数据覆盖率达99%，82%的加拿大人定制了移动数据套餐计划，加互联网用户超过3400万。加拿大月均固定电话消费34.18加元，手机移动数据套餐消费48.82加元，互联网付费69.1加元，电视订阅费24.79加元。

加拿大正加快推进5G无线网络。2020年6月中旬，加拿大贝尔公司宣布，已经在蒙特利尔、大多伦多地区、卡尔加里、埃德蒙顿和温哥华5个城市启动5G高速无线网络。至2021年4月，加拿大通信运营商罗杰斯通信表示，其5G网络已经覆盖加拿大173个城镇和约一半的人口。

加拿大邮政署提供覆盖全国的邮政服务，此外，加拿大还有联合包裹服务公司（UPS）、联邦快递（FedEx）和敦豪（DHL）等快递运营商。

（二）电力

2021年，加拿大发电总量为6.28亿兆瓦时，其中约60%来自水力发电。其余电能由多种能源生产，包括不可再生燃料、核能、风能、太阳能等，占比分别为19.8%、13.9%、5.8%、0.4%。加拿大是电力净出口国，2021年电力净出口量为473亿千瓦时，主要向美国市场出口。

十三、医疗与安全

（一）医疗

在加拿大，所有符合资格的人均可通过公共报销计划享受加拿大的公共医疗护理制度。该项制度根据加拿大保健法定下医疗护理制度的五大原则：全民享有、服务广泛、公共管理、就医方便、无区域限制。

按上述原则，全民医疗护理由联邦政府负责拨款开展，也负责监督实施，全国标准统一；由各省政府负责具体办理；从一省至他省的访客，如果不是定居，仍可按原有登记身份享受医保期达三个月，如果是超过三月的定居，则应另行办理医疗护理保险的登记手续。

医疗保险是加拿大社会保险制度的一环。全国各省都设有公共管理部门，负责支付本省居民医疗保险的费用。所需经费主要来自政府的税收。提供医疗服务的非营利性医院，病人无需支付任何费用；提供医疗服务的私人医生，看病需收取费用。只有事先获得准诊权的医生才能决定病人是否需要到医院就医。加拿大的大部分医生，在一所或多所医院拥有准诊权。

加拿大普及全体居民的医疗保险，不仅包括了健康人群的医疗保健，也包括身体功能不健全者的医疗卫生保健和社会服务。他们能否享受长期保健待遇主要取决于身体功能是否健全，即身体功能障碍是享受长期医疗保健待遇的基本条件，并由医生检查决定入院资格。

医疗支出在加公共支出中占较大比重。经济合作与发展组织数据显示，2021 年，在 34 个成员国家中，加拿大在医疗保健支出方面排名第 2 位。加拿大的医疗总支出预计超过 3080 亿加元，人均 8000 加元。2021 年卫生支出占加拿大 GDP 的 12.7%。

点评：

持有加拿大移民、难民和公民部签发的留学许可的留学生或者持有工作许可的外国居民，符合一定条件时，也有资格申请参加当地政府的医疗保险。

外国访客或不能参加加拿大医疗保险的外国居民在加拿大看病需自己支付医疗费用，但可以申请外国访客国际旅行医疗保险，在加拿大旅行居住期间得到一定的医疗服务和意外保障。

（二）安全

加拿大社会治安较好，犯罪率较低。根据加拿大统计局数据，2021 年加拿大犯罪严重性指数为 73.7，同比下降 0.3%。其中暴力犯罪严重性指数为 92.5，同比增加 5.1%；非暴力犯罪严重性指数为 66.7，同比下降 2.8%。2021 年，警方报告的犯罪率为每 10 万人 5375 起，同比增加 0.7%。

Chapter 3
第三章

前往加拿大手续办理
及相关须知

一、加拿大签证入境

加拿大有多种签证，包括旅游签证、探亲签证、商务签证、工作签证、过境签证等。中国公民入境加拿大须持有效加拿大签证（香港特区护照持有者免签）。加主要入境城市是多伦多、蒙特利尔、温哥华、卡尔加里和哈利法克斯，但入境口岸不办理落地签证。申请者可通过加驻华使领馆或其签证申请中心递交签证申请。

（一）旅游签证入境

加拿大旅游签证基本信息如下：

有效期限：最长可达 10 年，根据申请人递交资料的情况，申请人有可能获得与护照有效期相同的多次签证。

最多停留：180 天。

办理时间：15~20 个工作日。

入境次数：多次。

是否面试：免面试。

办理地点：北京、上海、广州、重庆、成都、杭州、济南、昆明、南京、沈阳和武汉 11 个签证中心，就近办理。

保险要求：不强制提供。

点评：

由于加拿大医疗费非常昂贵，建议申请人在赴加前购买国际旅行保险，以保障加拿大之行。如已购买保险，可把保单一起提供给使馆，可以为签证申请加分。

办理加拿大旅游签证所需材料如下：

（1）护照。有效期在回程日期算起9个月以上的护照，旧版须在护照末页签名，如有旧护照须一起提供。

（2）照片。最近6个月所照，照片尺寸为2寸2张（白底彩照，尺寸为3.5cm×4.5cm，头顶到下巴为3.1cm×3.6cm）。

（3）身份证。用A4纸复印正反两面1份。

（4）户口本。提供本人所在户口本上全体成员每一页的复印件；如果是集体户口，提供首页及本人页即可。

（5）结婚证。结婚证复印件（如果已婚）。

（6）经济证明。存折复印件以及相对应的银行存款证明；如无存折原件，只有卡，需到银行开具存款证明以及近半年的历史交易清单；无论是定期或活期存折，存款越多越好。

如有其他财产证明也可以提供，如房产证、汽车行驶证、股票、银行对账单（原件并盖章）、国库券、股权证等。

点评：

如提供配偶的资产作签证凭证需提供结婚证复印件。

在职人员需再提供：

（1）在职证明（原件）：必须有单位名称、公章、负责人签名，须有供领馆查询的地址、电话。内容包括申请人（名字、护照号）在公司的职务、入职公司的时间、此行的目的、逗留天数和行程、谁承担费用、保证遵守当地法律按时返回中国。（使用公司信签纸英文书写）。

（2）营业执照（复印件）：单位营业执照副本复印件或组织机构代码证复印件，加盖单位公章。

非在职人员无法提供工作证明等文件，则需要提供以下资料：

(1) 提供街道出具的居住证明;

(2) 提供经济依附人的存款证明及收入证明;

(3) 提供与经济依附人的关系证明。

(二) 商务签证入境

加拿大商务签证是中国大陆居民去加拿大访问常用的一种短期签证。一般来说,去加拿大商务考察者在加拿大只能作短期逗留,申请者应该在签证规定的时间内按期回国或进入第三国。由于商务签证由公司作担保,所以相对于其他类型的加拿大签证来说比较容易办理。

有效期限:可长达10年,根据申请人递交资料的情况,申请人有可能获得与护照有效期相同的多次签证。

最多停留:180天。

办理时间:15~20个工作日。

入境次数:多次。

是否面试:免面试。

办理地点:北京、上海、广州、重庆、成都、杭州、济南、昆明、南京、沈阳和武汉11个签证中心,就近办理。

保险要求:不强制提供。

加拿大商务签证所需材料:

(1) 护照。有效期6个月以上的护照;护照最后一页须签名(中文姓名);护照至少2张连续页码空白页(该页与该页反面);持换发护照者,需同时提供所有旧护照原件。

(2) 照片。1张最近6个月内拍摄的护照尺寸相片。白底彩照,尺寸为3.5cm×4.5cm,头顶到下巴为3.1cm×3.6cm,面部完整,嘴巴合上,包括肩部上端。不戴墨镜,免冠,出于宗教或民族原因佩戴头饰除外。

（3）身份证。身份证正反两面复印件。

（4）户口本。本人所在户口本上全体成员每一页的复印件；如果是集体户口，首页及本人页即可。

（5）名片。一张名片。地址、电话、姓名必须正确真实，可以联系到本人。

（6）加拿大方面邀请函。邀请方公司发的邀请函原件。必须由与申请人有直接业务往来的公司发出（须有邀请方的全名、联系电话和传真号码、公司地址，团组所有成员的姓名、护照号码和雇主的姓名、职务，逗留时间，逗留目的，行程安排及标明境外费用由哪一方提供）；中加双方来往文件（包括双方的贸易合同、购买协议、提货单、服务协议等）。

（7）中方派遣信。有公司抬头的盖章的信纸，并提供有关信息（雇主姓名、职位、在职时间、工资、联系方式、此次商务费用由谁支付）。

（8）中方营业执照。中方营业执照复印件加盖公章。

（9）行程安排。单位出具的在加拿大商务行程安排和有关活动。

（10）经济状况证明（越多越好）。

①存折原件及复印件，以及相对应的银行存款证明；

②如无存折原件只有卡，需到银行开具存款证明以及近半年的历史交易清单，清单必须显示申请人的姓名，并且打印到当前日期；

③无论是定期或活期存折，存款越多越好；最好能够提供工资卡的记录（但是不要在最后突然存入大额款项）；

④其他财产：房产证、汽车行驶证、股票、银行对账单（原件并盖章）、国库券、股权证等。

（三）工作签证入境

加拿大工作签证是对于加拿大海外劳工申请前往加拿大工作的一个认可，是加拿大海外劳工入境加拿大的凭证，也是日后在加拿大合法停留的凭据。

加拿大工作签证一般要求申请人近 3 年内在中国工作单位至少工作 1 年，到加拿大担任董事、高管或专业技术岗位，可以申请工作许可，从而获得工作签证。

签证期限：首次工作签证有效期一般是 1~2 年，可以申请延期至 2~5 年。

审理周期：3 个月。

申请方式：邮寄或到签证中心递交申请。

加拿大工作签证申请流程：

（1）到加拿大注册分公司或联系加拿大当地雇主；

（2）申请加拿大劳动力市场影响力评估；

（3）准备申请材料；

（4）递交工作许可申请；

（5）等待体检通知；

（6）一般情况下，不需要面试（视具体情况而定）；

（7）等待审理结果，获得签证。

加拿大工作签证所需材料：

（1）签证费支付证明；

（2）所有申请人的护照原件；

（3）身份证复印件（正反面）；

（4）无犯罪记录公证；

（5）加拿大雇主和申请人签字的劳动合同复印件；

（6）2 张护照类型的照片，背面标注姓名和出生日期；

（7）当前的在加拿大的签证（如适用）；

（8）结婚证公证件；

（9）与要从事的加拿大工作相关的学院学历、大学学位或硕士学位的公证件，职业资格证（如有）；

（10）如工作在魁北克，须提供魁北克学习接收证书；

（11）申请人在中国工作单位的工作经验证明文件原件；

（12）中国工作单位的营业执照复印件；

（13）申请人近 3 年内至少 1 年在中国工作单位做全职工作的证明文件；

（14）申请人在中国单位董事会或管理或专业技术知识方面的职责描述；

（15）申请人在中国单位的组织结构图；

（16）加拿大企业的注册文件；

（17）加拿大企业的最近两年的税单（加拿大税务总局出具）、公司章程；

（18）加拿大公司空缺岗位的职责描述和组织结构图；

（19）申请表：

· 加拿大境外工作许可申请表；

· 家庭信息表；

· 同居伴侣法定声明表；

· 使用代理表；

· 授权释放个人信息表；

· 教育和就业细节表。

(四) 签证办理流程

加拿大签证办理流程主要分三种情况。

1. 自行前往签证申请中心办理

(1) 确定签证类型，并准备好签证所需资料。

(2) 预约采集生物信息。

(3) 前往就近的加拿大签证中心递交申请。

(4) 缴纳签证申请费以及生物信息采集费用（如适用），并等待签证结果。

2. 在线申请

在线申请加拿大签证需要登录加拿大移民、难民和公民部网站：

(1) 注册 GCKey 账户并填写相关问题。

(2) 在线上传申请材料，并在线支付签证费用。

(3) 预约到签证中心采集生物信息。被要求提供生物信息的申请人在在线申请成功后会收到一份需要提交生物信息的通知信（简称 BIL）。收到 BIL 后，需要前往签证申请中心完成生物信息采集。

(4) 采集生物信息需携带护照原件、预约信以及 BIL。生物信息采集完成后，会收到一份收据证明已在签证申请中心完成生物信息采集。

(5) 签证申请出结果后，申请人将会通过邮件收到一封要求提交护照的通知信。在签证申请中心递交护照时，需要携带护照原件和护照提交通知信。

3. 邮寄递交

签证中心仅接受合法居住在中国境内的申请人的邮寄申请和汇款。签证申请中心不接受来自国外邮寄的签证申请。

以下是邮寄申请的流程：

（1）确认签证类型。

根据确定的签证类型下载材料清单，并根据清单要求准备申请材料。在确认完成所需材料后，打印材料清单并签字。

（2）申请人需将签证费用和指纹采集费用汇至指定银行账户。

按照加拿大移民、难民和公民部网站的指示支付签证费用及生物信息采集费（如适用）。如果需要提供生物信息，采集生物识别信息的费用为 85 加元（单人），其中已包含签证中心的签证申请服务费和纸质申请辅助服务费。

对于无法进行在线支付的申请人，加拿大签证申请中心提供附加有偿服务，申请人可以在签证申请中心现金支付。

点评：

邮寄申请须注意，一旦收到生物识别信息采集通知信，应于10 个工作日内完成预约并到达寄送申请的签证中心采集生物识别信息。

（3）申请人只能通过中国邮政（EMS）邮寄申请。

在邮寄申请时，必须确保包括以下文件：

· 完整并签字的材料清单和申请表格；

· 所需支持性材料；

· 汇款凭证副本；

· 一张写明回邮地址及邮编（中国大陆）的标签纸，签证中心会通过中国邮政（EMS）寄回申请结果。

（4）如签证申请中心在当日 13：00 之前收到邮寄申请并确认支付费用无误，则此申请会在下一个工作日由签证申请中心递送给加拿大大使馆/总领馆审理。如签证申请中心在当日 13：00 之后收到快递材料并确认支付费用无误，则此签证申请将会在收到后第二个工作日由签证申请中心递送给加拿大大使馆/总领馆审理。

（5）签证中心只能受理汇款准确无误和材料齐全的邮寄申请。如果汇款不正确或材料不完整，签证中心将会通过电话/电子邮件说明进一步流程。如 10 个工作日仍未解决问题，签证中心会将申请以及汇款退回。

（6）若汇款准确无误且材料齐全，签证中心将会出具申请费用收据，并将收据原件放入返还资料信封中返还给申请人。同时签证中心会将收据/申请号码通过电子邮件发送至申请人邮箱以便于申请人在线查询申请进度。

二、海关入境规定

（一）海关准入物品清单

1. 大额现金

根据规定，如果携带 1 万加元（或等值外币）以上现金或金融票据（股票、债券、银行汇票、支票和旅行支票），不管是到达还是离开加拿大，都必须向加拿大边境服务署（CBSA）申报。申报后，海关人员会按手续要求出入境者填写一份表格，通常不会刻意询问金钱来源等问题。但如果不主动申报，一旦查获，不但没收现金，还会被罚款 250 至 5000 加元。

2. 酒类

携带者必须是法定的可以吸烟饮酒的年龄；红酒不超过 1.5 升，烈酒不超过 1.14 升，啤酒不超过 8.5 升。超过数量的要征税。需注意很多省对携带者的年龄限制不一样，阿尔伯塔省、曼尼托巴省和魁北克省的最低年龄是18岁，其余省份是19岁。

3. 香烟

只能携带一条（200支）免税香烟，雪茄最多只能携带50条，烟草200克，卷烟最多可携带200支。超过限定数量需要申报纳税。

4. 药草

药草、香料、茶叶、咖啡豆以及调味品，均可以带入加拿大。但是被加拿大卫生部判定有毒且加以限制的草药不能入境。中草药是指干或冰冻的药草，并非新鲜植物或中成药，而且一定不能带有任何类似树皮的成分。中成药属于非处方药，也有严格要求。

点评：

CBSA人员提醒，由于中药品种很多，没办法具体说明哪些可入境、哪些不可，必须要看成分。基本上，如果是有动物成分，例如鹿茸或犀牛角制成的中药，多数是限制入境的；另外，某些品种的干人参可入境，但若原产地感染病毒的话，就会被限制入境。

5. 处方药

在加拿大，如果要带处方药入境，该药品必须有医院或药房包装或带有使用说明的原始标签或零售包装，并提供医生的处方。如果没有上述说明，则带上处方的复印件或者医生的说明。加拿大一般准许携带自己使用的、一个疗程或90天供应量的药品入境。

6. 干果类

干果、干蔬菜、罐装或冷冻水果蔬菜、烘焙类食品和糖果（不得含有肉类），都可以入境。每人最多可带20千克。

7. **海鲜类产品**

除了河豚和大闸蟹之外的任何鱼类和海产品，无论生熟，都可以入境。即使是易感染的水产动物，只要不超过以下数量限制，也无须申请进口许可：10 条未切除内脏的有鳍死鱼、4 只带头的甲壳纲动物（蟹、龙虾等）、3 千克软体动物（牡蛎、蚌、蛤等）。

（二）禁止携带的物品

1. **肉类**

肉类、家禽以及相关食品，几乎不准入境。除了从美国入境时可携带不超过 20 千克之外，其他国家不准携带包括肉干、肉松等任何肉类以及家禽和相关食品入境。动物脂肪也属违禁品，但经厂商消毒、真空包装过的产品，以及消毒过的肉罐头，在申报后可以入境。

2. **水果蔬菜**

加拿大本土可以生长的水果，如苹果、梨、草莓、蓝莓等一般都不允许携带入境。块茎作物，如山药、土豆、红薯、甜菜等，以及番茄、辣椒、茄子等蔬菜，均不准入境。但热带水果，像火龙果、凤梨、榴梿和荔枝等可以入境。

3. **植物**

几乎所有的花木植物以及种子，都不准入境。甚至泥土也不能入境。即便准许入境的盆栽，也需要把泥土去掉。此外，荞麦和装在枕头中的荞麦皮都属违禁品。剪切下的花卉，若不用于繁殖，可能可以入境，但依据原产地和物种有严格限制。

4. **枪支和武器**

所有枪支和武器必须向加拿大边境服务署申报。

5. **炸药、烟火和弹药**

如有携带此类物品，必须持有允许携带炸药、烟火以及弹药型号的书面授权和许可。

6. **车辆**

任何车辆如轿车、皮卡、雪地车、房车等，只要是用于非商业用途的车辆都禁止入境。

点评：

在机场入境大厅，有“违禁品弃置箱”。如随身带有不允许携带入境的违禁品，一定要弃置以免后患。如在托运行李中有限制违禁品，在提取行李处也要主动找 CBSA 人员联系申报。

蓄意夹带违禁品闯关，或是携带违禁品数量较大，游客的身份资料会进入一个相当于“黑名单”的数据库，此后每次过关都会受到 CBSA 的特别对待。所以，如果是不慎携带或者不确定携带物品是否违禁，应该主动向 CBSA 人员说明。

三、新冠疫情对入境加拿大的影响

2020 年 1 月，加确诊首例新冠病例。因疫情快速蔓延，加联邦政府于 2020 年 3 月宣布封锁边境、强制隔离等多项紧急措施。

随着疫情情况好转，2022 年 3 月以来，加拿大不断放宽因新冠疫情采取的限制入境措施。10 月起，加拿大取消所有疫情相关限制入境措施。

2023 年初，加拿大新增针对来自中国内地、中国香港和澳门旅客的新冠病毒检测要求。自 2023 年 1 月 5 日起，所有乘坐从中国内地、中国香港和澳门出发的航班旅客（包括从其他国家转机和过境加拿大）须提供登机前 48 小时内的新冠病毒核酸检测或抗原检测阴性证明。

点评：

因疫情情况多变，加拿大可能会视情况更改入境要求，相关最新要求可关注加拿大政府网站：travel. gc. ca。

四、加拿大紧急求助电话

中资企业及公民在加拿大如遇突发状况，或遇有语言不通等特殊情况，应尽快通过各种联系方式与中国使馆领事部门取得联系，告知所遇困难及地理信息，以便尽快解决。

在中资企业间、华人内部发生的纠纷，应尽量内部协商解决，避免矛盾扩大，如需通过法律途径解决纠纷，可通过国内有关单位进行。

如遇恐怖袭击、绑架、抢劫等恶性治安事件，应及时报警，并与中国驻加拿大大使馆和工作单位取得联系。

相应的联络方式如下：

加拿大全国统一报警电话：911，系有生命危险或特别紧急情况下的求助电话。此外，各地警局设有普通报警电话。

我国驻加拿大使领馆领事保护应急联系方式为：

· 驻加拿大使馆：001－613－5621616（领事服务区域：渥太华地区、纽芬兰和拉布拉多省、新斯科舍省、爱德华王子岛省和努纳武特）。

· 驻多伦多总领馆：001－416－5942308（领事服务区域：安大略省、曼尼托巴省）。

· 驻温哥华总领馆：001－604－3369926（领事服务区域：不列颠哥伦比亚省和育空地区）。

· 驻卡尔加里总领馆：001－403－5376907（领事服务区域：阿尔

伯塔省、萨斯喀彻温省、西北地区）。

·驻蒙特利尔总领馆：001-514-9338891（领事服务区域：魁北克省、新不伦瑞克省）。

·外交部全球领事保护与服务应急呼叫中心电话：+86-10-12308，+86-10- 65612308。

Chapter 4
第四章

加拿大有关法律规定

一、加拿大法律体系概述

加拿大现行法律体系，带着探险者和殖民者的印迹。虽然欧洲人在这里遇到的土著居民有着他们自己的法律体系和社会手段，但经过多年的法律渗透，移民者的文化开始盛行。1759 年，英国在魁北克打败法国之后，整个国家几乎全部在英国法律体系统治之下。除了魁北克民法基于法国拿破仑法典之外，加拿大刑法和民法均以英国普通法为基础。

加拿大保持了这两种法律体系并存的局面。魁北克省的民法以拿破仑法典为基础，是典型的大陆法系；此外的 9 个省和 3 个地区，均沿用英国的普通法体系。其主要法律渊源为判例法和成文法，大陆法系以成文法为主，普通法系则强调遵循先例。

此外，基于分权原则加拿大还形成了联邦和省/地区两个不同层级的法律体系。双轨制成为加拿大法律体系最为突出和显著的特征，并在立法和司法环节得到了充分体现。

加拿大法院分为联邦法院和省法院两大体系，享有独立的司法权，沿用判例法审理案件（除魁北克外）。现行联邦法院分为联邦（审判）法院、联邦（上诉）法院和联邦最高法院三级。加拿大的省法院体系也分为三级，即省高等（审判）法院、省高等（上诉）法院和省法院。

点评：

加拿大司法法律网站提供英法两种官方语言的联邦法案和法规文件的查询和下载：laws-lois. justice. gc. ca。

二、在加拿大投资注册企业需要办理的手续

（一）主管部门及相关法律

在加拿大设立商业实体，要按照联邦政府《加拿大商业公司法》和各省的《公司法》进行。

按照《加拿大商业公司法》注册成立的公司，必须向加拿大消费者和公司事务部下属的公司事务局申请注册，并可以在加拿大任何省份开展业务，无须另行获取执照，但仍应在各省进行登记。在某省注册成立的公司，则向各省注册机构申请注册，只能在省内经营，如果计划在其他省份开展业务，则需在有关省份进行注册，并获得相应执照。

点评：

一般来说，大部分企业主要是在省登记注册管理机关登记注册。

（二）设立企业的形式

加拿大公司注册的三种形式：独资公司、合资公司和股份有限公司。

1. **独资公司**

独资公司是由一个人拥有的无限责任公司，所有者本人和公司之间没有明确的界限。它是一种最简单的公司形式。公司的所有人行使全部的职能，自行作出决定，以个人或公司的形式运作，并以个人或公司的名义给客户开具发票。享有全部的利润，缴纳全部的税款，赔偿所有的损失，承担一切风险，和公司在法律上是不可分离的。所有人与公司的关系是自雇。任何由公司的经营所引起的法定责任都是公

司所有人的责任，公司或个人的全部财产都可被法定地用来清偿债务。

如果只以所有人的名义来进行运营，则不必进行公司注册，但是所有人必须要在当地政府部门进行登记并取得营业许可证。

2. **合资公司**

合资公司是一种由两个或多个人，两个或多个股份公司、信托公司等共同建立新公司来进行贸易或商业活动的公司，合作的每方都为公司提供资金、劳力、财产或技术，同时也分享公司的利润并承担损失。合资公司的存在依赖于合作的连续性。特别是在两个人的合作关系中，如果其中一人离开或宣布破产，则伙伴关系自然解体。

合资公司的成立也只需在当地政府部门进行登记并获得营业许可证。

3. **股份有限公司**

股份有限公司是一个独立的与其组成成员（股东）有明确界限的法定实体。它是依据其股东们共同签署的特别合同中的条款而成立的，这些条款在公司的备忘录和章程里都有表述。

股份有限公司有以下不同于独资公司和合资公司的特点：

第一是股东责任有限，通常公司的股东不对超出其股份比例的公司债务、义务负责。

第二是公司存在的连续性。因为股份有限公司是一个独立的法定实体，所以即使股东成员有所变更，公司仍旧继续存在。此外，公司的所有权可以改变，股份的转移不会影响公司的存在或连续性。

点评：

在决定设立何种类型的企业时，需考虑该企业的具体需求。需考虑的因素包括责任范围、独立的法人地位、权益可转让性、融资要求、商业组织的复杂性、企业性质、税收问题等。

外资可以以设立分公司和子公司的形式进入加拿大市场。若在加拿大设立分公司开展业务，应符合《投资法》及各省有关注册和许可法规的要求。许多外国公司倾向于通过设立加拿大子公司形式开展业务，因为在行政管理上会更为便利。

（三）注册企业主要程序

企业登记注册一般要求具备企业名称、注册资本、经营范围、经营方式等，也就是要具备类似我国企业登记所符合的条件。

1. **公司名称**

可以使用字母或数字作公司名称。使用字母作名称时，其名称不得与其他公司的名称相同，也不得与其他公司的名称相混淆，不得使用禁用词汇；名称后必须加“有限公司”“股份公司”等字样或其缩写。外国公司在加拿大的分公司可在名称中加上“加拿大”以与其母公司相区别。

点评：

加拿大各省/地区对公司名称有严格规定，以避免名称宽泛产生误导。部分地区设有预审程序，在申请成立之前也可预先要求保留公司名称。此外，魁北克《法语宪章》还要求在魁北克省开展业务的公司必须使用法文名称。

2. **注册资本**

加拿大一般不要求注册资本最低额。除金融公司外，无法定储蓄金要求。可用现金、财产出资。用现金认购股份的，其认购价值要由董事会确定。

3. **经营范围与经营方式**

企业的经营范围除毒品、枪械和电视、广播、金融、新闻出版、航空等之外，一般不作限制。经营方式一般也无限制。

4. 企业登记注册程序

（1）选择公司名称，并经注册主管机关的相关部门确认名称有效。为避免所选择的名称不适用，可提供两个名称以供选择，此项服务需收取一定费用。

（2）发起人签署公司章程，公司章程和细则对公司及其成员均有约束力。公司章程必须包括公司名称、股份结构、董事、经营业务范围、公司运作方式、公司董事的权利与责任等要点。公司细则不可载有任何与《公司法》相抵触的条款。

（3）填报申请表。注明公司的注册地址、董事成员姓名、地址。

（4）缴纳注册各种文件和证明所需的费用。按联邦《公司法》成立公司与按各省《公司法》成立公司，所交的注册费用是不同的。联邦注册费相对较贵，各省注册费各不相同，大约为联邦费用的一半。具体费用可向委托代理注册登记手续的当地律师咨询。

注册机构颁发营业执照即标志公司成立。从申请到注册完成，一般需要两周时间。

三、加拿大对外国投资的市场准入

（一）投资主管部门

加拿大投资事务由加拿大全球事务部、科学创新和经济发展部（原工业部）和文化遗产部主管。其中全球事务部负责投资促进和宣传，科学创新和经济发展部负责审核非文化项目的投资，文化遗产部负责审核文化项目的投资。加拿大投资署承担吸引和促进外商直接投资的职能，向外国投资者提供投资信息与建议、政策介绍、协助制定项目计划、安排实地考察等。

（二）投资相关法律法规

1.《加拿大投资法》

加拿大与投资合作相关的主要法律有《加拿大投资法》《加拿大投资法实施条例》等。

《加拿大投资法》共 9 章 52 条。其宗旨是：鼓励加拿大人或非加拿大人在资本和技术上投资，促进加拿大经济增长，增加就业；对非加拿大人的重要投资进行审查。

《加拿大投资法》的实施对加拿大利用外资发展本国经济，促进产业创新，增加就业，产生了积极的推动作用。虽然《加拿大投资法》的主体为 30 多年前所制定的法律，但加拿大政府通过不断修订相关法律法规，日益提高本国市场对外资的开放程度。

目前，加拿大众议院管辖下的工业、自然资源、科学和技术常设委员会，正进行“加拿大 21 世纪工业”研究，重点将集中在能源、制造业及服务业三大领域，此研究中包括对接受外国投资的政策作框架性研究，并重新审核《加拿大投资法》。

2.《关于投资的国家安全审查条例》

为保障加拿大国家安全，加拿大政府于 2009 年 9 月出台《关于投资的国家安全审查条例》，建立了外资并购国家安全审查制度，该审查制度建立在外资准入审查基础之上。该条例详细列明了负责具体审查的调查机构，规定负责调查的部长可向调查机构披露并探讨外资并购审查的特定信息，以便更好地促进外资并购国家安全审查。法规并未明确制定审查标准，只是笼统规定应当审查该投资是否损害国家安全。

在 2012 年之前，有关国家安全审查的时限为 130 天。在中海油收购尼克森案获批以后，加拿大政府赋予国家安全审查部门延长审查时限的权限。包括所有临时审查期限和最终期限在内，一项全面的国家安全审查最长可能持续 200 日（如果投资者和部长一致同意延期，期限会更长）。

点评：

近年来加拿大不断加大外资安全审查力度，在审核内容方面，无限延伸“国家安全”的外延。加政府公布的外资安全审查投资指引列举了可能触发国家安全审查的 9 种投资类型，不仅涵盖了军事、国防等与国家生存和发展相关的传统安全问题，而且包含了产业安全、金融安全、资源安全、网络安全和恐怖主义等非传统安全因素。

2020 年 4 月，加拿大科学创新和经济发展部发布关于新冠病毒的政策声明，将公共卫生安全纳入审查范围。声明表示“加拿大在疫情期间将对外国投资实施更为严格和广泛的审查，尤其是与公共卫生有关或为加拿大提供关键产品和服务的企业”。声明没有明确指出关键产品和服务的种类，而是赋予了科学创新和经济发展部广泛的自由裁量权和决策权，对任何其认为可能损害加拿大国家安全的投资进行审查。

[**案例** 4–1]

2012 年 7 月 23 日，中海油宣布将以 151 亿美元收购加拿大大型能源企业尼克森石油公司，并承担尼克森多年来所累积的 43 亿美元债务，同时作出留用员工、开发加拿大油气资源等多项承诺。在持续了近 5 个月的审批过程后，加拿大政府于 12 月 7 日宣布决定批准此项收购申请。该收购案也成为当时中海油乃至全中国公司在海外最大金额的收购案。

［案例4-2］

中国交通建设股份有限公司旗下中交国际（香港）控股有限公司于2017年10月26日在多伦多正式签署收购加拿大第三大建筑公司——爱康集团100%股权协议。收购对价为14.5亿加元。2018年5月23日晚加拿大联邦政府宣布，根据《加拿大投资法》对该项收购案进行了审查，并听取了国家安全机构建议后，以“保护国家安全”的理由否决这项收购。

3. 国有企业投资并购规定

2012年12月，在批准中海油对尼克森的收购申请后，加拿大政府对《加拿大投资法》中关于审核外国国有企业在加拿大投资的指导规则做出修订，总体上是严格审批标准。具体如下：

（1）扩大对国有企业的认定范围，外国国企指外国政府或机构本身、由外国政府或机构直接或间接“控制”或“影响”的实体，或受外国政府或机构“控制”或“影响”的个人；

（2）严格限制外国国有企业对加拿大油砂企业的控制性收购，除特殊情况外，不予批准；

（3）密切监控外国国有企业在加拿大投资，尤其是获得企业控制权的投资，包括批准前的审查和批准后的运营和执行情况等；

（4）对国有企业投资审查门槛维持在3.3亿加元，而非国有企业投资审查门槛将逐步放宽至10亿加元。

加拿大科学创新和经济发展部的投资审核部门应用以下的分析来确定“控制”或“影响”程度：外国政府或机构在实体中所占的股份或所有权、外国政府或机构在实体管理中所拥有的决策权、外国政府或机构在任命高管和提名董事方面的权利。

科学创新和经济发展部部长在以下几方面有裁决权：是否某实体

在事实上由外国国企实际控制、是否外国国企已对加籍企业进行了控制权收购、是否表面上由加拿大人控制的实体在事实上是由外国国企实际控制。

科学创新和经济发展部部长拥有裁决权，以确认当外国国企在收购低于33.33%的投票权的交易中，是否拥有被收购方的实际控制权。“实际控制”并不被禁止，但如果交易额超过投资审核门槛，则交易需要通过加拿大“整体利益”测试。同样，表面上由加拿大人控制的实体，如果被加拿大政府认定为外国国企实际控制实体，那么该实体再对加投资时，如果投资额超过了适用于外国国企的投资审核门槛，那么该实体就将面临《加拿大投资法》的审核程序。

科学创新和经济发展部部长可以要求投资者提供相关信息，以便作出该企业是否被“实际控制”的决定。投资者也有权对科学创新和经济发展部部长所作的决定提出澄清。被确定为“实际控制”后需要接受加拿大“整体利益”测试。为通过该测试，外国国企投资者须阐明其投资的商业目的和在以下几方面作出承诺：指定加拿大人为公司的独立董事、聘用加拿大人加入公司高级管理层、公司在加拿大注册，以及收购公司或被收购公司在加拿大的证券交易所上市。

4. **有关反垄断和经营者集中审查的法律法规**

加拿大政府于1985年出台《加拿大商标和反不正当竞争法》（简称《竞争法》或C-34法案），其主要内容包括：（1）禁止卡特尔（即同业联盟）行为；（2）禁止滥用自身的市场支配地位；（3）规范企业的兼并与收购；（4）制定和规范企业与竞争对手、客户以及供应商之间商业行为的关系。加拿大没有省一级的竞争法律。虽然若干省份也有些涉及公平经商方面的法律，但立法的目的主要为了保护消费者。除了少数有限的商业行为，在加拿大的所有商业活动都要遵守

《竞争法》。

《竞争法》由加拿大独立执法机构竞争局负责实施，竞争局的局长即为竞争法首席专员（简称专员），全权负责《竞争法》的执行。《竞争法》还规定在案情需要的情况下，专员可以启动正式调查程序。一旦调查程序开始，专员拥有广泛的强制执行权力，而且在获得法院授权后，可以：（1）进入和调查有关场所和数据档案；（2）要求当事人提供经宣誓确认属实的数据记录和书面情况材料；（3）要求特定人员出庭，并在宣誓后接受调查。

竞争局还单独设立专门法庭（简称竞争法庭），由联邦（上诉）法院的法官以及非司法界人士组成。根据《竞争法》规定，竞争法庭拥有审理涉及企业合并、垄断、限制性贸易行为、欺骗性营销行为以及对加拿大产生不利影响的外国判决和法律等事项的专门权利。

［**案例** 4-3］

近几年，加拿大加大了对大型高科技企业的反垄断调查力度。2020 年 8 月，加拿大竞争局就亚马逊的相关政策是否“影响到消费者必须购买由其销售的产品，而不是竞争对手提供的产品”展开调查，认为亚马逊的一些做法可能会阻碍第三方卖家以更低价格销售产品，或强迫他们使用亚马逊的“交付服务”在加拿大销售产品，进而伤害当地企业和消费者利益。

2021 年 10 月，加拿大竞争局声明，正在调查 Alphabet Inc. 子公司谷歌的做法是否降低了网上显示广告领域的竞争性，并就此获得一项法庭命令，要求谷歌交出与该公司在网上显示广告市场行为调查有关的文件，用以确认谷歌是否妨碍了竞争对手，从而导致更高的价格和更少的选择。

（三）投资审核规定

《加拿大投资法》鼓励加拿大公民和非加拿大公民对加拿大投资。《加拿大投资法》规定，任何一项外国投资都需要向政府备案或者通过政府的审核。政府审核的标准比较复杂，但主要取决于投资项目及其金额。

1. 直接投资的审核门槛

加拿大对外国直接投资的审核包括：

（1）世界贸易组织（WTO）成员投资（敏感经济领域除外）。自2015年4月起，WTO成员（非国有企业）直接并购加拿大公司所涉金额在6亿加元以上的，需要经过加政府审核；所涉金额在6亿加元以下的，不需要接受审核，只需向加政府备案。该门槛自2017年4月调整至8亿加元，2019年4月调整至10亿加元。

2017年，对来自WTO成员的国有企业直接投资的审核门槛设定为3.79亿加元，每年进行微调。

（2）非WTO成员投资以及敏感领域的直接投资在500万加元以上的需要经过政府审核，500万加元以下的只需向政府备案。

2. 间接投资的审核门槛

WTO成员投资（敏感经济领域除外）不需要审核。非WTO成员投资以及敏感领域间接投资在5000万加元以上的需经政府审核，除非间接并购的资产涉及企业50%以上的总资产。不需经政府审核的投资交易需要在交易完成或者新企业设立之前或之后30天内向政府备案。需经政府审核的投资交易在向科学创新和经济发展部提交申请后，该部将在75日内依据以下因素作出批准或不批准的审核决定：

（1）该投资在加拿大的雇员计划；

（2）该投资对加拿大拟设立公司高管和董事会的计划；

（3）该投资对加拿大生产率、技术发展和创新方面的影响；

（4）该投资对加拿大国内竞争的影响；

（5）该投资与加拿大联邦和省级经济和文化政策的兼容情况；

（6）该投资对加拿大在全球经济中竞争力的影响。

点评：

投资申请如果不是"对加拿大有利"的投资项目，申请人可向主管当局申明理由，说明未来的营运计划及目标，并提出保证，以取得投资许可。主管当局日后可能对以此方式获得许可的投资进行复审，以确定投资人是否履行了当初的承诺。

3. **敏感经济领域的外资政策**

为防止外资对国内部分产业和经济发展造成冲击和损害，甚至影响到国家的主权和根本利益，加拿大对外国投资进入其敏感经济领域制定了一些限制措施。这些敏感领域主要包括铀的生产、金融服务、交通服务以及文化产业等。

《加拿大投资法》的特别条款以及加拿大联邦和省级其他有关法律法规对特殊产业的外资比例设定了额外的限制。

（1）银行业：对于大型银行（资产达到或超过50亿加元），其资产必须被"广泛持有"，即不论国籍，任何个人都不得收购该银行超过20%的投票股权或超过30%的非投票股权。任何个人持有中小银行（资产在10亿加元以下）股份的，需要事先得到财政部的批准。

（2）大众传播业：外国持股人不得拥有加拿大任何大众传播企业46.7%以上的股份（包括20%的直接投资和由控股公司拥有的余下80%股份的1/3，即26.7%的间接投资）。

（3）渔业：任何外商持股超过49%的加拿大渔业加工企业将不能

获得商业捕鱼执照。

（4）铀矿业：外商在铀矿开采和加工企业中所占股份不得超过49%，但如果确能证明企业在加拿大人的有效控制之下则可例外。

（5）交通运输业：外商在加拿大航空运输业公司的持股总额不得超过25%。加拿大海运业必须由悬挂加拿大国旗的船只来承担，但并不禁止其中的某些货轮实际归外国船东所有。

（6）通信业：目前除固定卫星服务及海底光缆外，加拿大仍保留了电信服务供应商控股不得超过46.7%的规定（包括20%的直接投资和由控股公司拥有的余下80%股份的1/3，即26.7%的间接投资）。除了持股比例限制外，加拿大还要求基本电信设施需要由“加拿大人控制”，因此规定董事会至少有80%的成员是加拿大国籍。外商如果投资于租用别人设施以从事“增值电信”和“增强电信”服务（如电子数据传输或租用线路从事长途电话服务）的公司，则不受上述控股比例的限制。

（7）保险业：加拿大《保险公司法》规定，任何个人不论国籍，在收购加拿大联邦控制的保险公司超过10%的股份时必须获得财政部的批准。

（8）土地：一些省区限制非加拿大公民拥有某些形式的土地。

（9）其他领域：其他受联邦和省级法律法规约束的外国投资领域包括石油、天然气、农牧、图书发行和销售、航空、渔业、酒类销售、采矿、典藏机构、工程、验光、医药以及证券交易等行业。

点评：

依据《加拿大投资法》的规定，加拿大竞争局对于企业并购的投资项目需就公平商业竞争及损害投资的立场提出意见。即使不需经过投资法审查的投资项目，如果超过某一限度，在公司合并前必须向竞争局备案。因此当投资企业谋求通过取得现有加拿大企业控股权方式扩张投资企业的运营规模时，须事先参考竞争局的审核意见。

（四）加拿大对外国投资的优惠

1. 战略创新基金

2017 年，加拿大联邦政府设立“战略创新基金”，旨在通过为大型项目和国家创新生态系统提供资金来刺激创新。

“战略创新基金”通过 5 种渠道支持加拿大吸引外国企业投资：鼓励研发，加速创新产品、流程和服务的技术转让和商业化；推动外国企业在加拿大发展、拓展业务；吸引并保持外国企业对加拿大的大规模投资；通过促进私营部门、研究机构和非营利组织的合作，推进产业研究、开发和技术示范；通过在加拿大各地影响力较大的合作项目，支持大规模、国家级的创新生态体系建设。

截至 2023 年 1 月，“战略创新基金”累计资助 107 个项目，资助金额达 69 亿加元。目前该基金的投资重点包括脱碳、生物制造与生命科学、知识产权、航天、半导体等领域。

2. 加速投资激励计划

加拿大 2018 年秋季的联邦经济宣言提出“加速投资激励计划”，该计划加速固定资产折旧。根据该计划，在加拿大投资的企业购置符合要求的设备，可享受新的资本折旧政策，具体如下：

（1）制造和加工机械设备、清洁能源设备。

2018 年 11 月 20 日以后购置的制造和加工机械设备以及清洁能源设备在 2028 年前投入使用将提高首年资本折扣额，如在 2024 年前投入使用，纳税人可以即时冲销全部成本。

2024 年以后投入使用，则首年资本折旧额将逐步递减：2024 年和 2025 年投入使用，首年资本折旧额为购置成本的 75%；2026 年和 2027 年投入使用，首年资本折旧额为购置成本的 55%；2027 年以后投入使用，首年资本折旧额激励将被取消，首年折旧额仍按照原来的折旧计提方案，为购置成本的 30%。

（2）其他设备。

除上述两类资产外，其他大部分资产的折旧激励规则如下：

2018 年 11 月 20 日以后购置并在 2024 年之前投入使用的固定资产，首年资本折扣额提升至原折扣计提方案的 150%。

2023 年以后购置并在 2028 年前投入使用的固定资产仍按照原折扣计提方案。

以下情况不适用该计划：2018 年 11 月 21 日之前通过非独立交易获得的固定资产、该资产以递延纳税转期的方式转让给纳税人。

3. “科学研究与试验开发”税收激励计划

加拿大政府在该计划下提供 30 亿加元的税收优惠，提供申请名额为 2 万人。

加拿大研发行业的公司，均享受“科学研究与试验开发”税收激励计划的税收优惠。该计划提供针对基础研究、应用研究和试验开发的三类税收优惠。税收优惠形式有两种：一是所得税扣除，二是投资税收优惠。

符合资质的申请人包括加拿大控股的私营企业、其他类型的私营企业、个人和信托机构，以及合伙制企业的成员。外国企业可通过在加拿大设立从事研发的企业或设立子公司形式，间接申请“科学研究与试验开发”税收优惠。

4. **加拿大对外贸易区政策**

加拿大对外贸易区是政府批准在国内设立的特殊保税区域，由加拿大财政部负责，对于符合条件的进口或国内采购的原材料、部件、制成品等，在保税区内进行储存、加工、组装等操作后，再出口的产品可免征关税及其他税种，进入国内市场的产品则在进入时征收关税及其他税种。

点评：

与传统意义上由政府划定一定区域并实施监管的对外贸易区不同，加拿大对外贸易区在地理概念上富有灵活性，无须通过安全围栏等进行物理隔离，经申请并获批后，加拿大国内任何区域均可成为对外贸易区，包括公司仓库、酒店房间、办公场所等。理论上，加拿大整个国境均可成为对外贸易区，公司可根据自身需要选择对外贸易区所在地。

加拿大对外贸易区项下有三种优惠政策，分别是关税延期支付项目、出口配送中心项目和出口商加工贸易服务项目。

其中，关税延期支付项目是对外贸易区最重要的、涉及面最广的优惠政策，由加拿大边境服务署负责；出口配送中心项目和出口商加工贸易服务项目则由加拿大税务局负责。

（1）关税延期支付项目。

关税延期支付项目允许相关企业免缴、缓缴或者申请退还关税及其他税种，享受低关税、增加现金流、释放营运资本、交付具有价格竞争力的产品等收益。进口商、出口商、加工企业、货物所有人、仓库运营商等均可申请关税延期支付项目。

该项目包括三个子项，企业可根据自身业务特点申请单一项目或所有项目。三个子项的具体名称、含义和操作分别如下：

①关税减免项目。

预期将货物进口至加拿大，再随后将货物出口的企业，可事先向加拿大边境服务署提出申请。边境服务署在审核申请书、考察经营场所后，向符合条件的申请企业签发认证编码，凭编码在进口时申请关税减免。

按照规定，申请关税减免的货物，从进口至出口有 4 年的宽限期；进口货物可在符合关税减免条件的企业间自由流动；企业可根据市场需要用加拿大产部件替换进口产品原有部件以形成最终产品；企业申请认证编码完全免费，且无须提供担保。

②退税项目。

如加拿大进口商、出口商、加工企业、货物所有人、仓库运营商、生产商等，在进口商品时实际已支付关税，随后该商品被出口至境外，则可申请关税退还。如果多家企业与该商品关联且均具备申请退税的资格，则其中一家企业提出申请时，应得到其他有资格企业的放弃申请证明。

③保税仓库项目。

保税仓库是加拿大边境服务署批准设立的运营性储存设施，但其与传统意义上的仓库并不相同，企业在选择地点时具有很强的自主性，可根据自身及市场需要将酒店房间、办公室等申请为保税仓库，从而提升竞争力。

进口至保税仓库的商品在进入加拿大市场前，无须支付关税和其他税种；保税仓库可对进口商品开展展示、分拣并贴标、拆分及组装、重新包装、样品出库以获得订单、货物检查、测试、存储等操作；商品在保税仓库的免税停留时间最长为 4 年。

申请保税仓库项目时，企业须有详细选址计划，需向加拿大边境服务署提供担保，涉及酒水或枪支等商品时需得到政府授权，生鲜食品需特别保存条件。获批后，申请企业将获得授权编码。其后，加拿大边境服务署可根据风险评估状况，定期对保税仓库合规性进行核查，包括商品的移动记录等，对违规者将采取罚款、取消运营资格等惩罚措施。

（2）出口配送中心项目。

出口配送中心项目由加拿大税务局负责，主要针对出口导向型企业。参与该项目的企业，可进口或从国内采购商品，通过适度加工实现“有限增值”后，应出口该商品。全新制造的出口商品，不适用此项目。

申请此项目的企业应满足如下条件：出口额占企业总收入的 90%以上；单个财年内运营活动至少 90%为商业活动；对所购商品不能做出实质性改变；对商品仅能适度加工并实现“有限增值”，即非基本服务增值应少于 10%，总体服务增值应少于 20%（基本服务内容与保税仓库所允许的操作基本相同，其他增值服务均属于非基本服务）。

申请获批企业如满足事后出口条件，其进口或从国内采购商品无须缴纳货物和服务税、统一销售税（商品金额须在 1000 加元以上）。

（3）出口商加工贸易服务项目。

出口商加工贸易服务项目由加拿大税务局负责，主要针对从事来料加工的企业。参与该项目的加拿大企业进口隶属于非加拿大企业的商品（商品所有权并未变更），进行加工、配送、储存等操作后再出口该商品。

与出口配送中心项目不同，加拿大税务局对参与出口商加工贸易服务项目的企业并未设立出口额比例、有限增值等限制，参与企业可利用进口商品为海外客户制造全新产品。但参与企业不能拥有其进口的商品、利用进口商品制成的商品，其客户不能是加拿大人，其进口商品的唯一目的是根据海外客户的需求提供存储、配送、加工、制造等服务，参与企业与海外企业（包括商品所有者和客户）不能是关联企业，不能将加工业务转包给另外一家加拿大企业，从进口至出口的最长期限为 4 年，所有制成品不能进入加拿大市场，进口时应提供财务担保。

申请获批的企业如满足相应条件，其进口的商品无须缴纳货物和服务税、统一销售税（GST/HST）。申请此项目的企业可同时向加拿大边境服务署申请关税延期支付项目，以获得关税减免。

四、加拿大贸易的法律规定

（一）贸易主管部门

全球事务部是加拿大主管外交事务、国际贸易和国际合作的政府部门。该部在国际贸易领域的职责是帮助国内企业进入国际市场，占据商业先机，积极促进国内商业活动以及负责贸易协定的谈判和监督。其宗旨是为国内外企业服务，提供加拿大经济贸易政策信息。

（二）贸易法规体系

加拿大与贸易有关的法律法规主要包括：《海关法》《关税税则》《出口法》《出口发展法》《进出口许可法》《特别进口措施法》《特别进口措施规则》《进口许可证规定》《国际贸易法庭法》《进口货物标识法》《消费者包装与标记法》《贵重金属标识法》《加拿大农产品法》《纺织品标签法》和《纺织品标签及广告法》等。

与检验检疫有关的法律法规主要有：《食品与药物法》《危险品

法》《肉类检验法》《鱼类检验法》《动物卫生法》和《野生动植物贸易规定》等。

（三）贸易管理的相关规定

1. 进口管理

加拿大禁止进口涉及淫秽、仇恨、暴乱、叛国等主题的宣传资料，假币，监狱囚犯生产的产品，旧床垫或二手床垫，标注虚假来源地的产品，旧车或二手车（自美国进口的除外）等交通工具，白磷制成的火柴，部分活体动物等。

点评：

加拿大原产地证明主要有三大类，第一类是自由贸易协定国的原产地证明，第二类是适用于普通优惠关税的原产地证明，第三类是最不发达国家服装及纺织品的原产地证明。进口商应按照加拿大边境服务署的要求出示进口产品的原产地证明。标注虚假原产地或提供虚假原产地证明将受到处罚。

加联邦政府根据《进出口许可法》确定了进口控制清单，清单内产品进口需要由加拿大全球事务部下属贸易控制和技术壁垒局签发进口许可证后方可进口，而加拿大边境服务署则负责对进口产品实行监控。

加联邦政府也会根据多双边贸易协定、联合国相关决议等对部分国家和地区的产品进口实施豁免或予以控制。目前，加进口控制清单主要包括农产品（肉、谷物、家禽、蛋以及奶制品）、纺织品及服装、特定的钢铁产品、武器及军需品、有毒化学物质等。

（1）农产品。

自 1995 年起，加拿大对部分农产品实行关税配额管理，其中大麦及其制成品、小麦及其制成品、部分人造黄油、部分乳制品按“先到先得”原则申请进口许可证，其他受关税配额限制农产品须事先申请进口许可证。

（2）纺织品与服装。

自2005年4月1日起，只有来自美国、墨西哥等国享受优惠关税的服装及纺织品需申请进口许可证，非优惠关税进口服装与纺织品无须申请。

（3）特定钢铁产品。

加拿大对钢铁产品进口实施监测，碳钢产品和特种钢产品被列入进口控制清单。自2019年4月起，加拿大对厚钢板和不锈钢线材进口实施临时保障措施（关税配额），超出配额部分将被征收25%的附加税，实施期限最长200天。

2. **出口管理**

加联邦政府根据《进出口许可法》设定出口控制清单，对部分产品和地区实行出口控制，出口受控产品或向受控地区出口产品均需申请出口许可证。出口控制清单包括出口产品控制清单、出口地区控制清单和控制武器出口国家清单。

其中，出口产品控制清单主要包括：

（1）两用物项及技术；

（2）军需品（军火）及技术；

（3）核不扩散类产品及技术；

（4）与核相关的两用品及技术；

（5）导弹技术控制产品及技术；

（6）不可扩散的化学和生物武器；

（7）其他多种产品和技术，包括医用产品、林木产品、农产品及食品、服装、车辆、外国原产产品及技术、激光致盲武器、核聚变反应堆、地雷、战略物品及技术、特定用途产品和技术等。

3. 进出口商品检验检疫

与进口产品有关的商品检验制度，内容要点如下。

中间产品：多属于制造商从国外进口所需设备和零部件，用于生产下游商品，不直接进入消费品市场。此类产品均按有关行业的国际标准生产，并经过认证。加拿大政府不介入此类产品的质量检验。但如进口危险原料产品，则需要政府检验部门批准。

消费品：此类产品进口后直接进入加拿大消费市场，加拿大对此类产品制定了严格的检验标准和程序。

（1）家用电器。

进口商必须确保此类产品获得北美主要质量标准机构，如加拿大标准协会和加拿大保险商实验室的认证。

（2）农渔产品、食品、动植物等。

须遵守《食品和药物法》，进口商应确保产品符合加拿大食品检验署检验标准，该署网站上（inspection. canada. ca）提供一站式进出口检验检疫要求查询服务，进出口商可通过产品海关编码等查询具体商品的进出口检验检疫要求。

（3）具有潜在危险的产品。

指可能有化学、机械和电子危险及易燃易爆的产品，如玩具、儿童家具、含有毒油漆制品、打火机等，进口商在市场销售此类产品之前需向加拿大政府检验部门出具符合产品安全标准的证明文件。

4. 海关管理规章制度

加拿大海关法律由《海关法》和《关税税则》构成。《海关法》规定了有关课税、征收、关税税则的执行，还包括确定商品应纳关税计价的条款；《关税税则》确定适用的关税税率，并且规定进口税减免项目，包括关税的收缴与豁免。加拿大边境服务署负责实施《海关法》和《关税税则》。

（1）税则分类和关税待遇。

加拿大对进口商品所征关税的税率取决于关税待遇与税则分类。关税待遇由商品的原产地决定，税则分类则依据其用途、功能及内容按协调分类系统实施。《美墨加协定》允许原产地为美国的产品以及大多数原产地为墨西哥的产品免税进入加拿大。美国和墨西哥的本国产品必须配备北美自由贸易协定国产地的证明，方能享受免税待遇。最惠国关税税则适用于 WTO 成员的产品。普遍优惠税则（低于前者）适用于 WTO 成员中的原产地为某些发展中国家的产品。英联邦优惠制适用于所有英联邦的成员国，在许多情况下，它比最惠国关税的税则更为优惠。

商品在未进口前可向加拿大边境服务署申请获得预先审定手续，这样可确定其原产地的产品是否可以享受某种关税等级规定的特许关税待遇，或是否有资格按某一加拿大国际贸易协定获得优惠税率。

（2）关税的计算。

加拿大对大多数进口产品的关税征收实行从价税率，即按产品价值的百分比征税。对于有些产品则按重量征税，即从量税，有时也对产品征收混合税。加拿大《海关法》制定有一整套规则来确定进口商品的关税价值，并依照适用的关税税率测算关税额。其方法以 WTO 的估值规则为基准。按照《海关法》，关税估算的首要依据为商品的成交价格（即根据《海关法》规定调整后的，已支付过或者应支付的，向加拿大出口的商品在出口前与之相关联交易的成交价格）。如果不能采用成交价格，《海关法》另外规定了变通办法计算。

五、加拿大关于劳动就业的法律规定

（一）劳动就业主管部门及相关法律体系

劳工和就业事务原则上属于各省和地区的司法管辖范围，但加拿大联邦政府对于具有全国性、国际性或跨省性的某些行业具有管辖权，此类行业包括银行、航空运输、石油管道、电话通信系统、电视和跨省公路运输等，主管部门为加拿大就业和社会发展部。其他有关劳工和就业问题则属各省的司法管辖范围。

加拿大的《劳工法》是由各省在不同政党领导之下制定的，虽有所差异，但基本原则大致相同。了解《劳工法》对雇主很重要，雇员被解雇时，可向法律界人士咨询自己的权益。若雇主未遵守《劳工法》，会被追讨赔偿，违约雇主很难逃脱处罚。《劳工法》通过制定薪金、工作时间和假期方面的基本标准来保障劳工的基本权益。

除《劳工法》以外，与就业相关的法律法规还包括就业标准法律、人权法律、联邦和各省隐私保护法律、职业健康和安全法律、劳工待遇法律、劳工关系法律等。

此外，加拿大属于普通法省份的雇主还必须遵循普通法方面涉及雇主的责任，而在魁北克则要遵循魁北克民法的规定。

（二）劳工（动）法的核心内容

1. 工资

加拿大的最低时薪标准因省而异，并会根据每年市场和通货膨胀情况进行调整。各省/地区最低工资情况见表 4-1。

另外，雇主最少每半个月发一次工资，雇主有义务登记和保存员工的工作记录，包括工作时间、薪金、每次扣除的收入税等。这些记录应在每次发薪时交给员工。即使员工停职，雇主仍需将其工作记录保留 7 年，以备政府查验。

表 4-1 加拿大各省/地区最低工资标准

省/地区	最低时薪（加元）	备注
加拿大联邦	15.55	2022 年 4 月 1 日生效。
阿尔伯塔省	15.00	2019 年 6 月 26 日生效。
不列颠哥伦比亚省	15.65	2022 年 6 月 1 日生效。
曼尼托巴省	13.50	2022 年 10 月 1 日生效，将于 2023 年 4 月 1 日增加到 14.15 加元/小时，于 2023 年 10 月 1 日增加到 15 加元/小时。
新不伦瑞克省	13.75	2022 年 10 月 1 日生效。
纽芬兰-拉布拉多省	13.70	2022 年 10 月 1 日生效，将于 2023 年 4 月 1 日增加到 14.5 加元/小时，于 2023 年 10 月 1 日增加到 15 加元/小时。
西北地区	15.20	2021 年 9 月 1 日生效。
新斯科舍省	13.60	2022 年 10 月 1 日生效，将于 2023 年 4 月 1 日增加到 14.5 加元/小时，于 2023 年 10 月 1 日增加到 15 加元/小时。
努纳武特地区	16.00	2020 年 4 月 1 日生效。
安大略省	15.50	2022 年 10 月 1 日生效。
爱德华王子岛省	14.50	2023 年 1 月 1 日生效，将于 2023 年 10 月 1 日增加到 15 加元/小时。
魁北克省	14.25	2022 年 5 月 1 日生效。

续 表

省/地区	最低时薪（加元）	备注
萨斯喀彻温省	13.00	2022年10月1日生效，将于2023年10月1日增加到14加元/小时，于2024年10月1日增加到15加元/小时。
育空地区	15.70	2022年4月1日生效。

资料来源：加拿大政府最低工资数据库。

2. 工作时间

加拿大实行每周5天工作制，周六和周日为公休日。法律规定的标准工作时间每天不超过8小时，每周不超过40小时，雇员每周应有1天休息，每周最长工作时间不得超过48小时。如果超时工作，必须获得补偿，补偿标准不低于正常工资的1.5倍，或享受等同于超时工作时间1.5倍的带薪休假时间。

3. 法定假期

法律规定每年有9天公众假期。员工在假日期间无需上班而薪金照付。员工在工作满1年之后每年可获得2周带薪假期；工作满5年的员工可获得3周带薪假期。此外，女性员工怀孕者，可获得18周停薪留职的分娩假期，雇主不可因此而解雇怀孕的女性员工。

4. 解雇

在加拿大，解雇分为两种，一种是裁员，另一种是开除。雇主解雇雇员时，须提前书面通知。雇主无故解雇员工时，须支付合理的遣散费。工龄为3个月至未满1年者应付1周工资，工龄为1年至未满3年者，应付2周工资，工龄满3年者应付3周工资。以此类推，每年工龄加1周，遣散费最高相当于8周工资。

5. **养老保险**

加拿大联邦政府规定，凡年满 18 周岁已参加工作的雇员必须参加养老保险。养老保险由雇员、雇主共同缴纳。雇员缴纳工资的 2.95%，雇主等额缴纳。自谋职业者的养老保险全部由个人缴纳。

6. **就业保险**

就业保险旨在帮助失业而暂时未找到工作的人。就业保险由雇主、雇员共同缴费。雇员缴纳工资的 2.7%，雇主缴纳雇员费率的 1.4 倍。雇员一旦失业，可在失业 2 周后领取保险金，每次最多可申领 45 周就业保险金。

（三）外国人在当地工作的规定

在加拿大境内的合法外籍劳工，都是通过“临时外籍劳工计划”“国际流动计划”“全球技能战略计划”等特定政策框架引入的。

1. **临时外籍劳工计划**

在加外籍劳工，通过“临时外籍劳工计划”引入的占多数。“临时外籍劳工计划”是加拿大在引进外籍劳工方面最主要的政策措施，由联邦政府主导制订，各省没有单独引进外籍劳工的计划。

“临时外籍劳工计划”规定，雇主可以从任何国家合法雇佣符合条件的外籍劳工。“临时外籍劳工计划”的工作许可分为工作许可签证和假期工作签证。其中假期工作签证是指到加拿大边旅游、边工作的签证，只颁发给来自奥地利、澳大利亚、比利时、芬兰、法国、德国、爱尔兰、荷兰、新西兰、瑞典、瑞士、南非、英国、乌克兰、美国等国家 18 至 30 岁的旅游者。

临时外籍劳工许可签证申请程序如下：

（1）雇主提交劳动力市场影响评估材料。

雇主在决定聘用临时外籍劳工后，首先向联邦就业和社会发展部提交“劳动力市场影响评估（LMIA）”材料，内容包括：工作岗位有关情况、已在全国性人力库网站或主流劳动服务招聘媒体上刊登过不少于 7 天的岗位招聘广告及结果、工会对该岗位聘用外籍劳工的意见、雇用外籍劳工对加拿大经济带来的利益、雇主对外籍劳工人员的培训计划、拟聘用外籍劳工的其他相关资料。

（2）联邦就业和社会发展部对申请材料进行评估。

联邦就业和社会发展部会对 LMIA 进行评估，内容包括：所聘用外籍劳工的行业及岗位劳动力缺乏状况，外籍劳工对于增加就业机会的影响以及雇主是否有完善的培训当地人员的计划，外籍劳工与本地同等员工的工作和薪酬待遇是否一致，外籍劳工资质能否满足联邦或省对该岗位的技能、执照等条件的要求，工会的相关意见等。

（3）办理工作许可签证。

如果“劳动力市场影响评估”审核通过，联邦就业和社会发展部会向雇主发出许可通知书。雇主通知外籍劳工申请者到所在国家或地区的加拿大使领馆办理工作许可签证。申请者所携带的资料包括：“劳动力市场影响评估”通过审核通知、雇主聘用函、护照、个人简历、培训证书、资历证明、无犯罪记录以及 150 加元的申请费用。加拿大使领馆向申请者签发有效期为 1 年的工作许可签证，期满后可延长，最长可以延至 2 年。申请人还可在工作签证期满后提出移民申请。

点评：

外籍劳工工作许可证申请材料详细清单包括：

（1）至少有一页空白页的护照或旅行证件原件，此证件有效期至少要持续到申请人计划从加拿大离境后的一个月；

（2）四张在最近六个月内拍摄的护照相片尺寸的照片（彩色

或黑白）并用清晰的印刷体拼音在每张照片后面注明申请人姓名及出生日期（日/月/年）；

（3）相应的申请受理费；

（4）两份用中文写有申请人姓名、地址及邮编的黏性贴纸；

（5）两份申请人签名（原始签名）、注明日期的“工作许可申请”表格（英文/法文）；

（6）一份申请人签字（原始签名）并注明日期的家属表及教育和就业细节表格（中文及英文/法文）；

（7）两份包含档案号码的加拿大就业与社会发展部的劳动力市场影响评估（LMIA）确认函复印件（如适用）；

（8）魁北克移民与族裔社团部出具的魁北克学习接收证书（如适用）；

（9）两份由申请人及加方雇主双方签字的明确雇用细则的合同复印件，或一份包含工作职责及雇用期限的聘书原件；

（10）一份填写完整的代理人信息表（如适用）；

（11）一份由目前中方雇主出具的包括有申请人姓名、职务、目前薪金和准假等信息的在职证明原件，此信须用中文注明雇主的名称、地址、电话及传真号（如适用）；

（12）所有与在加拿大工作相关的职业及专业证书原件（例如职业资格证书）；

（13）一份申请人的无犯罪记录的公证件。

联邦政府与各省/地区建立有联席制度，在一些外籍劳工较多的省，如阿尔伯塔省和不列颠哥伦比亚省还设立了“临时外籍劳工办事处”，负责具体事务性工作。90%的外籍劳工工作岗位由各省/地区负责管理，并确保就业与劳动标准符合省政府规定，联邦政府掌管其余

10%的岗位。

2008年7月，联邦政府率先与阿尔伯塔省政府签订了有关临时外籍劳工人员的谅解备忘录，就有关外籍劳工信息资源共享、劳工保护以及工作条件等达成一致意见。联邦和各省政府均强调，无论通过何种形式引进的外籍劳工，其工作薪酬、待遇和条件不得低于本地劳工，如政府发现雇主剥削劳工现象，将取消雇主聘请外籍劳工的资格。

临时外籍劳工的雇主应严格履行《移民和难民保护法》和《移民和难民保护法规》中规定的职责。

点评：

加拿大不定期对“临时外籍劳工计划”进行改革，改革的总体趋势是，引进外籍劳工的管控标准趋于严格，对某些领域的数量控制趋于收紧，比如提高雇主费用、加强监管力度、加大责罚力度、缩短聘用时间等。

2022年，由于新冠疫情导致的劳动力短缺，加拿大再次对“临时外籍劳工计划”进行改革，自2022年4月30日起生效。按新规定，劳动力短缺行业的雇主被允许通过“临时外籍劳工计划”雇佣高达30%的劳动力填补低工资岗位，为期一年。7个合格行业包括：食品制造业、木制品制造业、家具及相关产品制造业、住宿和食品服务业、建筑业、医院、护理和住宿护理设施。其他行业雇主将被允许通过“临时外籍劳工计划”为低工资职位雇佣高达20%的劳动力，比此前10%的上限有所提高。

2. 国际流动计划

“国际流动计划”由加拿大移民、难民和公民部主管。这个类别的外籍劳工不需要进行“劳动力市场影响评估”。国际流动计划的外籍劳工主要来自发达国家，具有高工资。外国学生直接申请的工作许可（非加拿大留学的学生）和高端国际人才的吸引和雇佣属于此项目。

3. **全球技能战略计划**

为帮助加拿大企业（含外资企业）招聘国外高技术人才，2017年，加拿大政府出台“全球技能战略计划”。根据相关规定，加拿大政府将为符合条件的高技术人才提供短期工作许可豁免，并承诺在两周内完成相关手续的办理。

2017年6月至2021年6月期间，在该战略项下共收到64178份工作许可申请，通过率为94%。申请人数前5名的职业分别为计算机程序员和交互式媒体开发人员（11448人）、信息系统分析师和顾问（10160人）、软件工程师和设计师（10029人）、大学教授和讲师（5986人）、计算机和信息系统经理（4069人）。

（四）外国人在当地工作的注意事项

1. **核实招聘信息的真实性**

通过网络、媒体或委托律师等正规渠道查询该招聘企业的真实情况和招聘计划，通过Service Canada等加政府部门查询该雇主境外招聘是否已获得合法的“劳动力市场影响评估”许可，通过Job Bank等加信息媒体查询该招聘岗位是否已发布有效的招聘广告。

点评：

中国驻加拿大使领馆对企业的认证证书只是核实加拿大本地公证部门的真伪，不能直接认定招聘企业原始文书的真实性，更不能作为判断招聘信息真实性的依据。

2. **认真研究雇佣合同**

加拿大政府规定从2010年4月起，临时外籍劳工雇佣合同必须要写明薪金、福利、住宿、职责、工作时间、假期和病假权益等一系列内容。

3. 了解签证和再就业政策

加拿大移民、难民和公民部颁发的工作签证一般是一年有效期，最长不超过两年，很多是锁定特定雇主，而不是开放式工作许可，如果在加拿大失业或辞职后将无法继续申请工作，必须离开加拿大返回国内。另外，临时外籍劳工无法享受到政府提供的针对失业人员和新移民的工作指导及就业培训。如果失业，只能自行寻找行业协会、雇主或者网络及当地媒体的招聘公告。

4. 明确上岗资格和培训需求

加拿大绝大部分技工都要求持证上岗，而且对英语能力有一定要求，要适应加拿大工作必须事先接受必要的上岗培训，考取职业资格，这也是临时外籍劳工的一项基本权益。

5. 及时求助加临时外籍劳工服务中心和中国驻加使领馆

当出国劳务自身权益受到侵害或者遇到困难问题时，应及时向本地的加政府服务部门或中国驻加拿大使领馆反映并寻求帮助。

六、加拿大关于税收的法律规定

（一）税收管理机构及税收法律体系

加拿大在税收上实行联邦、省和地方三级课税制度，联邦和省各有相对独立的税收立法权，地方的税收立法权由省赋予。由于实行非中央集权制，各省税收政策具有灵活性，各省的税种、征收方式、均衡税赋等都有一定的自主权，但省级税收立法权不得有悖于联邦税收立法权。加拿大现行的主要税种有个人所得税及附加税、公司所得税及附加税、社会保障税、商品与劳务税、消费税、关税、特别倾销税、资源税、土地和财产税、资本税等。联邦一级税收以个人所得税为主，辅之以社会保障税和商品与劳务税；省级税收以个人所得税和商品与劳务税为主，辅之以社会保障税；地方税收以财产税为主。

加拿大联邦政府和省政府均拥有税收管辖权，各级政府征收的主要税种如下。

（1）联邦政府：联邦所得税、统一销售税（HST）、货物和服务税（GST）、关税、汽油及气体燃料专利税。

点评：

2010 年 7 月 1 日起，安大略省等部分省份采用统一销售税（HST）取代目前联邦货物和服务税（GST），并与省零售营业税（PST）双轨并行，HST 税项由联邦统一征收。

（2）省及地区政府：省/地区所得税、省零售营业税（阿尔伯塔省、西北地区及育空地区除外）、采矿税、天然资源专利税、资产税（阿尔伯塔省、爱德华王子岛、西北地区及育空地区除外）。

（3）地方政府：物业税、商业税、所得税。

联邦所得税适用于加拿大全境，加拿大联邦税务局负责监管和征收联邦税。省所得税仅对所辖省内的各类行为征收。

虽然加拿大各省都有自己的税务局，最有影响的仍是联邦税务局。这不仅是因为联邦政府本身税收种类多，税收金额大，而且由于联邦与各省在简化报税程序上进行合作，各省逐步将其税务管理权委托给联邦税务局。

点评：

为了避免联邦和省级所得税造成纳税义务人纳税负担过重，同时为了联邦政府能够将其财政收入向欠富裕省份转移支付，联邦政府与省级政府签订了以所得税转移支付为主要内容的税收协议，该协议每五年签订一次。各省能够获得的转移支付金额需按照税收协议中约定的公式进行计算。起初该协议签订后由联邦政府征收所有所得税，经过发展，目前联邦政府与各省级政府共同分享征税权。所有省级政府有权按照自行确定的税率征收其各自的企业所得税和个人所得税，但目前大部分省份并不设立专门的所得税征管机构，而是委托联邦政府进行所得税征管，纳税人仅需向联邦税务局提交所得税纳税申报表即可。该制度使得加拿大所得税结构相对统一，并防止了重复征税，还能够减轻纳税人承担的行政成本。

（二）主要税赋和税率

1. 企业所得税

企业应就取得的应纳税所得按照加拿大所得税法规定缴纳企业所得税。所得税法适用于加拿大居民企业取得的全部所得，包括来源于概念上和地理位置上的所得。但是，针对非居民企业，仅适用于非居民企业从在加拿大从事经营活动或通过转让加拿大特定种类资产取得资本利得等方式的所得征税。

由于绝大多数省已经与联邦政府签订征收协定，联邦政府可通过加拿大税务局监管联邦和省的企业所得税系统征收该税种。所有省征收的税款将上缴联邦政府。企业仅需进行一次企业所得税纳税申报。魁北克省和阿尔伯塔省单独对本省的企业所得税系统进行监管。

（1）加拿大联邦企业所得税税率：企业所得税基本税率为 38%，联邦减税后为 28%。一般减税后，净税率为 15%。

（2）省（或属地）所得税税率：通常情况下，省（或属地）所得税设有两档税率，即较低税率和较高税率。

较低税率适用于按照小型微利企业标准进行税收抵扣的企业所得。小型微利企业税收抵扣的其中一项规定为商业限额，是指准予企业享受小型微利企业税收抵扣优惠的最高限额，享受该优惠的条件为企业年收入小于等于 50 万加元。某些省（或属地）以联邦商业限额为标准，其他地区单独建立商业限额标准。较高税率适用于所有其他收入。表 4-2 显示了各省和地区的所得税税率和营业额限制（魁北克和阿尔伯塔省除外，它们没有与联邦税务局签订企业所得税征收协议）。费率自 2022 年 1 月 1 日起生效，并可能在年内发生变化。

表 4-2　省和地区的较低和较高税率以及业务限制

省/地区	较高税率（%）	较低税率（%）	营业额限额（加元）
纽芬兰-拉布拉多省	15	3	500000
新斯科舍省	14	2.5	500000
新不伦瑞克省	14	2.5	500000
爱德华王子岛省	16	1	500000
安大略省	11.5	3.2	500000
曼尼托巴省	12	0	500000
萨斯喀彻温省	12	0	600000
不列颠哥伦比亚省	12	2	500000
努纳武特地区	12	3	500000
西北地区	11.5	2	500000
育空地区	12	0	500000

资料来源：加拿大税务局。

点评：

加拿大已建立受控外国公司制度。在加拿大的外国分公司，利润不再投资于加拿大业务，则征收25%的分公司税，但可依据双边税收协定降低到15%、10%、5%或0。根据中加税收协定，分公司税后利润，不再征税。

2. 个人所得税

加拿大居民必须根据其在世界各国所获得的收入缴纳所得税。非加拿大居民只对来自加拿大的收入或收益在加拿大纳税。加拿大个人所得税“应税收入”分为四类：薪酬收入、生意收入、投资收入和资本收益。联邦个人所得税实行超额累进税率，纳税人收入越高，税率也越高。个人所得税级距和免征额随物价指数调整。2023年加拿大联邦个人所得税税率见表4-3。

表4-3　2023年加拿大联邦个人所得税税率

应税收入	税率（%）
53359加元及以下	15
53359加元至106717加元（含）	20. 5
106717加元至165430加元（含）	26
165430加元至235675加元（含）	29
235675加元以上	33

资料来源：加拿大税务局。

省份和地区的个人所得税税收计算方式与联邦税收相同，税率见表4-4。

表 4-4　2023 年加拿大各省/地区个人所得税税率

省份和地区	应税收入	税率（%）
纽芬兰-拉布拉多	41457 加元及以下	8. 7
	41457 加元至 82913 加元（含）	14. 5
	82913 加元至 148027 加元（含）	15. 8
	148027 加元至 207239 加元（含）	17. 8
	207239 加元至 264750 加元（含）	19. 8
	264750 加元至 529500 加元（含）	20. 8
	529500 加元至 1059000 加元（含）	21. 3
	1059000 加元以上	21. 8
爱德华王子岛	31984 加元及以下	9. 8
	31984 加元至 63969 加元（含）	13. 8
	63969 加元以上（含）	16. 7
新斯科舍省	29590 及以下	8. 79
	29590 加元至 59180 加元（含）	14. 95
	59180 加元至 93000 加元（含）	16. 67
	93000 加元至 150000 加元（含）	17. 5
	150000 加元以上	21
新不伦瑞克省	47715 加元及以下	9. 4
	47715 加元至 95431 加元（含）	14
	95431 加元至 176756 加元（含）	16
	176756 加元以上	19. 5
安大略省	49231 加元及以下	5. 05
	49231 加元至 98463 加元（含）	9. 15
	98463 加元至 150000 加元（含）	11. 16
	150000 加元至 220000 加元（含）	12. 16
	220000 加元以上	13. 16

续 表

省份和地区	应税收入	税率（%）
曼尼托巴省	36842 加元及以下	10.8
	36842 加元至 79625 加元（含）	12.75
	79625 加元	17.4
萨斯喀彻温省	49720 加元及以下	10.5
	49720 加元至 142058 加元（含）	12.5
	142058 加元以上	14.5
阿尔伯塔省	142292 加元及以下	10
	142292 加元至 170751 加元（含）	12
	170751 加元至 227668 加元（含）	13
	227668 加元至 341502 加元（含）	14
	341502 加元以上	15
不列颠哥伦比亚省	45654 加元及以下	5.06
	45654 加元至 91310 加元	7.7
	91310 加元至 104835 加元	10.5
	104835 加元至 127299 加元	12.29
	127299 加元至 172602 加元	14.7
	172602 加元至 240716 加元	16.8
	240716 加元以上	20.5
育空地区	53359 加元及以下	6.4
	53359 加元至 106717 加元（含）	9
	106717 加元至 165430 加元（含）	10.9
	165430 加元至 500000 加元（含）	12.8
	500000 加元以上	15
西北地区	48326 加元及以下	5.9
	48326 加元至 96655 加元（含）	8.6
	96655 加元至 157139 加元（含）	12.2
	157139 加元以上	14.05

续 表

省份和地区	应税收入	税率（%）
努纳武特	50877 加元及以下	4
	50877 加元至 101754 加元（含）	7
	101754 加元至 165429 加元（含）	9
	165429 加元以上	11.5
魁北克（2022 年）	46295 加元及以下	15
	46295 加元至 92580 加元（含）	20
	92580 加元至 112655 加元（含）	24
	112655 加元以上	25.75

资料来源：加拿大税务局、魁北克税务局。

非居民在加拿大所获得的大部分被动性（投资性）收入，包括利息、红利、租金、使用权费，只要是由加拿大居民所支付或预付给非居民的款项，都要扣除 25%的所得税。

在加拿大的非居民有可能根据本人居住国与加拿大之间所签订的有关税务条约减少或免除应缴纳的所得税，有些条约可以将应缴纳所得税的税率降到 15%、10%或 5%。

加拿大采取“良心报税”制度，当纳税人进行申报时，须宣誓保证所填纳税申报表是正确且完整的，已包含纳税人全年所有收入。根据加拿大税法，逃税最高惩罚为税款的两倍。

3. 货物劳务税与销售税

加拿大流转税制较为复杂，加拿大政府依据联邦流转税法案制定了大约 50 条相关法规。目前，加拿大在联邦层面征收货物和服务税（GST）或统一销售税（HST）。部分地区在省级层面征收省级销售税（PST），魁北克省在征收 GST 的基础上，加征魁北克销售税（QST）。

在联邦范围内，加拿大对境内开展商业活动，提供应税货物、服务以及进口货物和服务的单位和个人征收 GST。

在省级层面，加拿大部分省份在部分商品的零售环节对纳税人加征 PST。即，该地区的纳税人在零售环节需要同时缴纳 GST 和 PST。

近年来，加拿大政府致力于整合 GST 和 PST，提出推行统一销售税 HST 的改革，即缴纳 HST 的纳税人不再缴纳 GST 和 PST，但只有新不伦瑞克省、纽芬兰-拉布拉多省、新斯科舍省、安大略省和爱德华王子岛省五个省份参与了合并。在征收统一销售税（HST）的省份，纳税人不再缴纳 GST，但 HST 的相关征税规定仍参照 GST 规定执行。

GST 的基本税率为 5%。除零税率外，加拿大不设高税率档，也没有优惠税率。但在征收 HST 的省份，由于省级 PST 的税率为 8%～10%，加上 5%的联邦销售税，HST 的有效税率达到 13%～15%。

4. **消费税和特种消费税**

在加拿大，联邦税务局对于在加拿大制造或生产特定种类的产品征收消费税，分为消费税和特种消费税。

一般情况下，在加拿大生产应税货物的制造商、生产商和进口商为消费税的纳税义务人。制造商、生产商销售应税货物纳税义务发生时点为将货物移交给购买方时或者保留货物以自用或出租时。进口应税货物的，由进口方于货物报关进口时缴纳消费税。

目前，加拿大对低燃油利用率的汽车、汽车专用空调和燃料油这三个税目征收消费税。对烈性酒、葡萄酒、啤酒及麦芽酒、烟草及电子烟产品征收特种消费税。

5. **碳排放税**

自 2019 年开始，加拿大政府面向阿尔伯塔省、萨斯喀彻温省、曼尼托巴省、安大略省和新不伦瑞克省，按照每吨 50 加元标准征收碳排放税。新不伦瑞克省随后宣布按照本省政策实施碳排放税。联邦政府承诺将把90%的碳排放税收入以退税形式转移给纳税人，以弥补纳税人损失。

6. 数字服务税

加拿大于2021年开始实施征收数字服务税的财政政策，该税种旨在确保“国内外的大型企业通过收集和处理信息、信息变现以及内容订阅，从位于加拿大的线上用户处取得的相关收入在加拿大征税”。该税种的征收是暂时的，自2022年1月1日起生效，直至可行的多边解决方案启用。

通过向加拿大消费者提供数据和内容订阅服务取得的收入所适用的税率为3%，从另一角度来说，此税种的征税对象为向线上用户提供数据及内容订阅服务的商业模式所取得的利润，例如线上市场、社交媒体、线上广告和销售或许可使用线上接口用户的数据（包括匿名数据和整合数据）。每个日历年度内，满足以下两个条件的实体，或者从属于满足以下两个条件的商业集团的实体，将征收数字服务税：

（1）上一日历年全球收入达7.5亿欧元以上［经济与合作发展组织（OECD）标准下的国别报告门槛］；

（2）当前日历年中与加拿大用户相关的应税收入2000万加元。

（三）报税相关手续

1. 报税时间

加拿大居民的纳税采取年度申报制。非居民企业在任一税务年度中直接申报。对于企业而言，不论是联邦公司还是省辖公司，均须按公司的财政年度报税。公司必须在开业首年确定财政年度，第一年自注册之日起不得超过53周，以后的财政年度即为12个月。有限公司的报税截止期为财政年度结束后 6 个月，但如果公司要缴税，则必须在 2 个月内缴纳，由加方股东控股的私营有限公司则可在 3 个月内缴纳税款。

2. **报税渠道**

由企业直接在网上填报或通过会计师事务所办理均可。

3. **报税手续**

公司缴纳所得税时要先在网上填报信息，打印一式两份 T2 公司所得税申报表，并随表填写公司信息表和税率计算表两个附件，然后将两份申报表和附件邮寄至当地税务局。

4. **报税资料**

报税资料包括所得税申报表（两份）、公司信息表和税率计算表。

七、加拿大关于用地的法律规定

（一）土地资源管理部门及相关法律法规

加拿大宪法赋予各省对土地资源的主要管理职责，各省在土地管理方面都制定有相应的法律和法规。为协调中央与地方政府间和部门间的土地资源管理关系，加拿大组建了许多专门的政府协调机构，如加拿大土地利用委员会、联邦政府土地利用委员会等。因此土地资源管理涉及联邦和地方政府以及政府内的多个部门。

联邦政府除直接管理部分国土资源外，主要是通过制定计划和政策来指导联邦土地资源的规划、利用和保护，这些计划和政策需要各部门的支持。

加拿大各省在土地利用规划方面制定有土地规划法，在土地征用方面制定有土地征用法，例如，阿尔伯塔省的《土地征用法》，安大略省 1947 年颁布的《规划法》。各省土地管理法律法规比较完善，土地管理严格、有序。

安大略省是加拿大人口最多、耕地面积最大、土地最为肥沃的省份。以安大略省为例，该省根据宪法制定了《规划法》，《规划法》对土地利用规划的法律地位、作用、效力、审批、修编等都作出了明确的规定。在《规划法》的基础上，安大略省制定了《政策宣言》，《政策宣言》对安大略省的土地管理机构设置、职能、工作范围及程序等都作了具体规定，对土地利用规划和土地开发作出了清晰、全面、具体的政策指向，要求地方政府在履行其规划职责时必须考虑省的相关利益。这两个法律文件，为政府上下级之间的职能划分和利益分配提供了充分的法律依据。与此同时，安大略省还制定了《评估法》《建筑留置权法》《联营公司法》《登记法》《开发收费办法》等一系列配套法规、规则和办法，形成了十分完备的土地法律体系。

（二）土地法的主要内容

加拿大大部分土地由联邦或省政府所有，这部分土地被称为皇家土地，占加拿大土地比重约 89%。其中，41%为联邦所有，48%由省政府所有。剩余 11%的土地由私人所有。公有土地主要包括：原住民保留地、国家公园、省公园、森林、公共用地、政府用地；私有土地主要包括农田、农场、牧场、工商业用地、民宅地等。对于私人土地，宪法只是保障个人对土地的所有权，但对土地的使用权有严格的规定。

根据加拿大《联邦土地及不动产转让法》规定，联邦政府有权处置国有土地，如港口、公共土地等，但须经法定程序批准生效。其他土地征用及开发的权力为省、市政府所有。安大略省《规划法》规定省政府有权控制土地规划、征用、开发并可授权下一级政府负责执行。但魁北克省《土地使用开发与规划法》规定，每个市政府有责任管理本市所辖土地的权力。

为统一土地征收规范，加拿大于1985年制定《征收法》，规定联邦政府可因为进行公共工程或其他公共目的而征收土地，并对征收主体、范围、程序、补偿等问题作出了明确规定。征地补偿应该涵盖以下内容：

（1）土地市场价值。

在被征收时土地处于最高和最佳使用状态所应具有的市场价值。

（2）附加损失。

所有权人受侵扰而产生的成本、费用和损失的总和。

（3）附加价值。

所有权人居住在该土地上而产生或附带的特殊经济利益因素给所有权人带来的价值。

（4）抵押利益。

所有权人在其土地上设定的抵押利益也应当予以补偿。

（5）中间服务费用。

当事人就土地征收而需支出的相关法律服务、价值评估以及其他费用。

加拿大各省的征收法在补偿范围方面，也都有类似规定。

加拿大主要通过土地分区制度对土地开发进行管理。土地按用途，一般分为农业用地、住宅用地、商业/工业用地。这种区分主要是根据当地政府规划来决定的。政府通过分区制度，可以规范土地的利用功能、利用类型（如农业用地只能限于农业活动，住宅用地不可以用于商业设施的开发）、利用密度和相关的物质结构（如建筑物的高度和建筑红线的后移缩进等)，以合理地使用土地，有效地控制和引导城市发展。

(三) 外资企业获得土地的规定

1. 购买和出售

加拿大土地所有权属于永久性所有权，保证了不动产的保值与增值，降低了经济波动带来的投资风险。

根据加拿大联邦《公民法》及《公司法》，非加拿大居民或企业也可以购买、拥有及出售土地及房地产。同时，各省、市拥有对外国人及企业购买土地及不动产进行限制的权力。

根据安大略省《外国侨民房地产法》，外国人对土地及房地产的购买、拥有和出售，必须建立在获得许可证的前提下。

根据魁北克省《非居民购置农场土地法》，未经“魁北克省农用土地保护委员会”批准，外国人及企业不得购买农用土地。

2. 租赁

关于不动产的租赁。总体上外国企业及个人，可通过租赁的方式获得加拿大房屋使用权，但各省也有具体法律规定。

安大略省《房客保护法》规定，出租和租赁双方权利义务根据商定的合同执行，但在12个月内不可提高租金。魁北克省《民法典》和《住房管理法》的规定，与安大略省类似，但规定租赁合同到期后，在符合约定的情况下，出租方可以任意提高租金。

八、加拿大关于环境保护的法律规定

(一) 环保管理部门及相关法律法规

1. 环保管理部门

加拿大的环境保护实行联邦、省和市三级管理。联邦政府近年来在环保方面的作用趋于活跃，但在很多情况下，各省都有自己独特的环境保护制度。

通常，国际环境事务由联邦政府负责，省际的环境事务由联邦政府协调。联邦环境与气候变化部承担环境管理事务的主要职责，包括保护环境和提高环境质量，保护可再生资源和全国范围内的可利用水资源，实施加拿大和美国制定的边境水源法，及时准确地进行气象预测和预报，协调联邦政府的环境项目和有关政策。环境与气候变化部总部位于加拿大魁北克省加蒂诺市，并在全国各地设有 100 多个社区办公室。

2. 环保相关法律法规

加拿大涉及环境保护的法律主要包括《加拿大环境保护法》《加拿大环境评估法》《环境质量法》《加拿大水法》《国际边境水域条约法》《森林法》《候鸟公约法》《濒危物种法》《植物保护法》《加拿大海洋保护法》等。

其中，《加拿大环境保护法》是加拿大政府为防止污染、保护环境和人类健康立法的重要组成部分，重点是防止并管理有毒有害物质带来的风险，对可能对人类和环境造成影响的各类污染源进行管理。

此外，还有许多由其他部门制定的专门法律，旨在控制引进生物技术新物质和产品，减少对环境和人类健康的威胁。这些法律包括《害虫控制产品法》《饲料法》《种子法》和《动物健康法》等。

点评：

加拿大在环境保护方面的政策十分完善，国民保护环境意识强。中资企业在加经营，一定要遵守当地的环保法律法规，切勿破坏周围环境和自然环境，否则将可能面临法律制裁及罚款，并影响企业的正常经营活动。

(二) 环保法律法规基本要点

1. 环境影响评估

加拿大环境监管保护由联邦政府和省政府共同承担。同时，这些政府又委托地方政府部门负责某些事务。联邦和省政府制定了一系列法律、法规、政策和指导方针来解决环境问题，诸如空气污染、水污染、有毒物质、危险废物、危险品运输和泄漏等污染。此外，在许多领域，都设有关于审批的要求和环境影响评估机制。

一般而言，项目在立项或者动工之前需要进行环境影响评估。加拿大联邦的《加拿大环境评估法》要求凡是涉及联邦资助或批准使用的土地，或者需要联邦政府许可和核准的项目都要做环境评估。有些项目需要通过省一级的环境评估，并要举行公开听证会。

这些环境影响评估通常需要研究和考虑项目或活动对空气和水质量、渔业、野生动植物、休闲用地和附近社区的影响。项目或活动对原住民的影响也是需要考虑的因素，并且项目建议方和政府需要与原住民社区咨询。对于环境评估结果，监管机构可能会要求实施减少或消除项目或活动环境影响的措施，并将其作为推进项目或活动相关工作的前提条件。

点评：

联邦和省级法律要求许多工商业活动取得环境许可，地区法律也有此要求，但相对较少。许可旨在限制和控制向环境排放污染物。根据大多数此类法律，违反环境许可的规定或者没有事先取得环境许可属于违法行为。对环境违法行为的罚金可能十分严厉。一些司法辖区正在过渡到“行为守则”或其他类似的监管机制，在这类机制下，取得排污许可证的要求被注册并遵守特定行业的行为守则或规章所取代。

2. 污染物治理

为了对有毒有害物质实行有效管理和监控，环保法制定了严格限制进口物质的控制清单。有害物质控制清单是根据美国环保局的有毒物质控制法化学物质清单确定的，包括约58000个品种。

对于从轮船、飞机和海上设施投入海洋的处置物，加拿大环保法规定，未经环境部部长许可，严禁向海洋投放废弃物和其他物质。部长许可对投放时机、投入方式、储存、装卸、投放场所的安置和监控等方面都有限定和要求。

土地和地下水的污染主要由各省管理。一些省份颁布了针对被污染场址的法律法规，设定了当事人对被污染场址的责任，即使当事人没有造成污染也可能承担责任。因此，任何人计划投资于现有企业时均应调查该企业及其资产（例如任何不动产）是否遵守了适用的环境法。投资之前最好聘请专业人士开展适当的调查研究，以判定企业持有的不动产是否存在污染。

点评：

尽管加拿大最高法院确定有“谁污染谁赔付”的法律原则，但房地产购买者也可能要对购买活动之前产生的污染，以及由此产生的转移到别处的污染负有责任。住房承租人应确定其所签租约是否包含这方面的责任条款。对污染源拥有产权抵押债权的人同样可能被视为拥有污染源“监护权”，因此必须在省环境部的监督之下，遵循《环境质量法》规定的程序承担清理和复原责任。

[案例4-4]

近年来，经常有加拿大及外国大型企业因违规排放污染物而被课以巨额罚款。2012年起，环境与气候变化部执法人员对加拿大最大的自然资源开发公司——泰克公司所属的煤矿企业进行调查，发现该公司的废矿堆正在将有害物质渗漏至弗丁河上游，威胁到当地濒危鱼类栖息地。环境执法人员认定该公司并未按照《渔业法》要求，采取措施以防止和减轻污染，于2021年3月对其提起诉讼，法院判罚该公司支付6000万加元罚款，并必须遵照环境与气候变化部发布的指导方针采取污染防治和环境修复措施。

2015年9月起，由环境与气候变化部牵头，加拿大环境执法部门对德国大众汽车公司涉嫌违反机动车排放法规的行为进行调查，证实该公司在2008年1月至2015年12月间，出于故意规避相关法规和欺骗监管部门的目的，将安装有无效的排放控制系统的约12.8万辆汽车出口至加拿大，涉嫌违反《加拿大环境保护法》及一系列联邦法规，并对其提起诉讼。2021年1月，大众公司在加拿大安大略省法院认罪，被课以创纪录的1.965亿加元罚款。

2017年8月，环境与气候变化部执法人员发现加拿大国家铁路公司运营的喷洒车在经过多处受保护水域和湿地的铁路线上喷洒除草剂，环境与气候变化部执法人员与不列颠哥伦比亚省的保护官合作，经过调查发现此类除草剂对当地鱼类有害，涉嫌违反《渔业法》，遂对该公司提起诉讼，2021年9月该公司认罪，被列入环境违法者名录并被课以250万加元罚款。

3. 物种保护

联邦和各省都颁布了法律，保护动植物物种不受人类干预造成的不利影响。联邦《濒危物种法》旨在防止野生动植物物种灭绝，并确保采取必要的行动恢复其数量。该法律应用于加拿大所有联邦土地、所有列入濒危物种的动植物以及它们的关键栖息地。联邦《渔业法》保护属于商业、娱乐或原住民渔业范围的鱼类和鱼类栖息地。任何人都不得从事严重危害上述各类渔业范围内鱼类生存的事业、业务或活动。省级法律也可以在其管辖事项范围内实施对濒危物种的保护，例如指定生态脆弱水域及制定濒水保护区法规。

点评：

物种保护法律的作用是禁止某些活动并且以许可的形式提供某些例外。在投资者购买物业或投资于某个企业以重新开发时，务必确保开展尽职调查以识别可能构成项目障碍的相关物种或栖息地（例如水域）。

4. 危险货物运输

国内和跨境危险货物运输是环境法关注的另一个重要领域。联邦和省级法律都对进出口危险废弃物和本地危险货物运输过程中必须遵守的标准，以及运输的对象、形式和物质等事项作了规定。一般而言，危险货物运输法适用于承运人、发货人和运输中间商（包括货运代理人、仓储人和报关行），但在某些情况下其他企业也可能受监管要求的约束。跨境运输有害废弃物以及待循环利用的危险物时，必须在装船前向拟定的进口国提供强制性通报。只有在联邦和适用的省级法律不禁止的情况下，才能向加拿大进口废弃物。

5. 气候变化

加拿大曾签署《京都协定书》。虽然加拿大在 2012 年 12 月退出了该协定，但 2015 年 10 月通过联邦选举产生的新一届政府再度表现出有意重新与国际社会一道应对气候变化。

2016 年 4 月 22 日加拿大签署《巴黎协议》。2016 年 6 月，加拿大还宣布与美国和墨西哥建立北美气候、清洁能源和环境伙伴关系。该伙伴关系发布了一项行动计划，包含到2025年实现清洁电力占比50%的目标。随后，在2016年10月，加拿大联邦政府出台了“泛加拿大碳计划”。该计划宣布加拿大将自2018年起实施全国碳价，使加拿大成为全球第一个出台碳定价计划的碳氢化合物主要生产国。加拿大的定价计划自2018年1月起针对未实施自身定价机制的省份设定碳定价基准。根据该计划，各省可选择实行碳税，或使用“限量与交易”机制等基于更广市场的机制。

除萨斯喀彻温省外，加拿大所有司法辖区都出台了应对气候变化的政策。许多省份在2016年推出或更新了其相应的机制。安大略省政府在2016年春实施了多项与气候相关的法规和条例，包括根据《减缓气候变化及低碳经济法》出台的《限量与交易计划》监管条例，并采取行动，自2018年起，与魁北克省以及美国加利福尼亚州的限量与交易系统挂钩。阿尔伯塔省在2016年6月通过了本省的《气候领导力实施法案》。在2016年8月，加拿大其他多个司法辖区也宣布了减排新政策。不列颠哥伦比亚省公布了本省的“气候领导力计划”，承诺在多个行业实现减排。此外，新斯科舍省、新不伦瑞克省、纽芬兰-拉布拉多省、爱德华王子岛省这四个大西洋沿岸省份发布了一项联合声明，承诺向清洁电力转变。

6. **水资源保护**

宪法对与水资源相关的责任分配的规定较为复杂。联邦政府对与水资源管理相关的一些事务拥有管辖权，包括渔业、航运、国际关系、联邦土地和原住民；各省对水资源管理负主要责任并通过相关法律履行责任。《加拿大水法》为加拿大联邦和各省共同管理水资源提供了法律框架。该法就与各省签订合作协议以制定并实施水资源管理计划作出了规定。水法通常要求获得地表水和/或地下水的使用许可或其他形式的授权，监管向水体的排放，并将这些监管授权给地方政府。饮用水质量也是立法者关注的重点，所有省份都颁布了保护饮用水质量以及监管饮用水系统建造商和运营商的措施。

《国际边境水域条约法》以及相关的法规禁止出于任何目的从加拿大流域大量调动（包括出口）边境水资源。所有的省份还制定了法律、法规或政策，禁止大规模调动水资源，即禁止通过人工分流、油轮、油罐车和管道的方式调动水资源并转移出其原本所在的流域。

7. 违规处罚

加拿大环境监管机构具有广泛的监督和检查权，并采用一系列范围广泛的法律实施机制。这些权力和机制不仅适用于有关企业，还涉及公司董事、高级职员、员工和代理人。例如，联邦政府制定的《加拿大环境保护法》里的规定包括警告、重罚、监禁、禁令和合规令。加拿大法院还可能追究控股公司及其高管、董事和雇员对环境犯罪行为的责任。

如果未遵守环境法规，可能导致较严重的处罚，包括数百万元的罚款甚至监禁。许多法律还规定，对重犯者最高罚款的金额可能翻倍，继续违法情况下可按天处罚。大部分环境法规定公司的董事、高管人员、员工或代理人如授权、允许或默许环境方面的违法行为，则可能承担个人责任，无论有关公司是否被检控。在有些案件中，董事和高管人员可能只是因为负责、管理或控制公司而承担责任。有关公司和个人可说明已采取合理措施防止环保方面违法行为的发生，以避免环境责任。

有些环保方面的法律规定，政府监管机构可对违规者处以罚款，而无须通过法院。在有些地区，对于环保违法行为还可处以罚单，类似于交通违章罚款。环保执法官员通常有权检查有关工作场地，发出停工令，调查违反法规的情况，获得搜查证对有关场地进行搜查，并扣押与违法行为有关的物品。许多地区还设立有行政法庭，受理对检查员及其他政府人员决议的上诉案件。

点评：

加拿大的环境法规高度碎片化，没有任何一项环境法规能在全国或一省范围内完全涵盖其所涉及的领域，如对空气、水体、土地的污染防治，或对野生动物及其他自然资源的保护；也没有能在全国或一省范围内全面负责执行某一领域环境法规的政府部门。该国宪法和法律对联邦和各省政府对涉及环境保护的各类事务，如交通运输、自然资源、商业贸易、工程建设等的管辖权进行了细致的划分，联邦和各省的政府部门也分别建立各自分管领域的环境执法部门，从而导致加拿大环境执法力量的分散和职能重叠。

（三）环保评估的相关规定

1. 环境评估的一般规定

加拿大没有专门针对外资开展投资或承包工程进行环境评估的相关法律规定，加拿大相关环境法律适用于所有类型的企业。

《加拿大环境评估法》中确立了环境评估制度的目的，即谨慎行事与预防污染、重视合作以及鼓励公众参与。

加拿大法律规定，所有建设项目（包括外资项目）在决策前都必须经过环境可行性评估。评估的范围从时间上考虑，要跨越项目寿命期后数十年。评估内容包括对人、社会和其他物种的生存和发展的影响；从空间上考虑，要评估项目对所在地区、周边及人类健康和生态环境的影响。

企业除了遵守联邦政府的环保法外，还要遵守所在地当地的环保法规。加拿大各省区都有自己的环保法规和规定。以安大略省为例，环境评估法主要是针对公共行业项目。公共行业项目包括公共道路、公路、中转设施、垃圾处理、水及废水工程、资源管理和防洪设施工程等。

此外，不论是餐馆还是大型生产设备，如果企业的生产经营活动涉及向空气、土地和水域里排放污染物或涉及存储、运输或处置垃圾废物，该企业必须首先得到环境部部长签发的环境许可证书才能进行生产。另外环境评估法规定，工程项目必须明确该项目是否影响原住民居住地环境，如果与此有关，还需要与原住民进行相关协商。

2. 环境评估的对象

加拿大环境评估的对象在《加拿大环境评估法》第 13 条至第 15 条以及其他涉及环评制度的规范性法律文件中作了规定。具体分为以下三类：

（1）法案明确规定的需评估项目。

根据《加拿大环境评估法》第 13 条至第 15 条的规定，与核安全有关的项目，与国家能源委员会、联邦和环境评估署相关的项目都必须要进行环境影响评估。

（2）环境部长指定的需要做环境评估的项目。

《加拿大环境评估法》赋予环境部长的权力之一就是指定某些项目进行环境评估，但此类项目必须符合两个条件：第一，该工程可能造成重大的环境影响；第二，公众对这项活动所造成的环境影响非常关注。但部长的这项权力并不是绝对的，当所涉及的活动已经开始施工，由此引发的周边环境已经有所改变，或是该项目已由联邦机关根据议会的法案行使部分或全部职权时，部长无权指令该项目再进行环境评估。

（3）其他工程。主要包括特定领域的相关工程，如国家公园及保护区的施工行为等。

3. 环境评估的主要内容

《加拿大环境评估法》第 19 条对环境影响评估的内容作出了详细的规定，相关责任部门或审查小组在审查环境影响评估时，在环境影响报告书中应当考虑以下内容：

（1）项目的环境影响，包括与项目相关的有可能发生的故障或意外事故的环境影响，项目与其他已经或者将要实施的项目或活动结合起来可能导致的任何最终对环境的影响；

（2）根据上一条所规定的影响的重大程度；

（3）公众对于该项目的评论；

（4）技术上或经济上可行的可以缓解项目严重影响环境的措施；

（5）该项目实施后的需求；

（6）项目的主要目的；

（7）技术上或者经济上对环境影响可行的替代方案；

（8）可能由环境引起的对该项目的变化；

（9）依该法建立的评估委员会对该项目所做的相关研究的结果。

4. 环境评估程序

环境评估程序如下：

（1）项目责任方提交项目计划。

由项目责任方向省环境部部长提交项目规划，即项目的总体设想和工作计划。（所需时间：12 周）

（2）项目责任方准备环境评估。

项目规划得到部长批准后，项目负责方可开始准备环境评估文件。

文件包括项目责任方在计划和决策过程中的结果记录、对备用方案的鉴定和评价、对环境的影响、减少影响的管理措施和收集公众反馈意见的记录。项目责任方必须向部长提交征求公众、原住民和政府机构的书面意见。准备时间不限。

(3) 项目责任方提交环境评估文件。

责任方必须提交环境评估总表和申请表。

(4) 部长征求民众、原住民和政府意见。

政府专家、原住民社区、公众以及任何其他的利益相关团体都可以向部长就环境评估提出意见。公众有 7 周时间对环境评估提出意见。在此期间，项目责任方可以在部长提出意见前对环境评估进行修改。(所需时间：7 周)

(5) 部长准备部长评审意见。

部长的工作人员书写并公布对环境评估文件的意见，即部长意见。(所需时间：5 周)

(6) 公众对部长复审意见进行审查。

政府机构、原住民社区、公众对部长意见进行评论。(所需时间：5 周)

(7) 部长作出决定。

项目通过环境评估程序，获得部长和议会的通过。(所需时间：13 周)

(8) 项目方实施项目并监控执行情况。

一旦环境评估文件获得通过，项目责任方可根据相关法律法规开始着手其他的许可申请。

点评：

加拿大环境保护法律法规复杂，名目繁多，中资企业赴加投资或承包工程，在申请环境许可的过程中，应该多向专业人士和当地律师咨询，这样可少走弯路，避免不必要的损失。

九、加拿大反对商业贿赂和反腐败等方面的法律规定

（一）主管部门及相关法律法规

加拿大设有督察官制度。督察官是隶属于议会并独立于政府和政党的官员，其工作职责是行使调查、建议、公开调查结论、报告等职权，对行政违法或不当行为进行纠正，起到发现和防范腐败的作用。

加拿大相关法律规定商业贿赂涵盖“金钱、兑价物品、职务、住所或雇佣、货款、奖赏或任何利益”，即包括所有物质利益和非物质利益。

1997 年，加拿大与经合组织（OECD）其他 33 国共同签订《国际商业交易活动反对行贿外国公职人员公约》。随后，加拿大联邦政府于 1998 年通过并出台《加拿大外国公职人员腐败法》，并于 1999 年 2 月 14 日生效。

此外，加拿大针对特定行业进行立法以提高透明度，并遏制加拿大境外公司的腐败行为，如《采掘业透明度措施法案》。同样，联邦政府也制定了一系列诚信政策（统称为“诚信机制”），确保政府在加拿大本土和国外与遵守商业伦理的供应商进行交易。

（二）反对商业贿赂或官员腐败行为的法规要点

1.《加拿大外国公职人员腐败法》要点

《加拿大外国公职人员腐败法》配合加拿大《刑法》，对 3 项罪行予以制裁：贿赂外国公职人员、洗钱、非法获得财产和收益。同时还

对串谋、协助及教唆和辅导以上罪行的人员予以检控。对于涉嫌商业贿赂犯罪者，同时进行刑事与民事处罚。视情节轻重可判处 5～14 年监禁。

2017 年 10 月 31 日，加拿大联邦政府颁布了《加拿大外国公职人员腐败法》修订版。法律规定，支付“便利款”获得商业机会将追究刑事责任，最高面临 14 年监禁。“便利款”通常是指企业在境外投资经营时，为了加速外国公务员负责办理事务的速度而向经办人支付的利益。类似经办事务可能包括取得政府许可、获得经营执照等官方法律文件或得到签证等。“便利款”支付的方式并不仅限于现金，还包括向外国公务员提供贷款，支付福利报酬或其他便利的形式。

2.《采掘业透明度措施法案》要点

《采掘业透明度措施法案》（简称《法案》）规定，加拿大采掘类上市公司向加拿大或海外政府支付的任何高于 10 万加元的款项，都必须进行妥善报备。其中包括自 2017 年起向原住民群体支付的款项。

（1）披露主体。

该《法案》适用于参与油气、矿产资源勘探开采的公司以及拥有或持有这些资源权益的公司。要求发布年度披露报告的公司包括三类：

一是在加拿大证券交易所上市的；

二是在加拿大有公司的、在加拿大做生意的或在加拿大有资产的。从财务条件看，在最近两个财政年度中的一年内满足以下条件中的两个或两个以上：资产不低于 2000 万美元、已产生不少于 4000 万美元收入、平均雇佣 250 名以上员工；

三是其他法规规定应发布年度报告的实体。

这些公司的子公司以及其直接或间接控制的实体也要遵守该《法

案》的规定。相关部门对规定中的“控制”具有解释权。

（2）披露内容。

符合上述条件的公司有义务公开报告他们向国内外各级政府支付的款项，还需要披露向两个或两个以上政府共同设立的机构所支付的款项，以及针对行使政府职能实体的付款，如信托、董事会、委员会或公司。而向加拿大境内原住民团体支付的款项则在《法案》生效两年后按其规定披露。按规定需要公开披露的支付款项包括：

①税款（除消费税、个人所得税之外）；

②特许权使用费；

③费用，包括租赁费、报名费、管理费及其他办理执照、许可证或特许权的费用；

④产量分成权；

⑤奖金，包括签约定金、资源发现定金和生产奖金；

⑥除作为普通股东支付的股息之外的股息；

⑦基础设施改善款项；

⑧其他规定的付款类别。

（3）管辖冲突。

加拿大是目前制定法律要求采掘业公司披露信息的司法管辖区之一。该《法案》第10条允许相关部门决定其他司法管辖区的报告要求是否可以替代该《法案》的披露规定。这种等效机制将极大降低与该《法案》报告要求相关的管理成本。在多国市场经营的公司可以用一个司法管辖区的披露要求代替其他管辖区的要求，不必再重新准备一份完全不同的披露报告。

（4）违约处罚。

该《法案》规定，对于没有遵守披露报告要求的公司，如提交虚假报告或误导性陈述的，或是为了避免披露而故意更改付款构成的，将给予最高25万美元或是累计更高的罚款处理。

［**案例** 4-5］

2015年，加拿大检察机关指控加拿大跨国建筑工程公司兰万灵集团公司涉嫌于2001年至2011年向时任利比亚政府官员行贿，以获取利比亚政府工程合同。兰万灵集团公司曾经寻求以巨额罚款替代刑事诉讼。因为如果罪名成立，今后10年这家企业将不能与加拿大政府签订商业合同。

特鲁多政府于2018年推动修改刑法，允许违法企业与公诉人签订“延期起诉协议”，被认为给该公司免于被刑事起诉开“绿灯”。

2019年2月，加拿大迅速启动了两项程序，以回应政治干预兰万灵集团公司案的指控。联邦利益冲突与道德委员会对可能违反加拿大《利益冲突法》的行为展开调查，议会下院司法委员会发起议会调查。

2019年12月18日，兰万灵集团公司在魁北克省高等法院被判处2亿8千万加元罚款，并在3年内禁止接合同，同时公司必须聘请独立监管人员，每年向法院呈交关于公司业务的报告。但检察机关撤回了对该公司其他与腐败相关的指控。

十、加拿大对保护知识产权的规定

（一）加拿大知识产权保护机构

加拿大知识产权保护工作主要由科学创新和经济发展部下属的知

识产权办公室负责，保护范围包括专利权、著作权、商标权、商业秘密、工业设计、集成电路图纸和植物培育者权利 7 个方面。

加拿大知识产权政策处和专利政策处负责加拿大知识产权联邦法律的审查和修改。加拿大知识产权办公室负责知识产权的具体管理和实施。

此外，加拿大版权理事会负责版税的确定及管理等相关事务，对版权合同进行审查，在无法确认版权所有人时签发版权使用许可证等。

《植物培育者权利法》由加拿大农业部审查并修改，加拿大食品检验署植物培育者权利办公室负责具体管理和执行。

专利药品价格受专利药品价格审查委员会监督。

加拿大皇家骑警负责打击假冒、盗版商品等执法工作。

（二）加拿大知识产权相关法律法规及主要内容

加拿大没有关于知识产权的统一立法，但针对不同种类的知识产权均有相应的法律法规。法律方面主要包括《专利法》《著作权法》《商标法》《工业设计法》等。法规方面主要包括《专利法实施规则》《著作权法实施规则》《商标法实施规则》《工业设计法实施规则》等。此外，加拿大作为一系列知识产权国际条约的签署国，国际条约也是构成其知识产权法律体系的重要部分。加拿大签署的知识产权国际条约包括《保护文学和艺术作品伯尔尼公约》《国际承认用于专利程序的微生物保存布达佩斯条约》《成立世界知识产权组织公约》《保护工业产权的巴黎公约》《专利合作条约》《保护表演者、音像制品制作者和广播组织罗马公约》《美国生物多样性公约》《世界版权公约》《世界知识产权组织版权公约》《世界知识产权组织表演和录音制品条约》《与贸易有关的知识产权协定》等。除上述提及的法律外，加拿大刑法和竞争法的部分条款以及各省政府颁布制定的专门法律、法规和规章也适用于知识产权保护。

加拿大《专利法》规定申请专利资格的发明必须是全新的、实用的，而且该发明必须是一个新产品发展中属于创造性的一环。因此，在加拿大获得专利权的发明应具有新颖性、实用性、非显而易见性。一项发明可以是任何全新而可用的技艺、加工程序、机器、制造产品、材料的合成物或属于上述任何种类的改进产品。《专利法》根据“申请在先”的原则授予专利以专有权。专利权人在行使该专有权时，可以排除他人制造、使用、销售其发明。该专有权的行使具有期限性，期限从申请专利之日起算 20 年。任何在他国依据任何专利条约或公约获得一项专利（或提出了注册专利的申请），如加拿大也是该专利条约或公约成员国的，只要在他国提出申请后 12 个月内也在加拿大提出申请，该项专利在加拿大具有同等效力。有关商业秘密的保护是通过专利法的相关规定实现的。

加拿大《商标法》规定商标应该是一个单词、符号、设计或者它们的组合，用于在市场中区别于其他人或组织提供的商品或服务。凡是根据联邦商标法进行注册的申请人将享有在加拿大全国使用该商标的专有权，商标权人有权禁止他人使用与其相混淆的商标。商标一经注册其保护期为 15 年，保护期可以每 15 年延续一次，对于申请延续的次数法律未作限制。然而，如果一个注册商标在 3 年内没有被使用，该注册商标可能因为没有使用过而遭到撤销。外国申请人可以依靠其商标在外国的注册和使用，或者可以根据该商标在本国已经是驰名商标这一事实在加拿大申请注册该商标。

点评：

2019 年，加拿大出台 C-31 法案，对原《商标法》做出重大改变。第一，扩展了商标定义。新定义纳入了更多非传统商标，包括全息图、气味、味道、纹理、三维形状、动态图像（例如GIF）、声音。第二，取消首次“使用”作为商标注册要求。商标申请将不再需要确定首次使用的日期。第三，商标分类将遵守《尼斯协定》以与国际保持一致。第四，对商标官方费用结构作出调整。

加拿大《著作权法》赋予任何文学、戏剧、音乐或艺术作品的原创持有人独家专有权，以控制其作品的复制或其他商业性开发。著作权人对其作品的出版、制作、复制、翻译、广播、改编或公映等具有排他性权利。通常，著作权法对著作权人权利的保护期限为作者有生之年及死后五十年。著作权法还适用于特殊作品，例如照片、录音制品、表演作品、互联网传播作品、身后问世作品、电脑程序源代码与目标代码以及共同创作的作品等，其著作权的期限按照不同的标准予以确定。根据加拿大《著作权法》规定，只要创作者或原作者为《伯尔尼公约》《世界版权公约》或者世界贸易组织成员的公民、属国国民或永久居民，著作权将自动产生于其原创的文学、戏剧、音乐或其他艺术作品上，包括据此改编和录制的作品上。

加拿大《工业设计法》适用于可批量生产的有用物品上的外形、图案、点缀等。注册带有设计图形的物质必须具备可用性、固定的外观，并且在购买时或正常使用期间能够看得见等特征。该法规定经登记注册的工业设计将使设计者可在全加拿大排除他人制造、使用、租赁、销售该设计，期限为 10 年。工业设计已经注册，便可以像专利、商标或著作权那样得到合法保护。根据《巴黎公约》规定，一项工业设计图形的申请人因较早递交注册申请而有权获得优先权。凡是在《巴黎公约》缔约国提出的申请，在申请提出的 6 个月内，均可以按照最初在驻在国提出申请的日期计算申请日期。

加拿大还有一些保护其他特殊种类知识产权的法律法规，例如《集成电路图法》《集成电路图法实施规则》《植物培育者权利法》《电子文件个人资料保护法》等。

（三）申请专利和注册商标程序

在加拿大申请专利和注册商标需要向加拿大知识产权办公室提出。

1. 申请专利

申请人申请专利，需提供申请人名称、申请人或代理机构的地址、有关专利的描述、申请专利的费用支付情况等信息，并按照规定的格式填写表格。

在支付完相关费用和填写完相关表格后，申请人将在4周内获得一份建档证明，如果提交的材料存在瑕疵，也会在此时间内得到通知。

审查机关将对申请的专利进行分类，并将申请材料公开部分在建档18月后，通过网络向公众发布，公众可以对申请的专利提出意见。

申请人在提交申请材料并建档后，必须在4年内申请对专利进行审查，如果该期限没有申请审查的，将有2个月的时间来提出申请并支付审查费用和滞纳金。逾期未提出申请或未及时缴纳费用的，专利申请将被撤销。

加拿大知识产权办公室积累了大量的专利申请，审查过程可能需要2年以上。在此过程中，审查机关可能要求申请人对某些事项作进一步的解释说明，如申请人无法通过审查机关询问的，该申请将被撤销；当申请获得审查通过，将获得专利许可并授权权利人行使排他性权利。

点评：

国内申请人申请加拿大专利，一般委托当地代理机构办理，代理机构服务费差别很大，建议要求外方提前报价。也可通过国内代理机构办理，通常国内代理机构也比较了解外国专利法及有关审查规则，与外国同行有长期、稳定、友好的合作关系。

2. **注册商标**

申请人申请注册商标的，需要提供：申请人名称、地址、商标图样（除非商标仅由文字组成），使用或即将使用该商标的产品或服务，使用该商标的意向或使用该商标的方案，在加拿大首次使用该商标的时间，申请费用支付情况等。并按照规定的格式填写表格。

申请人在支付相关费用并填写相关表格后，如果申请材料经审查认定正确完整，申请人将在 7 天内收到建档通知及证据清单。

申请人收到通知和证据清单后应仔细核实，如有错误或者疏漏要及时通知审查机关。

审查机关将对申请的商标进行审查，通常情况下，申请将在 6 个月内获得通过。获得通过的商标申请将通过公开出版物的方式公示 5 周左右。

公示期间如果有反对意见，审查机关会将反对说明递交申请人，申请人有权与反对方相互质证。

如果反对意见撤销或者被驳回，商标申请将获得商标许可并授予权利人行使商标权；如果商标申请没有遭到反对，申请人将在商标申请公开后的 3 个月内获得许可并被授予商标权。

在获得许可和授权后，商标申请人还需要支付商标登记费，在支付完该费用后的 3～4 周内，申请注册的商标会由待批状态转为注册商标。

（四）知识产权侵权的处罚

加拿大知识产权侵权方面的处罚规定比较完善。就专利权而言，在专利权保护期内，专利权所有人在使用其发明进行制作、建造，或者自己使用，或将之授予他人使用时，如果排他性权利受到损害就被视为其专利受到侵犯。专利权所有人可以寻求禁止令阻止侵权行为，并有权要求对侵权所造成的损失主张赔偿。如未经专利人同意，擅自在自己制造或销售的产品上使用专利权权利人名称、擅自在产品上使用“专利”字样，以达到欺骗公众目的，或其他没有获得专利而欺骗公众获得专利的，侵权人将受到200加元以内的罚款，或不到3个月的拘留，或两者同时适用。为申请专利，提供虚假陈述和信息材料的，将受到500加元以内的罚款，或不到6个月的拘留，或两者同时适用。此外，专利法针对医药专利的侵权行为规定了更为严厉的惩罚，如果侵权人是公司，将可能受到高达10万加元的罚款。

在加拿大，雇主跟雇员需要通过劳动协议和其他协议，明确约定雇员发明的专利申请权和专利权属于雇主所有。如果没有明确约定，雇主不能享有雇员发明的专利权。如果雇主与雇员达成了一项明确的协议，或者雇用了雇员来发明专利，雇主将有权获得雇员发明的专利权。为了确定一名雇员是否被“雇用来发明”，联邦法院将考虑8个因素：①这名雇员是专门为发明创造而雇用的；②该员工以前有过发明创造；③雇主制定了鼓励发明的激励计划；④在发明创造之后，雇员的行为表明雇主是所有者；⑤本发明是被指定要求解决某一具体问题的员工的产品；⑥该员工在发明过程中向雇主寻求帮助；⑦该员工处理的是机密信息；⑧雇员被雇用时签订了承诺不能使用这些发明的条款。

在商标权方面，尽管加拿大《商标法》和《商标法实施规则》没有对商标权侵权的处罚作出明确规定，但在司法实践中，行为人如未经许可而使用他人商标的，将构成对商标权的侵害。商标权利人有权主张停止侵权行为并要求其对所遭受的损失予以赔偿。

在版权方面，如果未获得著作权人同意而使用其作品将被视为侵犯了其著作权。另外，出租、出售、分销或进口侵权作品的人，属于间接侵犯著作权。侵犯著作权将受到的惩罚包括收到停止侵权的通告和被要求对侵权行为造成的损失予以赔偿，甚至还可能受到刑事方面的处罚。

在工业设计方面，加拿大《工业设计法》规定工业设计权利人在权利受到侵犯时，可要求法院向侵权人发出停止侵权行为的强制令，并要求侵权人承担相关赔偿义务，该赔偿义务有可能是惩罚性的赔偿义务。

加拿大其他保护特殊种类知识产权的法律法规对相关的侵权行为均有详细规定。

点评：

加拿大针对知识产权侵权方面的处罚规定十分完善，且惩罚力度较大。中资企业在加经营时切勿侵犯他人知识产权，否则将面临巨额罚款。

十一、加拿大对外国公司承包当地工程的规定

（一）工程建设管理机构及相关法律法规

对建筑工程和建筑市场进行监管是加拿大政府的职责之一。各级政府机构都配备有监督检查机构和相应建筑官员。

政府监管主要体现在两方面。一方面，按照议会批准的建筑技术法规对建筑工程的监管；另一方面，依据相应法规对建筑活动主体如

承包商、材料供应商的监管。建筑技术法规是政府实施建筑工程监管的主要依据。按照建筑技术法规对建筑工程的监督检查主要由市政府有关部门执行，建筑施工的安全由省/地区政府监督管理。

在加拿大大多数地区，法规的具体实施由市政当局负责。市政当局负责检查建筑方案是否与法规一致，检查建筑工程是否按法规要求或方案进行施工。这些实施监督过程包括厂内质量控制、厂内第三方检测、第三方认证评估、现场检测等。同时在施工中职业健康和安全（OHS）官员也有权对项目的安全进行检查及处罚。

加拿大承包工程须符合相关法律法规，主要相关法律法规有：《公平雇佣法》《政府合同规则》《加拿大移民法》《加拿大竞争法》《联邦公平雇佣承包方案——20 万加元以上条款规定》。

（二）许可制度

建筑施工许可是各市政府对建筑工程监管的重要手段，业主在得到许可之前不能开工。加拿大建筑法规必须经省/地区立法通过才能具有法律效力，所以不同行政辖区的许可程序及其文件记录要求是不同的。在许多省，市政府被授权审核建筑方案许可的合规性以及颁发建筑许可。

尽管方式有所不同，但一般来说，市政府对用地规划、法规执行、既有建筑维护和使用规章、颁发执照、噪声控制、工作时限等负责。然而，对于大型、高风险或人口密集建筑，许多省/地区政府仍然保留一定程度的控制。

在大多数行政辖区，建筑检查与许可程序包括设计阶段审查、施工阶段检查和入住前检查。

建筑方案的合规性审查一般在由主管辖区授权的市政府一级完成。

在加拿大，与可选择方案的采纳相关的责任牵连越来越受到重视。当主管辖区的建筑官员有足够的能力和经验时，他们可以对替代方案实行评估和许可程序。某些情况下，他们会把提交的替代方案评估交给第三方。如果申请人想使用一个替代方案，建筑官员将检查其实验和说明、工程设计、评估报告等的适用性，以决定是否可以采纳。

（三）禁止领域

加拿大对非本国公司承包当地工程并无明确限制。但在实践中，如果缺乏在加拿大的从业经历，很难满足承包项目要求。外国承包商一般的做法是收购一个当地承包公司或者与当地承包公司合作在加拿大开展业务。

此外，为防止公司承包工程影响到国家主权和根本利益，加拿大对外国承包工程进入其敏感经济领域设置某些限制，主要包括军工、国防及战略资源开发等领域。

（四）招标方式

联邦政府将大多数估价超过 7.65 万加元的建筑和工程咨询服务采购信息公布在网上招标系统 MERX 上。省市各级政府则一般在各自政府网站公布。根据合同价值以及采购合同的特别要求，采购官员和需采购部门将通过以下方式招标：电话购买、询价、招标、征求意见、持续要约、供货安排等。

采购部门将根据招标文件规定的标准进行评标，通常出价最低，并且完全符合招标文件条款和条件要求的供应商将获得该采购项目。如果仅有一个供货商投标，那么采购部门将与该供货商就合同条款和价格进行协商。

在授予合同之前，相关费用支出需获得相应部门批准。通常由联邦政府采购部门批准。如果数额巨大或者合同非常复杂的，则需由国库委员会审查通过。涉及某些敏感或保密材料、信息或政府建筑物的招标，投标公司及其人员需要通过安全背景调查。如果在招标程序中获胜，将在此阶段授予采购项目。

相关网站如下：

加拿大公共服务和采购部：www. canada. ca/en/public - services - procurement. html；

政府采购合同管理：canadabuys. canada. ca；

网上招标系统 MERX：www. merx. com。

（五）工程 BOT/PPP 承包方式

加拿大是全球最活跃且成熟的 PPP 市场之一。PPP 模式在加拿大被广泛应用于大型基础设施建设项目，涵盖道路、桥梁、能源、公共服务设施等领域。私人部门参与投融资、设计、建设与长期维护等各个环节。目前，加拿大采用 PPP 方式实施项目共计 200 多个，金额达 700 亿加元。加拿大设有 PPP 委员会，直接向议会负责，旨在推动 PPP 合作模式，创造就业，发展经济。

加拿大 PPP 主要模式包括：委托运营合同、建造-融资、设计-建造-融资-维护、设计-建造-融资-维护-运营、特许经营和建设-经营-转让等。

加拿大各省/地区、市政府对基础设施项目拥有所有权。在 BOT 项目中，各级政府的基础设施建设部门或交通部门代表省、市政府与企业签约。根据现有资料，外资在加拿大的 BOT 项目主要集中于道路、桥梁项目。因各级地方政府对 BOT 项目拥有管辖权，企业与地方政府签署的协议条款也不尽相同。在特许经营年限方面，有些协议规定16年、30年，有些规定不超过35年，更有协议规定长达99年。在收费方式上，一些协议允许企业自行收费，一些协议则规定由政府向企业支付固定费用或根据车流量向企业支付费用，企业不能自行收费。

目前，尚没有中资企业在加拿大参与实施PPP项目。

[案例4-6]

布鲁斯核电PPP项目

布鲁斯电站位于安大略省，是加拿大唯一的私人核电站和世界第一大正在运行的核电站。该项目引入私人投资100亿加元，将反应堆数量增加1倍，至8个，对原有反应堆改进延寿，总输出功率净值为6786兆瓦，满足安大略省的电力需求。投资方包括加拿大能源运输公司、Omers风险投资公司、加拿大电力雇员工会和加拿大能源专业协会、安大略省政府和加拿大雇员信托基金。其中Omers风险投资公司和能源运输公司投资比例各为48.87%。

[案例4-7]

多伦多407ETR公路BOT项目

407ETR公路位于加拿大最大城市多伦多，由西班牙辛特拉公司参与实施。项目总金额35.27亿欧元，全长108千米，1997年开通。特许经营权所有人为407ETR特许经营有限公司，公司股比结构为辛特拉公司43.23%、麦格理基础设施集团30%、加拿大兰万灵公司16.77%、加拿大养老基金10%。特许经营期限为1999—2098年（共99年）。

十二、加拿大对中国企业投资合作的保护政策

（一）双边投资保护协定

2012 年 9 月，中国和加拿大正式签署《中华人民共和国政府和加拿大政府关于促进和相互保护投资的协定》。该协定已于 2014 年 10 月 1 日正式生效。

（二）避免双重征税协定

中国与加拿大已于 1986 年 5 月签署了《中华人民共和国政府和加拿大政府关于避免双重征税和防止偷税漏税的协定》。

（三）其他协定及发布的声明

1973 年 10 月两国签署《中华人民共和国政府和加拿大政府贸易协定》；1979 年 10 月 19 日签署《中华人民共和国政府和加拿大政府关于经济合作议定书》；1983 年 10 月签署《中华人民共和国政府和加拿大政府关于发展合作的总协定》；1984 年 1 月 18 日签署《中华人民共和国政府和加拿大政府关于投资保险协议》；1994 年 11 月签署《中华人民共和国政府和加拿大政府和平利用核能协定》；1997 年 4 月签署《中华人民共和国政府和加拿大政府海运协定》；2005 年 9 月重签了《中华人民共和国政府和加拿大政府航空运输协定》；2007 年 1 月签署《中华人民共和国政府与加拿大政府科学技术合作协定》；2010 年 6 月签署《中华人民共和国国家质量监督检验检疫总局与加拿大食品检验署的合作安排》；2012 年 2 月续签了《中国国家能源局与加拿大自然资源部关于能源合作的谅解备忘录》；2012 年 11 月签署《中国民用航空局与加拿大运输部关于民用航空安全的行动计划》；2014 年

11 月签署《中国人民银行与加拿大银行关于人民币/加拿大元双边本币互换协议》和《中国人民银行与加拿大银行关于在多伦多建立人民币清算安排的合作备忘录》；2015 年 4 月签署《中加社会保障协定》；2016 年 9 月签署《中国政府和加拿大政府关于开展第三方市场合作的联合声明》《中国商务部和加拿大外交、贸易和发展部及加拿大统计局关于成立贸易统计工作组的谅解备忘录》《中国农业部与加拿大农业和农产食品部农业合作行动计划（2016—2020 年）》《中国国家粮食局和加拿大谷物委员会合作谅解备忘录》《中国国家质检总局与加拿大卫生部关于消费品安全合作谅解备忘录》《中国民航局与加拿大交通部双边航空技术安排》《中国海关总署与加拿大边境服务局合作安排》等协定。

十三、在加拿大解决纠纷的主要途径及适用法律

在加拿大解决商务纠纷的主要途径有协商、调解、仲裁、诉讼等。

（一）协商

双方当事人通过口头或书面形式的磋商或谈判，共同努力消除分歧，自行达成和解协议，以解决纠纷。通常来说，协商是争议当事人在争议发生后最先选择采用的争议解决方式。

（二）调解

在双方当事人之外的中立第三方主持下，由第三方以中间人的身份在分清是非和责任基础上，根据有关法律规定和合同约定，参考国际惯例，从中帮助和促使争议各方在互谅互让基础上达成公平调解协议。在加拿大一些地区，在纠纷进入法庭审理前，会要求当事人进行

调解。当事人可自由选择调解员，进行法院规定的调解。除法院规定调解之外，当事人可对案件进行自愿调解，通常邀请有声望的律师或退休法官担任调解员。

（三）仲裁

双方当事人协议将争议提交仲裁机构，由仲裁员进行裁决，如果一方不执行仲裁裁决，另一方有权向法院申请强制执行。自1986年起，加拿大开始执行《联合国承认及执行外国仲裁裁决公约》和《联合国国际贸易法委员会国际商事仲裁示范法》。

1986年，加拿大还加入《联合国国际贸易法委员会仲裁规则》。该规则由联合国第31次大会正式通过，适用于国家与私人间的投资争议仲裁、多方仲裁、第三人加入仲裁程序、仲裁员指定、仲裁员责任豁免、仲裁费用控制等问题。规则对各国并不具有普遍约束力，仅供合同双方当事人自愿以书面方式约定。当事人也可在书面协议中指定一个常设仲裁机构。

加拿大于2013年12月1日批准加入《国际投资争端解决中心公约》，于2015年3月签署了《联合国投资者与国家仲裁条约透明度公约》（《毛里求斯透明度公约》）。

加拿大各省负有监管加拿大境内仲裁的主要责任。除魁北克省外，各省都有采用《联合国国际贸易法委员会国际商事仲裁示范法》的立法。《魁北克民法典》和《民事诉讼法典》与《联合国国际贸易法委员会国际商事仲裁示范法》一致。加拿大最高法院裁定，仲裁协议必须广义解释和执行。加拿大法院尊重仲裁程序，并愿意通过要求证人出庭作证，并向仲裁庭出示文件和其他证据，赋予其执法权以促进仲裁程序的有效进行。

（四）诉讼

双方当事人将争议提交法院，由法院按照法律条款进行判决，一旦法院作出判决则没有协调的余地。

加拿大除魁北克省以外的九个省和三个地区遵循普通法体系，主要是参考过去的案例，并根据总结出的基本裁决原则判案。魁北克省的司法遵循一套公认的、由民事法典规定的原则。每个具体的案例根据基本原则来裁决。

十四、在加拿大投资注意事项

（一）投资方面

1. 客观评估投资环境

投资环境评估应考虑以下因素。

（1）市场规模。

加拿大本国市场容量有限，但可充分利用区域自由贸易协定，发挥对美国和墨西哥的辐射作用。

（2）劳动力成本。

加拿大劳工素质较高，但劳动力成本也较高。同时，加拿大对外籍劳工限制较严，中国劳工很难进入加拿大市场。

（3）原住民问题。

加拿大宪法承认原住民权利和所有权。随着原住民越来越关注未来发展和自身权益，企业投资时，特别是投资能矿项目时，需重点关注此问题。

（4）环保问题。

加拿大环保要求严格，评估手续繁杂。加拿大联邦政府和省政府对环境监管和评估拥有共同管辖权。环保部门和公众都有知情权和发言权。

2. 做好项目可行性研究

到加拿大投资的中国企业应在投资前对加拿大的市场及相关法律法规、投资环境等做充分的调研和科学分析，也可向加拿大权威律师、会计师事务所等咨询机构咨询，权衡利弊，制定出一套完整的投资计划，避免盲目投资。

3. 准确把握投资定位

考虑到中国经济发展需要等因素，建议中国企业到加拿大投资的重点产业领域如下。

（1）能源开发性项目：如油砂开发利用。

（2）资源开发性项目：主要包括林业资源（包括木材、纸浆、胶合板等）、矿业资源（包括铁矿、铜矿、钾矿、镍矿等）。

（3）制造业合作项目：包括汽车制造、食品加工、通信行业及高科技产品等。

（4）科技合作项目。

（5）其他充分结合本企业优势和加拿大优势的项目。

4. 充分利用优惠政策

关于加拿大重点扶植行业，加拿大财政部每年公布财政预算时，会公布行业、企业名单和扶持措施。中国企业应尽可能多地了解相关政策并充分利用这些政策。

5. 依法经营并主动履行社会责任

企业在经营活动中，应遵纪守法、照章纳税。除做好日常经营外，应重视社会责任的履行；加强与当地政府部门、工会和行业商协会的沟通，真正融入当地社会，实现互利共赢。

［**案例** 4-8］

中国某风电企业在加拿大投资前，认真做好尽职调查，并细致研究当地政治、法律环境，与各级政府、当地居民、原住民和中国驻加拿大使领馆充分沟通，在项目建设阶段严格遵守相关规定，并努力实现本地化经营管理，信任并重用当地骨干员工，从而保证了项目顺利发展。

6. 注重加方特定问题调查分析

属于加拿大的特定问题包括：原住民问题、部分地区的基础设施问题、部分地区的治安问题。

能矿类项目往往涉及原住民问题，处理好原住民问题对项目顺利进展至关重要，企业需要花费大量时间、精力和费用去做相关工作。另外，项目的政府审批也可能受原住民问题限制。加拿大政府为照顾原住民的利益，一般会要求公司签订社会利益分享协议。但不建议直接捐款，直接捐款可能会激起原住民的抵触情绪，而采取改善当地的教育生活环境、为原住民提供就业机会或者职业教育机会等方式，原住民更容易接受。

加拿大资源丰富，但地广人稀，特别是北部省份，完全不具备铁路、公路、电力、网络通信服务等企业运营所需的基础设施，还有部分地区现有的基础设施也可能无法满足企业运营的正常需求，导致企业无法按正常计划进行产品的运输和销售，造成产品积压，仓储设施面临巨大压力，严重时导致生产被迫延缓。为此，在投资项目决策时就应该考虑到，企业生产经营有没有预案，企业改造基础设施的行动能否获得加拿大政府的支持等。

加拿大政治稳定，经济发达，社会安定，但一些恶性案件时有发生，因此，在项目决策和推进过程中，在加中国公民和企业都要加强自我保护意识。

（二）承包工程方面

中国企业在加拿大承包工程项目基本处于起步阶段，成功的项目很少，只有试探性合作。

根据现有工程承包企业的经验，结合加拿大工程承包市场的现状，中国企业投标和履行承包合同，应注意的问题包括以下方面。

1. 注意防范工程事故和自然灾害

加拿大地处北寒带，冬季漫长，大雪、冰雨频繁，行车艰难，事故频发。中国企业要提示相关人员提高安全意识，从制度上和财力投入上做到防患于未然。

2. 劳工招募和管理尽量本地化

在加拿大承包工程，应该尽量采取属地化经营原则，从国内大规模派出劳工的可行性较小。

3. 避免发生劳务纠纷

中国企业招募国内劳务人员出境，因各种原因（招工宣传不实、工资不透明、中介费用过高等）导致劳务纠纷越来越多，对企业在当地的长期发展很不利。有的企业没有妥善把握经济利益与社会利益相互转化的关系，对当地雇员权益和风俗习惯、当地利益集团感受、回馈当地社会等事项重视不足。这些都不利于企业长远发展。

4. 及时到中国驻外使、领馆登记

为准确掌握中国外派人员信息，便于处理突发安全事件，建议中国企业和人员及时到中国驻加拿大使、领馆经商机构登记。

[案例 4-9]

国内某钢铁公司工程总承包大量使用国内员工受挫。某钢铁公司在加拿大开展 EPC 项目，原计划从国内引进施工队伍，但在项目实施过程中，公司管理人员和技术人员工作签证大量被拒，不得不考虑与当地施工队伍讨论施工计划，由于项目成本大幅增加，最终导致项目搁浅。

(三) 劳资关系及劳务合作方面

1. 劳资关系方面

加拿大十分重视保护本国劳工权益，并拥有发达的工会组织。工会组织在加拿大历史久远、影响深刻，涵盖众多领域。一旦发生劳资纠纷，工会组织往往代表和维护劳工利益。因此，在加拿大投资和经商，学会与当地工会组织打交道十分重要。

在加拿大处理好与工会组织的关系，要做到以下四点。

(1) 知法守法。工会存在的意义就在于维护劳工权益，因此，中国企业首先要全面了解加拿大涉及劳工保护的主要法律法规，同时要严格遵守关于雇佣、解聘、工资福利、劳动条件等与劳工权益密切相关的规定，做到依法用工。

(2) 重视工会组织。中国企业要了解所在行业工会的发展、活动情况，掌握工会组织的活动特点和与工会组织沟通谈判的技巧。

(3) 与工会组织建立有效的沟通机制。中国企业要建立与相关工会组织的日常联系，介绍本企业的生产和工人管理情况，使工会组织对企业有基本了解。同时也要通过工会组织主动了解工人的诉求，将企业发展与工人福利相结合，做到相互理解。

(4) 加强员工属地化管理。中国企业可以聘用加拿大当地雇员从事人力资源管理并协调与工会组织的关系。当地雇员对劳工法规、工会情况等更熟悉，处理相关纠纷时经验丰富、人脉广，能发挥更好的作用。

（5）投资前应充分了解工会组织。加拿大法律规定，承包人承包经营时必须同时接受工会会员。因此，企业应对相关行业的工会组织进行认真评估和研究，充分考虑自己承受能力。

（6）经营和管理中要提前防范工会可能带来的投资风险。企业应密切注意工会的动向，特别是基层工会组织的负责人动向。他们每天都与员工在一起工作，在日常工作中时刻都在关注和倾听员工对资方工作安排的意见，寻找资方有无违反合约条款的情况。

（7）可适当将有关业务分包出去。企业应与相关公司签署分包协议，分担和化解工会组织可能带来的困扰和不利。比如，公司需要保安人员，可与专业的保安公司签署协议，分包这项工作；公司需要清洁人员，亦可交给专业的清洁公司来做。当然，如果公司工会章程对外包有相关规定，企业也应事先了解，提前应对。

（8）尽量避免罢工发生。应尽可能通过努力不懈的谈判和协商将矛盾化解。2 周以上的罢工，对劳资双方来说都是非常不利的，最终会导致两败俱伤。

（9）企业应了解在加拿大因工会问题结束营业将是永久性的。如果企业最终决定采取结束营业的办法来解决工会问题，则必须是永久性离开这个行业，而不能是暂时性的。因为原工会组织还会在企业重新开业后再次进入。比如现在经营的是酒店业，若结束经营则将来就不能再重开酒店，可考虑经营住宅公寓、养老院或学生宿舍等，否则，工会将重新进入。这种行为是受当地法律保护的。

（10）企业可寻求外部帮助，协助解决工会问题。企业在处理工会事务时一定要聘请当地有相关经验的律师，帮企业出主意、想办法，使企业少受损失。

企业还可与当地行业协会建立密切联系，随时了解行业动向，遇到问题可以得到帮助。

2. 劳务合作方面

中加两国尚未磋商、签署双边劳务准入协定。加拿大联邦政府对外国临时劳工的管理非常严格，且政策愈加收紧。从中国向加拿大输出大量普通劳务人员是不可行的。

中国企业的注意事项包括以下方面。

（1）中国劳务合作企业应详细了解加方所需劳工的条件。

在不了解加拿大企业的真实情况时，可向加拿大签约公司索要雇主在加拿大报刊上登载的相关招聘广告和加拿大人力资源部门签发给雇主的岗位确认书的副本；另外在合同中应该写明详细的用工要求，如工种、期限、待遇等。同时可以致函中国驻加拿大使领馆经商机构寻求帮助。

（2）中国劳务合作企业应加强和中国外经贸主管部门的沟通和联系。

对中国劳务公司首次自行签约进入加拿大市场开展对外劳务合作业务的，地方外经贸主管部门应向中国驻加拿大使领馆经商机构征求意见后，再予以审批。相关行业协会应强化行业规范管理，加强对成员单位执业行为和业务运作的监管，并充分宣传和发挥“中国外派劳务人员投诉中心”的作用。

（3）中国劳务合作企业和外派劳工都应熟悉外派的法规政策。

具有对外劳务合作经营权的中国公司，应熟悉中国、加拿大两国的劳务政策和法规，并加强外派劳务人员的法规和政策教育。中国劳务合作企业和外派劳工，应该在知法基础上，做到守法、用法。只有这样，才能做到在劳务外派过程中，所有活动都能合法合规、相对高效顺畅地完成。

（4）提前考量和应对签证和加方政策可能造成的劳工上岗时间延迟。

加拿大政府对外籍雇员工作签证控制比较严格，部分工种申请签证时，还会要求提供雅思成绩和工作经验证明，这就可能导致联邦政府对中资企业管理人员、技术人员工作许可发放所需时间过长。因此，在劳务外派时，需要在签证申请前加强相关资料的准备。

另外，根据加拿大相关规定，几乎所有技术工人都须持证上岗，证书资格须由联邦、省政府或其认可的机构颁发。中国技术工人虽技术过硬，但仍会因证书限制无法进入加拿大市场从事相应技术工作。在这种情况下，需要预留时间，让中国技术工人能提前获得加方的从业证书。

[**案例** 4-10]

在加拿大投资的某煤矿企业因在当地无法招到井下作业人员，经加拿大联邦政府批准，计划从中国引进200多名井下矿工。但此举招致当地工会组织强烈反对，并将这家企业和加拿大联邦政府告至法院。经法院审理，虽然这家企业最终胜诉，但仅引进了50余名中国矿工，项目建设和企业经营均受到影响。

（四）防范投资合作风险

在加拿大开展投资、贸易、承包工程和劳务合作的过程中，要特别注意事前调查、分析、评估相关风险，事中做好风险防范和管理工作，切实保障自身利益，包括对项目或贸易客户及相关方进行资信调查和评估，对投资或承包工程国家的政治风险和商业风险进行分析和规避，对项目本身的实施可行性进行分析等。

建议相关企业积极利用保险、担保、银行等保险金融机构和其他专业风险管理机构的相关业务保障自身利益，包括贸易、投资、承包工程和劳务类信用保险、财产保险、人身安全保险等，以及银行的保理业务和福费廷业务、各类担保业务（政府担保、商业担保、保函）等。

点评：

福费廷业务通常又被称为包买票据，是一种无追索权的信用证融资方法。即银行或其他金融机构以无追索权形式为出口商贴现远期票据，所涉及的票据可以是信用证项下或银行保函项下的远期汇票或本票。

建议企业在开展对外投资合作过程中使用中国政策性保险机构——中国出口信用保险公司提供的包括政治风险、商业风险在内的信用风险保障产品，也可使用中国进出口银行等政策性银行提供的商业担保服务。

中国出口信用保险公司是由国家出资设立、支持中国对外经济贸易发展与合作、具有独立法人地位的国有政策性保险公司，是我国唯一承办政策性出口信用保险业务的金融机构。该公司支持企业对外投资合作的保险产品包括短期出口信用保险、中长期出口信用保险、海外投资保险和融资担保等，对因投资所在国（地区）发生的国有化征收、汇兑限制、战争及政治暴乱、违约等政治风险造成的经济损失提供风险保障。

如果在没有有效风险规避情况下发生了风险损失，也要根据损失情况尽快通过自身或相关手段追偿损失。通过信用保险机构承保的业务，则由信用保险机构定损核赔、补偿风险损失，相关机构协助信用保险机构追偿。

［**案例** 4-11］

中国某风电企业投资前在法律、财务、税务、技术等方面都聘请了加拿大当地实力雄厚、信誉良好的专业机构开展尽职调查，有效规避、降低风险。在正式投资前，公司针对加拿大政府要求、能源法规、国家安全审查等方面认真研判，并与加拿大政府部门深入沟通，之后才最终签订协议，确保投资资产安全。在项目开发阶段，与各利益相关方充分沟通，曾先后 17 次在项目所在地举办信息公开会。充分的沟通使项目获得各方广泛理解与支持，为项目顺利推进奠定了良好基础。

Chapter 5

第五章

工程项目投建营全生命周期中的合规要求

作为企业风险管理重要组成部分的项目合规管理，首先要识别合规义务，即合哪些规。企业应以适合其规模、复杂性、结构和运行的方式记录其合规义务。合规义务的来源包括合规要求和合规承诺。

1. **合规要求**

企业必须遵守的外部各项法律法规、监管规定。

（1）境内经营：境内工程建设相关的法律、法规、部门规章。

（2）境外经营：强调所在国的法律法规、国际条约、规则等。强调对外承包工程相关的投标管理、合同管理、项目履约、劳工权利保护、环境保护、连带风险管理、债务管理、捐赠与赞助、反腐败、反贿赂等方面的要求。

2. **合规承诺**

企业自愿遵守的指引、合约、协议、内部章程、规定等。

按内容划分，合规义务又可以分为以下四类：

（1）法律、法规、规章、政策；

（2）行业协会等自律性组织的规范、标准、惯例等；

（3）公司章程及企业内部规章制度；

（4）诚实守信的职业道德。

我们按工程项目投建营全生命周期，梳理了生命周期各个阶段的合规要求。

一、第一阶段：项目前期论证

在加拿大开展工程项目的投资、建设和运营势必需要严格遵守加拿大关于投资、工程建设、环保、法律、税务等方面的要求和规定，这是企业在加拿大正常经营的前提，也是企业在加拿大获得长期稳定发展的必要条件。

（一）中国境内合规要求

中资企业开展境外投资活动前，应当完成中国境内的核准、备案程序，避免出现境外工作完成后因境内合规问题导致投资失败的风险。

1. 中国境内相关政策法规

中资企业境外投资需要遵守的国内相关政策法规主要包括：国家发展改革委、商务部、国家外汇管理局、国务院国资委等部门制定的相关政策法规等，具体内容见表5-1。

表5-1 中资企业境外投资需要遵守的国内相关政策法规

序号	部门规章	发文机构	发布时间
1	《境外投资管理办法》	商务部	2014
2	《企业境外投资管理办法》	国家发展改革委	2017
3	《境内机构境外直接投资外汇管理规定》	国家外汇管理局	2009
4	《关于境内居民通过特殊目的公司境外投融资及返程投资外汇管理有关问题的通知》	国家外汇管理局	2014
5	《关于进一步改进和调整资本项目外汇管理政策的通知》	国家外汇管理局	2014
6	《关于进一步简化和改进直接投资外汇管理政策的通知》	国家外汇管理局	2015
7	《关于驻外经商机构为企业办理对外承包工程项目投标（议标）核准意见的暂行规定》	商务部办公厅	2015
8	《关于进一步推进外汇管理改革完善真实合规性审核的通知》	国家外汇管理局	2017

续 表

序号	部门规章	发文机构	发布时间
9	《中央企业境外投资监督管理办法》	国务院国资委	2017
10	《关于进一步引导和规范境外投资方向的指导意见》	国家发展改革委、商务部、人民银行、外交部	2017
11	《对外承包工程管理条例（2017 修订）》	国务院	2017
12	《境外投资敏感行业目录（2018）》	国家发展改革委	2018
13	《对外投资备案（核准）报告暂行办法》	商务部、人民银行、国务院国资委、银监会、证监会、保监会、国家外汇管理局	2018
14	《关于做好国内企业在境外投资开办企业（金融企业除外）核准初审取消后相关工作的通知》	商务部办公厅	2018
15	《对外投资备案（核准）报告实施规程》	商务部办公厅	2019
16	《关于加强疫情期间境外工程项目和在外人员统计的通知》	商务部办公厅	2020
17	《关于促进对外设计咨询高质量发展有关工作的通知》	商务部等 19 部门	2021
18	《对外投资合作绿色发展工作指引》	商务部、生态环境部	2021
19	《数字经济对外投资合作工作指引》	商务部、中央网信办、工信部	2021
20	《对外承包工程业务统计调查制度》与《对外承包工程业务统计调查制度》（修订）	商务部	2022

点评：

法律法规动态更新，可查询我国商务部“走出去”公共服务平台（fec. mofcom. gov. cn）查看最新的政策法规。

2. 境内核准/备案流程及主要规定

（1）国家发展改革委相关规定。

对敏感类项目实行核准管理，对非敏感类项目实行备案管理。具体见表5-2。

表5-2 国家发展和改革委员会相关规定

项目分类	境内企业直接开展投资	境内企业通过其控制的境外企业开展投资	具体内容
敏感类项目	核准（国家发展改革委）	核准（国家发展改革委）	实行核准管理的，投资主体向核准机关提交项目申请报告并附具有关文件，项目申请报告应当包括以下内容：投资主体情况；项目情况，包括项目名称、投资目的地、主要内容和规模、中方投资额等；项目对我国国家利益和国家安全的影响分析；投资主体关于项目真实性的声明。 核准机关应当在收到项目申请报告之日起5个工作日内一次性告知投资主体需要补正的内容。核准机关应当在受理项目申请报告后20个工作日内做出是否予以核准的决定。项目情况复杂或需要征求有关单位意见的，经核准机关负责人批准，可以延长核准时限，但延长的核准时限不得超过10个工作日，并应当将延长时限的理由告知投资主体。符合核准条件的项目，核准机关应当予以核准，并向投资主体出具书面核准文件。

续 表

项目分类	境内企业直接开展投资	境内企业通过其控制的境外企业开展投资	具体内容
非敏感类项目	央企、大额：备案（国家发展改革委） 央企、非大额：备案（国家发展改革委）	央企、大额：报告（国家发展改革委） 央企、非大额：无须履行手续	实行备案管理的，投资主体通过网络系统向备案机关提交项目申请报告并附具有关文件。项目备案表或附件不齐全、项目备案表或附件不符合法定形式、项目不属于备案管理范围、项目不属于备案机关管理权限的，备案机关应当在收到项目备案表之日起5个工作日内一次性告知投资主体。备案机关在受理项目备案表之日起7个工作日内向投资主体出具备案通知书。 投资主体通过其控制的境外企业开展大额非敏感类项目的，投资主体应当在项目实施前通过网络系统提交大额非敏感类项目情况报告表，将有关信息告知国家发展改革委。投资主体提交的大额非敏感类项目情况报告表内容不完整的，国家发展改革委应当在收到之日起5个工作日内一次性告知投资主体需要补正的内容。
	非央企、大额：备案（国家发展改革委） 非央企、非大额：备案（省级发改委）	非央企、大额：报告（国家发展改革委） 非央企、非大额：无须履行手续	

其中的“敏感类项目”指涉及敏感国家和地区的项目和涉及敏感行业的项目。

“敏感国家和地区”：指未与我国建交的国家和地区；发生战争、内乱的国家和地区；根据我国缔结或参加的国际条约、协定等，需要限制企业对其投资的国家和地区；其他敏感国家和地区。

“敏感行业”：由国家发展改革委发布的敏感行业目录（2018 年 1 月 31 日发布），例如武器装备的研制生产维修、跨境水资源开发利用、新闻传媒、房地产业，根据我国法律法规和有关调控政策需要限制企业境外投资的行业等。

“大额”：指中方投资额 3 亿美元及以上。

（2）商务部相关规定。

2018 年 1 月 25 日，商务部、人民银行、国务院国资委、银监会、证监会、保监会、国家外汇管理局共同发布了《对外投资备案（核准）报告暂行办法》，规定由商务部牵头对外投资备案（核准）报告信息统一汇总，各部门定期将备案（核准）信息和报告信息通报商务部，实行“备案为主、核准为辅”的管理方式。

2018 年 8 月和 2019 年 7 月，商务部分别出台《关于做好国内企业在境外投资开办企业（金融企业除外）核准初审取消后相关工作的通知》《对外投资备案（核准）报告实施规程》，明确了相关工作细则。

企业境外投资涉及敏感国家和地区、敏感行业的，实行核准管理。企业其他情形的境外投资，实行备案管理。实行核准管理的国家主要是未与中华人民共和国建交的国家、受联合国制裁的国家。必要时，商务部可另行公布其他实行核准管理的国家和地区的名单。实行核准管理的行业主要是涉及中华人民共和国限制出口的产品和技术的行业、影响一国（地区）以上利益的行业。

（3）国家外汇管理局相关规定。

银行按照国家外汇管理局《直接投资外汇业务操作指引》直接审核办理境外直接投资项下外汇登记，国家外汇管理局及其分支机构通过银行对直接投资外汇登记实施间接监管（见表 5-3）。

表 5-3 国家外汇管理局相关规定

分类		规定内容
银行直接办理的事项	境外直接投资前期费用登记	(1) 境内机构（含境内企业、银行及非银行金融机构，下同）汇出境外的前期费用，累计汇出额原则上不超过 300 万美元且不超过中方投资总额的 15%。 (2) 境内机构汇出境外的前期费用，应列入其境外直接投资总额。 (3) 银行通过资本项目信息系统为境内机构办理前期费用登记手续后，境内机构凭《业务登记凭证》直接到银行办理后续资金购付汇手续。 申请材料： (1)《境外直接投资外汇登记业务申请表》。 (2) 营业资质许可（尚未办理“五证合一”的企业，还需提供组织机构代码证）。 (3) 境外投资资金来源证明、资金使用计划和董事会决议（或合伙人决议）、合同或其他真实性证明材料。 注意： 境内机构为其境外分支、代表机构等非独立核算机构购买境外办公用房的，需提交以下材料： (1)《境外直接投资外汇登记业务申请表》； (2) 境外设立分支、代表机构等非独立核算机构的批准/备案文件或注册证明文件 (3) 境外购买办公用房合同或协议； (4) 其他真实性证明材料。
	境内机构境外直接投资资金汇出	银行要求的审核材料主要有： (1)《境外直接投资外汇登记业务申请表》。 (2) 营业资质许可或注册登记证明及组织机构代码证（多个境内机构共同实施一项境外直接投资的，应提交各境内机构的营业资质许可或注册登记证明及组织机构代码证）。 (3) 非金融企业境外投资提供商务主管部门颁发的《企业境外投资证书》，金融机构境外投资提供相关金融主管部门对该项投资的批准文件或无异议函。

续 表

分类		规定内容
银行直接办理的事项	境内机构境外直接投资资金汇出	(4) 境外投资资金来源证明、资金使用计划和董事会决议(或合伙人决议)、合同或其他真实性证明材料。 (5) 外国投资者以境外股权并购境内公司导致境内公司或其股东持有境外公司股权的，另需提供加注的外商投资企业批准证书和加注的外商投资企业营业资质许可。 (6) 其他真实性证明材料。

点评：

企业开展对外投资之前，应针对具体投资项目向各部门确认具体流程及要求。同时，国家对于境外投资行业的政策可能随时变化，因此，投资者应当关注我国针对具体行业的境外投资政策，特别是敏感行业或国家战略不支持行业的政策变动，及时向相关部门咨询、核实。

（二）加拿大对建设工程的定义

加拿大工程师协会在《加拿大工程实践公共指南》中定义了工程实践。工程实践是指任何规划、设计、组成、评估、建议、报告、指导和监督，或管理上述任何一项的行为，需要应用工程原理，涉及生命、健康、财产、经济利益、公共福利或环境的保护。

该定义包含了三个要素：一是各种特定智力活动或其组合，二是工程原理的应用，三是维护社会利益。除非三个要素都存在，否则某项特定工作或事业不被视为工程实践。

该定义具有足够的广度，适用于工程工作的所有阶段，包括可行性研究、设计或规划、运营和报废。在加拿大每个省或地区，工程在立法中的定义可能不同或更具体，但一般来说，大多数监管机构都遵循这一定义。

（三）前期论证各子阶段

1. 投资机会研究

加拿大是全球最发达的经济体之一，制造业、高科技产业、服务业发达，资源工业、初级制造业和农业是国民经济的主要支柱，经济持续稳定增长，同时，土地面积大，矿产和农业资源丰富，是著名的农产品输出国，也是主要产油国之一。目前，加拿大商签了大量多双边贸易投资协定，为全球投资者提供了拥有 15 亿消费者，GDP 总量为 52 万亿美金的 51 个国家的市场优惠准入。

加拿大地理位置优越，是全球贸易的中枢。加拿大拥有全球一流的航空交通基础设施。加拿大的沿海港口开辟了直达海运线路，联通亚洲、欧洲和南美洲市场。五大湖地区也提供了进入美国市场的便捷渠道。加拿大一流的交通基础设施与加拿大可靠的贸易通道和门户一起为供应链和商业运作的持续发展提供了便利。

加拿大的工程承包机会主要来自能源（石油天然气勘探、采掘、管道工程和炼化工程等）和公共基础设施建设等领域。

（1）能源领域。

加拿大油气资源丰富，尤其是油砂、页岩油气和致密油气等非常规油气资源丰富，集中富集在加拿大西部的阿尔伯塔盆地。技术进步尤其是蒸汽辅助重力泄油技术的应用使得油砂资源得以经济开发，水平井和大型水力压裂技术使得致密储层的油气产量大幅度增加。

据《BP 世界能源统计年鉴 2021》和《BP 世界能源统计年鉴 2022》的数据，2020 年度加拿大原油剩余可采储量为 271 亿吨，占世界剩余可采储量的 9.7%，产储比 89.4，居世界第 3 位（仅次于委内瑞拉和沙特阿拉伯），其中 96%是油砂油储量。2021 年原油产量（含原油、页岩油、油砂、凝析油和天然气液）达到 2.67 亿吨，主要来自油砂，占世界总产量的 6.3%。原油产量中 63.3%是沥青油（53%是通过蒸汽辅助重力泄油技术开采的，47%通过矿采法开采）。加拿大成为世界第四大原油生产国，仅次于美国、沙特阿拉伯和俄罗斯。

近 20 年的《BP 世界能源统计年鉴》公布的加拿大天然气剩余可采储量基本维持在 1.6 万亿～2.0 万亿立方米，产量也有一定波动。2021 年加拿大天然气产量为 1723 亿立方米，占世界总产量的 4.3%，是世界第六大天然气生产国（前五位是美国、俄罗斯、伊朗、印度和沙特阿拉伯）。

加拿大待发现的非常规油气资源也非常丰富，主要也分布在阿尔伯塔盆地。非常规原油的可采资源量为 405.4 亿吨，占全球的 9.6%，其中油砂可采资源量为 384.7 亿吨，致密油为 12.4 亿吨，页岩油为 8.3 亿吨。非常规天然气为 16.2 万亿立方米，占全球的 8.3%，其中煤层气为 9.3 万亿立方米，致密气为 1 万亿立方米，页岩气为 5.9 万亿立方米。

我国的中国石油、中国石化、中国海油和中投公司已经率先在加拿大开展油气投资业务。

点评：

在油气领域投资特别需要注意美国能源市场对加拿大的影响以及加拿大严格的环境监管问题（2019 年加拿大实施了一项新的

重大能源项目影响评估程序，省级政府也对油气业的政策和监管施加重大影响，导致监管结构复杂）。

（2）公共基础设施建设领域。

加拿大负责基础设施建设的主要政府部门是加拿大基础设施部，负责牵头基础设施政策制定和项目实施，主要通过投资、建立伙伴关系、制定政策、实施项目和知识培育等来确保加拿大人受益于先进的现代公共基础设施。

加拿大基础设施部也提供资金支持，与省市、私营部门和非营利组织以及其他联邦部门和机构合作，建设加拿大基础设施。

通过“投资加拿大”计划，联邦政府正在对基础设施进行大规模投资，计划在 12 年内在公共交通、绿色基础设施、社会基础设施、贸易和运输基础设施以及农村和北部社区基础设施等方面提供 1800 多亿加元投资。

通过“投资加拿大基础设施”计划，联邦政府与各省和地区签订双边协议，拟定超过 330 亿加元的加拿大基础设施投资计划。该资金用于：

①投资建设、扩建和改善公共交通基础设施。

②扩展绿色基础设施。如开发与生产、运输、管理可再生资源，建筑节能，建设减灾、灾后复原能力，提升环境质量基础设施（废水和垃圾处理、饮用水系统升级）等。

③改善社区娱乐、生活基础设施。如改善文化基础设施建设（博物馆、土著遗迹开发）、升级娱乐设施（室内外娱乐空间）和社区基础设施（社区中心和图书馆）等。

④改善农村和北部社区基础设施。如改善道路、航空或海洋基础设施，改善宽带连接，改善教育或卫生设施等。

加拿大基础设施部的其他主要规划包括：

①在公共交通方面，通过公共交通基础设施基金，计划在2022年之后的8年内投资149亿加元，升级和改造加拿大的公共交通系统。这笔资金包括每年30亿美元的永久性、可预测的联邦公共交通资金，这些资金将从2026—2027年开始用于支持交通解决方案。

②在绿色基础设施方面，政府计划从2022年开始为期5年、耗资15亿加元的绿色和包容性社区建筑计划，支持对现有公共社区建筑进行绿色和无障碍改造、维修或升级，以及建造新的公共无障碍社区建筑，为加拿大各地的高需求、服务欠缺的社区提供服务。

③在社会保障基础设施方面，联邦政府于2017年推出“国家住房战略”，计划在未来11年拨款112亿加元建设普通民众能承担得起的住房。2019年加拿大启动“到家”计划，旨在预防和减少加拿大弱势群体无家可归的现象。该计划为城市、土著、农村和偏远社区提供资金，帮助他们解决当地无家可归的需求。该计划支持“国家住房战略”的目标，特别是支持最弱势的加拿大人维护安全、稳定和负担得起的住房。该计划预计投入40亿加元。

④在贸易和运输基础设施方面，联邦政府计划从2017年后的11年时间里向贸易和运输项目投资101亿加元。这项投资将建设更强大、有效的连接国际市场的运输走廊，帮助加拿大企业提高竞争力，为加拿大中产阶级创造更多就业机会。

⑤在农村和北部社区基础设施方面，由于农村和北部社区具有独特的基础设施需求，需要采取更有针对性的方法，政府将在从2017年后的11年内投资20亿加元，用以支持广泛的基础设施项目，并将以“基数加人均”的方式进行资金分配。政府还将投入4亿加元成立北极地区能源基金，用于改善北极地区的能源安全状况。

2. 初步可行性研究

建设项目可行性研究是项目意向经过投资机构研究认为具有投资的可能性后，进一步对拟建项目建议进行的粗略的技术经济分析。建设项目可行性研究主要内容一般如下：(1) 市场和生产能力；(2) 物料投入分析；(3) 坐落地点和厂址的选择；(4) 项目设计，包括项目总体规划、工艺设备计划、土建工程规划等；(5) 项目进度安排；(6) 项目投资与成本估算，包括投资估算、筹集资金渠道及初步筹集方案。

通过对加拿大拟建项目进行初步可行性研究，可以为以下决策建议提供依据：(1) 投资机会是否如此有希望，甚至根据初步可行性研究的结论就可作出投资决策；(2) 项目虽未能决策，但项目是否具有可行性，项目范围是否值得通过可行性研究进行详细分析；(3) 项目是否有一些方面对其可行性是关键性的，并且有必要通过职能研究或辅助研究（如市场研究、实验室试验、中间试验等）进行深入调查；(4) 项目建议经过初步可行性研究后，是否足以使投资者或投资者集团失去对项目的投资兴趣，或者判断项目建议没有可行性。

[**案例** 5-1]

加拿大 D 区块油砂项目初步可行性研究分析

D 区块位于加拿大阿尔伯塔省最大的沥青和重油（稠油）产区阿桑巴斯卡油砂区西南边缘，区块面积 293 平方千米。该区地理位置十分有利，距离东北部油砂产业重镇佛特麦克默瑞约 225 千米，距离重油炼化外销的重要节点城市埃德蒙顿约 300 千米。地表多为森林、沼泽和冰碛物沉积。工区东北和东南部毗邻大型稠油开发区。道路条件和输油管网等基础设施齐备。

在对研究区地理条件、路网、管道运输和港口等基础设施进行调研的基础上，对地理条件和地质条件进行分析评价。分析构造背景和构造作用对储集层发育的控制影响；研究古沉积环境，分析古沉积体系对储层的控制作用，具体包括沉积相、油砂体厚度及平面展布；研究油藏动静态资料，分析评估油藏流体性质和剩余油开发潜力；复算可采储量，制定开发方案，概算产量规模。

结合邻区同类型项目桶油成本和市场价格走势预期，制定投资预算方案。最后根据综合评价结果确定项目的可行性。其初步可行性研究的思路和流程如图 5-1 所示。

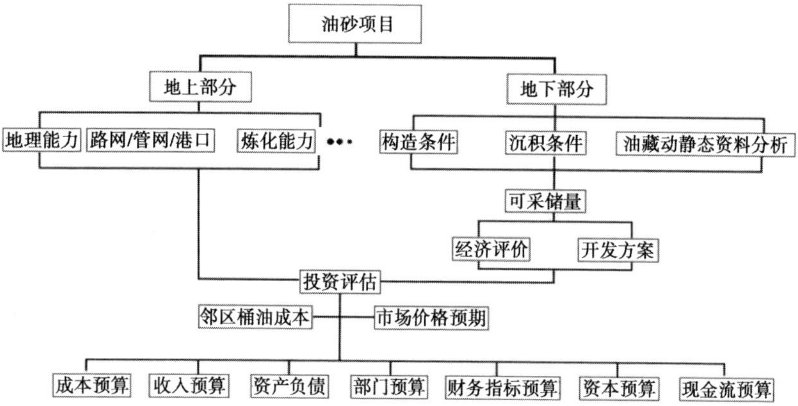

图 5-1　加拿大 D 区块油砂项目初步可行性研究方法

3. **可行性研究**

确定拟投资项目后，企业需要开展可行性研究。除财务可行性调研外，境外投资前期调研还应包括投资必要性、技术可行性、组织可行性、经济可行性等调研。

(1) 可行性研究框架。

①投资必要性。根据市场调查及预测的结果、有关产业政策等因素，论证项目投资建设的必要性。在投资必要性的论证上，一是做好

投资环境分析，对构成投资环境的各种要素进行全面的分析论证；二是做好市场研究，包括市场供求预测、竞争力分析、价格分析、市场细分、定位及营销策略论证等。

②技术可行性。应从项目实施角度，合理设计技术方案，并进行比选和评价。各行业不同项目技术可行性的研究内容及深度差别较大。工业项目可行性研究的技术论证应达到能明确列出设备清单的深度；非工业项目可行性研究的技术论证应达到工程方案初步设计的标准，以便与国际惯例接轨。

③组织可行性。制订合理的项目实施进度计划，设计合理的组织架构，选择经验丰富的管理人员，构建良好的协作关系，制订合适的培训计划等，以确保项目顺利执行。

④经济可行性。从资源配置的角度，衡量项目的价值，评价项目在实现区域经济发展、有效配置资源、增加供应、创造就业、改善环境等方面的效益。

⑤社会可行性。分析项目对当地社会的影响，包括经济发展、就业增加、法律道德、宗教民族、妇女儿童及社会稳定性等。

⑥风险因素及对策。对项目的市场风险、技术风险、财务风险、组织风险、法律风险、经济及社会风险等进行全面评价，制定能规避风险的对策。在加拿大开展投资、贸易、承包工程和劳务合作过程中，需特别注意在事前调查、分析、评估相关风险，事中做好风险防控等工作。可行性评估框架见表 5-4。

表 5-4 境外投资项目可行性评估报告框架（参考）

一、总论	五、项目经济效益估算
二、项目实施必要性分析	5.1 投资估算依据
2.1 项目宏观背景	5.2 项目总投资估算
2.1.1 宏观政经概况	5.3 项目收益估算
2.1.2 宏观政经形势判断	5.4 财务评价
2.2 项目必要性	六、项目组织机构与运作模式
2.3 项目必要性结论	七、项目实施进度方案
三、项目实施可行性分析	八、风险与规避措施
3.1 宏观政治经济条件对项目形成有力支撑	8.1 风险因素识别
3.2 地区产业经济环境有利于项目实施开展	8.2 风险影响程度评价
3.3 项目拟选址已初步具备项目实施条件	8.3 风险规避措施
3.4 结论	九、结论与建议
四、项目实施方案	9.1 可行性研究结论
4.1 建设规模与内容	9.2 项目实施关键建议
4.2 产品方案与产值预测	9.3 专家意见
4.3 项目技术方案	

（2）可行性研究应关注事项。

在编制可研报告时候，特别需要注意以下方面：

①做好尽职调查。对拟投资的项目展开全方位的尽职调查工作，包括财务尽职调查、商业运营尽职调查、税务尽职调查和法律尽职调查。

②确定交易价格范围。对投资项目进行全方位的财务测算，对宏观参数、政策变化、关键财务指标等因素进行敏感度分析，确定交易的价格范围。

③制定融资方案。明确融资需求，设计融资结构并制定资金安排计划。

④税务架构设计。供应链筹划，并开始税务架构的设计。

4. 项目评估及决策

通过前期的可行性研究内容收集整理，分析项目建设的必要性，对项目建设相关方面包括市场、生产规模评估、项目选址、建设条件、技术方案展开综合评估，在此基础上，进行项目投资估算、资金筹措以及财务基础数据的测算与评估；在基础数据评估基础上，进行项目财务效果评估、国民经济效益评估、环境影响评估、社会评估以及项目不确定性评估，并进行项目的总评估与决策分析。该阶段作为前期论证的总结性阶段，内容性和结构性必须全面，同时出具必要的总结报告文件供后期的项目后评价与二次经营使用。

对最终评估和决策阶段的相关建议如下：

（1）制定交易执行策略。综合考虑项目尽职调查工作发现、分析结果、融资需求等因素，并制定交易执行的策略，还需明确项目退出机制。

（2）商业谈判。明确谈判的要点，制定谈判策略和原则，交易保护条款；就项目运营控制权达成一致，明确公司治理相关事宜。

（3）相关部门审批。开始境内审批流程（商务部、国家外汇管理局等）和境外审批流程。

（4）新建项目。开始工程项目策划、管理、协调，预计相关咨询服务。

（5）建立风险管理体系。制定海外风险管理的相关政策和流程，建立公司海外风险监控体系，包括境外投资项目风险跟踪与内部审计等内容。

（6）完善与优化海外运营体系。设计与优化海外控股公司的管理模式与组织架构，明确业务活动的职能与授权体系，挖掘境外业务的协同效应。

（7）财务、税务和法务相关工作。

①制定财务管理的目标与工作计划，建立与完善海外财务管控体系；

②税务合规、税务优化、税务争议解决、转让定价、应对海关质疑及合规性管理等；

③准则差异分析和准则转换规划、定期上报财务报表、海外业务专项检查或审计、海外业务升级和资产证券化相关审计；

④项目运营相关法务工作。

（8）人力资源管理相关工作。

做好海外业务人力资源相关的管理工作，包括组织结构调整和岗位设计、能力评估、绩效考核、薪酬福利、个税申报等。

[**案例 5-2**]

加拿大 Carmacks-Stewart/Mingto 输电工程建设前期工作

该项目位于加拿大育空地区，育空地区地处加拿大西北部，有 1/10 土地面积位于北极圈内，环境复杂，气候严寒，其北部为连续性多年冻土带，南部为大面积非连续多年冻土（连续性多年冻土带分布范围较之 20 世纪 80 年代以前明显缩减）。

出于对冻土地区特殊自然资源与人文资源的保护，加拿大对于在此类地区的工程建设均有极为严格的限制和规定，将工程建设前期评估作为工程建设的首要环节，来确定其可行性。

首先需要进行工程实际需求分析，主要是基于对当地已建输电工程现状的考察，明确工程建设的目标和实质性功能。工程建设前期的实际需求分析不但将对工程最终的设计和实施有重要影响，而且也将是工程建成之后对其实际功能目标评估的重要依据，也是产生项目效益的主要部分。因此，必须证明工程建设是切实所需，而且必须为各界所认可，且是切身需要和经济可行的。

同时，还需要对该项目可能产生的环境效益、预期社会经济效益以及工程建设风险进行评估。

(1) 环境效益评估。

加拿大法律规定，对于可能对生态环境或特殊资源产生重要影响的工程，必须确保工程建设完全符合国家相关标准或将工程可能造成的不利影响降至最低才能获准建设。冻土地区对于生态环境变化极为敏感，而输电线路等大规模工程建设对冻土地区的生态环境会造成不容忽视的影响。

该项目的环境效应评估主要涉及三方面的内容：

一是土地及资源使用情况评估，对工程建设的土地使用情况、当地物种资源及文化资源的影响进行评估；二是可能产生的生物物理效应评估，主要涉及工程建设可能引起的地表侵蚀、植被破坏情况以及生态环境效应等；三是当地特殊资源影响评估，就工程对当地特殊生物、人文资源（包括特色文化资源）可能造成的潜在影响进行分析。

(2) 社会效益评估。

工程建设的预期社会效益评估主要关注工程建设给当地所带来的就业及培训机会、对纳税人的受益程度、对当地社区生活的影响、对文化景观/景点及文化遗产的影响以及对当地经济发展的促进作用等。

(3) 工程建设风险评估

工程建设风险评估的主要内容包括工程建设的可行性、工程建设的经济成本、工程建设的环境成本以及工程建设过程中所存在的不确定性等。

[**案例** 5-3]

2013 年 11 月，尼克森能源公司（2012 年 12 月已被中国海油收购）与不列颠哥伦比亚省签署了土地专营协议，拟对在鲁珀特王子港西侧的迪格比岛建造液化天然气处理厂及出口终端进行可行性评估，将尼克森能源公司在不列颠哥伦比亚省开采的页岩气液化后出口到亚太市场。根据原计划，名为极光 LNG 的项目总投资将达到 200 亿美元。原设计年产能为 2400 万吨，分两期建设，第一期年产能为 1200 万吨。2017 年 9 月 14 日，中国海油发布公告称，终止该项目可行性研究，主要原因是宏观经济环境不支持再开展大型液化项目。

点评：

在国外工程失败的例子比比皆是，我国“走出去”企业对项目投资的选择应更加谨慎，需要花更多的精力来进行前期研究和评估。

二、第二阶段：建设准备

（一）工程合同

1. 工程合同的作用与意义

合同是交易参与方之间权利、义务和风险分配载体，是当事人之间的“法律”。境外商事主体，特别是欧美企业，都十分重视交易文件，特别是合同文件的起草和谈判工作，做到交易文件的严谨、规范，保护己方利益。相对来说，我国企业对于交易文件的设计和管理较为粗放，合理利益的争取力度不够，所面临的合同风险更大。

在签订合同的时候，如招标文件中没有相关约定，中企特别需要慎重考虑所签合同模板的选择。一般在国外签订工程建设合同，合同示范文本一般来自三个方面：第一，国际上的通用合同示范文本，如国际咨询工程师联合会（FIDIC）公布的合同；第二，中国自己的建设工程合同示范文本；第三，所在国的建设工程合同示范文本。

点评：

中资企业赴加拿大承包工程必须全面了解相关的法律法规，并要严格遵守。在实际操作过程中重视合同签订，明确双方的权利义务，明确工程建设的工作范围、标准、质量、工期、合同形式、货币、支付方式、付款条件、保函要求、误期罚款、性能指标罚款、税收、保险、设备材料的交货方式、劳务国籍限制、产品标准认证等重要条款，严格按合同条款办事。如对方违反合同条款，应利用相关法律法规维护自身合法利益。

在进行国际合同评审时，须组建专业的合同评审小组，从头到尾仔细审核合同所有的相关条款及所有附件，避免遗漏任何潜在的风险。尤其是大多数国际合同签订所使用的语言为业主所在国家的语言，尽可能地用原合同版本语言进行逐条解析和评审，确认无误后再进行合同的翻译。在聘请专业翻译公司或者专业翻译人员进行翻译时，必须配备懂专业技术、法律等的相关人员进行配合，不仅要避免在翻译过程中由于懂语言不懂技术产生较大的歧义，也要避免由于不同语种语言对于专业词语定义的不同产生纠纷。

针对合同金额较大的国际EPC项目，各经营单位应合理评估自身管理水平，必要时可外聘具备充足海外经验的国内律所或项目所在国的当地律所，协助参与合同文本的评审，以提高评审效果。

中国对外承包工程商会为规范国际承包工程项目中国企业间分包合同，合理分配风险，维护当事人的合法权益，于2019年制定了《国际工程分包合同示范文本（2019年第1版）》，供中国总承包工程企业与中国分包工程施工企业、设计咨询公司、安装工程企业、设备和材料供货商在国际承包工程项目中使用。具体包括：

（1）《施工分包合同条件（适用于单价分包合同）》；

（2）《施工分包合同条件（适用于总价分包合同）》；

（3）《安装分包合同条件》；

（4）《设计分包合同条件》；

（5）《采购合同条件》。

2. 加拿大工程合同条件参考

加拿大公共服务和采购部发布的《标准采购条款和条件手册》列出了各类采购及合同的条款和一般条件，并说明了如何使用这些条款和条件。这对我国企业合法合规地签订工程承包合同有参考作用。

3. 常见加拿大工程合同计价方式

加拿大的工程项目在项目实施前期大量采用非总价承包方式，在初步设计完成后组织招标，招标过程往往以工程量清单报价，中标后随着工作量逐步清晰有时会再采用固定总价合同方式承包。

在北美和加拿大项目中一般不采用工程总承包（EPC）的模式。工程公司也不愿意做项目管理承包（PMC），因为，PMC往往仅仅是人工单价合同，通常，工程公司需要投入非常有经验的人员来完成。北美地区PMC不常用。采用PMC时，一般采用实报实销合同，主要是按人工时进行计费，并采取一定的激励政策。

4. 加拿大工程合同争议管理和投诉流程

在加拿大出现合同纠纷，可以寻求以下几个途径进行争议解决。

（1）与签订采购合同的机构直接协商解决。

招标公告中确定的招标单位负责采购，并可以解释该部门或机构解决合同纠纷的方法。订约当局的联系信息一般在合同文件的首页上。

（2）商业纠纷管理计划。

商业纠纷管理计划为任何在加拿大公共服务和采购部为订约方的合同中遇到困难的人或组织提供冲突预防和替代性争议解决服务，以帮助解决承包商对加拿大公共服务和采购部如何管理其采购和合同活动的担忧。

在以下情况承包商可以联系商业纠纷管理计划：

· 不知道下一步该采取什么措施来处理合同纠纷；

· 认为能从商业纠纷管理计划冲突解决专家的帮助中受益；

· 不知道向谁寻求帮助来解决问题；

· 正在寻求诉讼以外的选择。

希望商业纠纷管理计划来管理公共采购的合同纠纷可以在线提交需求（www. tpsgc-pwgsc. gc. ca）或通过以下方式联系商业管理计划办公室。

电子邮件：bdm. gcc@ tpsgc-pwgsc. gc. ca；

电话：1-833-8313438。

（3）采购监察员办公室。

采购监察员办公室是加拿大政府的一个中立和独立的组织，帮助解决企业与联邦政府之间的合同纠纷。该办公室开展纠纷调查投诉并提供争议解决服务。此外，该办公室还审查了加拿大联邦合同中存在的广泛问题，并就如何改进这些问题提供建议。

采购监察员办公室审查合同额低于25300加元的供货合同和低于101100加元的服务合同的投诉，以及供应商参与的合同管理的投诉（无视合同额）。采购监察员办公室鼓励供应商提出任何采购问题。该办公室有权审查系统性采购问题，并向联邦政府提供建议，以促进联邦采购的公平、公开和透明。如果供应商有以下情况，可以联系采购监察员办公室：

· 联邦政府合同相关的投诉和管理问题；

· 与联邦政府的合同纠纷需要快速、免费的解决服务。

当发生与合同条款和条件的解释和应用有关的争议时，采购监察员提供替代性争议解决服务。合同的一方可以请求服务，无论是供应商还是联邦组织。由于该方式的自愿性，合同双方必须一致同意。该办公室的替代性争议解决服务为各方提供了一个在中立的环境中聚集在一起参与保密、公开和建设性对话的机会。该办公室训练有素的调解员在其中起积极作用。

（4）加拿大国际贸易法庭。

加拿大国际贸易法庭审查有关贸易协定涵盖的联邦政府相关的合同投诉。当事人试图直接与订约当局解决争端，以及如果该合同至少包括在一个贸易协定中（在招标公告中列出）且订约当局可能存在违反贸易协定义务的行为时可以联系加拿大国际贸易法庭进行纠纷解决。

（5）竞争事务局。

竞争局是一个独立的执法机构，当涉及不正当竞争的合同纠纷问题可以联系该部门。

点评：

当产生合同纠纷时，建议首先尝试通过与订约当局协商解决争议，也可以联系采购监察员办公室，审查所有纠纷解决途径。

（二）对外承包工程资质及工程许可

1. 中国对外承包工程资质

现在我国对外承包工程的相关国家规定是《对外承包工程管理条例》（2017年修订版）。修订版中将原来《对外承包工程管理条例》第二章“对外承包工程资格”全部删除。这意味着民营建筑企业与央企一样，不再受对外承包工程资质的限制。

根据2017年修订的《对外承包工程管理条例》第十六条规定，对外承包工程的单位与境外工程项目发包人订立合同后，应当及时向中国驻该工程项目所在国使（领）馆报告。

根据对外承包工程项目备案管理规定，在境外工程项目投（议）标前，中企需要向国内商务主管部门办理项目备案手续；在订立合同后，及时向中国驻加拿大大使馆经商参处报告。报告请书面提交项目具体信息，包括但不限于项目名称、金额、资金来源、业主、地点、签约日期、开工日期、工期、项目内容、中外员工数量等，并附《对外承包工程项目备案表》，对于未按规定进行报告的，记入负面清单。

2. 加拿大工程承包资质与工程许可

加拿大通过对建筑承包商和专业人员（工程师或技工）评审认证并发放资质，实行工程承包资质管理。这是加拿大政府实行建筑活动管理的重要手段，旨在保护业主的利益，确保工程的安全和质量。

（1）工程专业人员资质要求。

在加拿大，要从事工程和使用职称的工程师，必须获得该职称的省/地区的工程监管机构的许可。监管将公共安全风险降至最低，并确保这些活动由持牌工程师进行，这些工程师遵守高专业和道德标准，要求他们为公共利益工作。

工程监管机构是加拿大工程师协会的下属机构。为各省工程师协会制定一致的实践标准，方便加拿大工程师在各省流通以及确定新类型的工程实践内容。

①认定工程师的五个标准。

各省/地区工程师执业资质的具体要求因监管机构而异，但一般来说，必须满足五个标准：

·学历：持有加拿大工程认证委员会认可的本科课程的工程学位或拥有同等资格。

·工作经历：满足申请执照的省或地区的工程工作经验要求。

·专业精神和道德规范：通过专业实践考试，该考试考察相关人员对影响工程专业的法律、专业标准、道德规范以及其他方面（如专利、商标和版权）的了解。

·品行：相关人员必须表现出良好的品格。

·语言：相关人员必须证明有能力用英语或法语工作，具体取决于申请执照的省或地区。

②外国人在加拿大注册工程师。

外国人要成为加拿大的持牌工程师，必须获得加拿大省或地区工程监管机构之一的许可。但是，即使没有获得监管机构的许可，外国务工人员仍然可以开始从事工程工作，只要受到对该人员的工程工作承担专业责任的持牌工程师的监督。

外国人要获得工程许可证，必须通过文件、评估、面试和/或测试的组合提供证明，证明满足五项要求，即学历（获得了工程教育）、工作经历（认可加拿大外的工作经验）、专业精神和道德规范、品行和语言。外国人可以在赴加拿大之前开始申请流程。申请人被要求提供的证明文件可能会有所不同，具体取决于申请许可的省/地区工程监管机构。

点评：

加拿大认可国外工作经验，但仍需申请人有一定的当地从业经验。申请人需要证明有能力使用加拿大的两种官方语言（法语和英语）之一。申请人需要的语言取决于计划工作的省份。在魁北克，法语是必需的；而在新不伦瑞克省，英语或法语都是可以接受的；在所有其他省份，英语都是必需的。

③跨省/地区的工程师资质互认。

工程师需要在其打算执业的每个省或地区获得执照。加拿大自由贸易协定规定，在一个省或地区获得许可的工程师必须被另一个省或地区的监管机构承认有资格工作，而无须经过重要的额外培训、工作经验、考试或评估，除非有例外情况。这对于劳动力流动和确保在全国范围内提供工程技能和知识非常重要。

④国际的工程师资质互认。

加拿大工程师协会是几项专业工程协议的加拿大签署方，这些协议通过提高加拿大工程师在国外工作的能力和国际工程师在加拿大的执照来促进流动性。这些协议旨在通过参与国之间的有效监管和快速许可来保护公众并保持工程专业的良好声誉。这些国际协议为这些机构的持牌工程师提供在加拿大同等水平的执照，反之亦然。

加拿大工程师协会是两项跨国协议的签署方：

· 国际专业工程协议，合格的工程师可以使用国际专业人员称号。

· 亚太经济合作协定，适用于 APEC 成员经济体，合格的工程师可以使用 APEC 工程师称号。

这两项多国协议承认工程专业能力的“实质等同”。

在加拿大每个省或地区都规范其管辖范围内的工程实践，这意味着只有省或地区监管机构才能决定是否批准特定国家的专业工程协议并将其应用于其许可程序。

⑤加拿大各省/地区的工程资质要求。

联邦政府和各省/地区对工程人员资质的要求有不同的规定，表5-5 列出了加拿大各省/地区对工程人员资质的要求。

表 5-5　工程专业人员资质要求

工程专业人员	AB	BC	MB	NB	NL	NS	NNWT	PEI	ON	QC	SK	YK
砌筑工	×	×	×	▲	×	▲	×	×	×	▲	×	×
木工	×	×	×	×	×	×	×	×	×	×	×	×
家具工	×	×	×	×	×	×	×	×	×	×	×	×
电工	▲	△	▲	▲	▲	▲	◆	△	△	▲	△	△
地板安装工人	×	×	×	×	×	×	×	×	×	×	×	×
燃气安装工	▲	◆	△	△	▲	△	◆	×	▲	▲	△	△
住宅建筑商	×	×	×	×	×	×	◆	×	×	△	×	×
验房师	△	×	×	×	×	×	×	×	×	×	×	×
锅炉技工	×	×	×	▲	×	△	◆	△	▲	▲	▲	△
油漆工	×	×	×	×	×	×	×	×	×	×	×	×
给排水工程技工	▲	×	▲	△	×	▲	×	△	▲	▲	▲	×
制冷/空调机械师	▲	◆	▲	▲	▲	▲	×	×	▲	▲	▲	×
屋面工程工人	×	×	×	×	×	×	×	×	×	×	×	×
钣金工	▲	×	×	×	×	▲	×	×	▲	▲	▲	×
瓷砖工	×	×	×	×	×	×	×	×	×	▲	×	×

资料来源：加拿大 TrustedPros 网站。

注：

1. ×代表没有资质要求，△代表需要许可，▲代表需要人员资格证书，◆代表许可证持有人必须有执照或证书。
2. 加拿大各省/地区简称说明：AB 为阿尔伯塔省，BC 为不列颠哥伦比亚省，MB 为曼尼托巴省，NB 为新不伦瑞克省，NL 为纽芬兰-拉布拉多省，NS 为新斯科舍省，NNWT 为努纳武特和西北地区，PEI 为爱德华王子岛省，ON 为安大略省，QC 为魁北克省，SK 为萨斯喀彻温省，YK 为育空地区。

·阿尔伯塔省承包商资质要求。

阿尔伯塔省高等院校对工程技工进行认证。所有从事“指定行业”的技工必须持有资格证书。燃气钳工、水管工和电工必须持有资格证书。电工可能需要额外的执照和许可证，具体取决于市政要求。此外，建筑许可要求根据阿尔伯塔省建筑规范、燃气规范和管道规范中概述的规则而有所不同。总体而言，承包商必须拥有阿尔伯塔省服务局颁发的许可证。红印章认证也可用于跨国工作流动。

点评：

加拿大专业人员资质分国家红印章认证和省级资格证书。

·不列颠哥伦比亚省承包商资质要求。

不列颠哥伦比亚省的行业培训局对建筑项目人员资质进行监管和监督。所有从事“受监管行业”的人员都必须持有资格证书。电工、燃气装配工、制冷和空调机械师以及住宅建筑商必须拥有适当的许可证。如果是建筑项目，必须持有强制性不列颠哥伦比亚省建筑许可证以及强制性保修保险。各种劳动力流动法案允许相关人员在不列颠哥伦比亚省和加拿大其他省份之间自由工作。红印章认证也可用于跨国工作流动。

·曼尼托巴省承包商资质要求。

曼尼托巴省工程从业人员易受《学徒和认证法》管制。受监管行业要求相关人员拥有资格证书和适当的执照才能在该领域工作。其中包括了砌砖、电气、管道、制冷和空调机，以及锅炉技工。压力气体技工必须拥有 G1 或 G2 许可证才能在该领域工作。电工必须获得资格证书。如果市政当局要求，技工必须获得布线许可证、建筑许可证或管道许可证。劳动力流动法案使学徒和熟练工人能够在沿海省份自由工作。红印章认证也可用于跨国工作流动。

· 新不伦瑞克省承包商资质要求。

新不伦瑞克省政府的大多数行业不需要许可证。但是，新不伦瑞克省政府要求该省大多数行业获得资格证书。电工、压力气体工人和水管工需要获得许可。

· 纽芬兰-拉布拉多省承包商资质要求。

纽芬兰-拉布拉多省的学徒和行业认证司对建筑项目资质进行监管和监督。受监管行业要求从业者在现场工作之前持有资格证书和/或执照。受监管行业包括：电气、燃气配件、管道、制冷和空调相关行业。电工在开始项目之前必须拥有承包商注册证书和电气许可证。市政许可要求根据行业类型各不相同。受认证的学徒和熟练工人能够在沿海省份自由工作。红印章认证也可用于跨国工作流动。

· 新斯科舍省承包商资质要求。

新斯科舍省劳动和劳动力发展办公室监测该省的受监管行业。指定行业要求从业者在现场工作之前必须有资格证书和学徒证书。这些行业包括：砌筑、锅炉系统、管道、制冷和空调机械、建筑电气和燃气配件（需要额外的许可）相关行业。在项目开始之前需要电气许可证。施工许可证取决于市政当局。劳动力流动法案使相关人员能够在沿海省份自由工作。红印章认证也可用于跨国工作流动。

· 努纳武特和西北地区。

该地区的教育、文化和就业部负责监管该地区的受监管行业。在这两个地区，强制性行业要求从业人员在现场工作之前获得资格证书。此类行业包括：电气（需要进一步许可）以及制冷和空调（需要额外许可）。许可证要求（例如建筑、占用和管道许可证）取决于市政法规。红印章认证可用于跨国工作流动。

· 安大略省承包商资质要求。

安大略贸易学院负责监管安大略省内的受监管行业。该学院向强制性行业颁发资格证书，并监督省内的行业人员。学院可以对未注册和未获得证书的从业人员进行处罚。电气安全局和电气承包商注册局帮助监督本省的电工。电工必须持有资格证书和有效的电气承包商执照。一些水管工必须获得许可，并拥有资格证书。燃气和石油技术员以及制冷和空调技师必须有资格证书才能在该领域工作。市政法规规定了个别项目的许可要求。红印章证书可用于跨国工作流动。

· 爱德华王子岛省承包商资质要求。

爱德华王子岛省政府对该省的行业进行监督。强制性行业要求从业者在现场工作前必须持有资格证书。建筑电工和水管工在现场工作前必须获得资格、认证并持有相应的许可证。热罐安装工和制冷与空调技工在现场工作前必须获得认证和许可。劳动力流动法案使学徒和工匠能够在沿海各省自由工作。红印章证书也可用于跨国工作流动。

· 魁北克省承包商资质要求。

魁北克省建筑业公司与魁北克建筑委员会、魁北克就业委员会和魁北克省建筑业委员会一起严格管理全省的承包工程行业。每个组织都监管和认证不同的行业。在强制性行业，要求从业者在现场工作之前获得资格证书和许可证。认证和许可行业包括：电气、燃气配件、管道和制冷机械。许可证取决于市政法规。红印章认证适用于跨国工作流动。

· 萨斯喀彻温省承包商资质要求。

萨斯喀彻温省政府关系部对煤气工人和电工进行认证。萨斯喀彻温省学徒和贸易认证委员会监管该省的所有其他行业。强制性行业要求从业者在该领域工作之前获得资格证书。完成学徒期的人将获得熟练工认证，该认证允许跨国工作流动性。红印章认证也可用于跨国工作流动性。建筑电工、水管工、制冷和空调技工必须同时拥有这两项认证。此外，建筑电工和燃气安装工在现场工作之前必须获得许可。电力、煤气和建筑许可证取决于市政章程。

· 育空地区。

育空地区教育部对该地区的行业进行认证。受监管的行业要求从业人员在现场工作前必须获得资格证书。受监管的包括燃气管道、电气和锅炉技工。燃气装配工必须有执照。所有承包商必须拥有有效的承包商执照。在该地区，建筑（与管道工程相结合）许可证是必要的。电气许可证是必要的，但只有专业人士和业主可以获得。红印章认证适用于跨国工作流动。

点评：

由于许可要求可能发生变化，因此请务必与省和地方市政办公室联系，以验证是否已进行任何更新或是否需要其他许可证。

（2）工程企业承包资质。

联邦政府和各省/地区对工程企业的承包资质要求有不同的规定，具体可以查询当地的建筑局或市政部门。以下以魁北克省为例，来说明加拿大对工程企业承包资质的要求。

在魁北克省，任何从事建筑工程项目的企业，必须获得魁北克省管理局的许可。任何人在任何时候无证从事需许可工作均属违法行为，可处以重罚。如果承包商及其分包商没有持有与从事项目所相符的许可资质，也可以处以巨额罚款。

在该省，主要受监管的建设工程项目包括：建筑工程项目、电气工程项目、天然气工程项目、石油设备工程项目、压力容器项目和管道工程项目。许可证类别主要分为4类：总承包商资质、专业工程承包商资质、总建设单位（业主）资质、专业工程建设单位（业主）资质。

①总承包商资质。

任何承包商的主要活动包括组织、协调、执行或已经执行全部或部分由以下 11 个子类之一授权的建筑工程，都需要获得总承包商资质：

1.1 新建住宅承包商

1.2.1 一类担保计划覆盖的新建住宅

1.2.2 二类担保计划覆盖的新建住宅

1.2 小型建筑承包商（被包含在 1.3 中）

1.3 所有建筑承包商

1.4 道路和干线承包商

1.5 土木工程结构承包商

1.6 水下土木工程承包商

1.7 电信工程、输变电和配电工程承包商

1.8 石油设备安装承包商

1.9 建筑机械承包商

1.10 机械电梯承包商

点评：

以上编码按魁北克省《许可证子类列表》编排，或有编号中断、跳跃。下文一样。

②专业工程承包商资质

任何主要活动包括进行或已经进行下列 49 个子类别之一的建筑工作的承包商都需要专业承包商资质。

2.1 钻井工程

2.2 非钻探集水结构工程

2.3 地下水泵送系统工程

2.4 私人污水处理系统工程

2.6 桩基和特殊基础工程

2.8 爆破工程

3.1 混凝土结构工程

4.1 砌体结构工程

5.1 金属结构和预制混凝土构件工程

6.1 木结构工程

10.0 固体燃料局部供热系统工程

11.1 加压工业或机构管道工程

13.1 防雷工程

13.2 火灾报警系统工程

13.3 灭火系统工程

13.4 本地灭火系统工程

14.1 客运和货运电梯工程

14.2 肢体残疾人电梯工程

14.3 其他类型的电梯工程

15.1 脉冲空气加热系统工程

15.2 天然气燃烧器工程

15.3 燃油燃烧器工程

15.4 循环加热系统工程

15.5 管道工程

15.6 丙烷工程

15.7 住宅通风工程

15.8 通风工程

15.9 小型制冷系统工程

15.10 制冷工程

16.0 电气工程

17.1 仪表和控制系统工程

2.5 挖掘和土方工程

2.7 现场工作

3.2 小型混凝土

4.2 非结构砖石、大理石和陶瓷

5.2 金属制造

6.2 木材和塑料制品

7.0 绝缘、防水、屋顶和壁板

8.0 门窗

9.0 室内装修

11.2 特殊设备和产品

12.0 制造橱柜和台面

13.5 预制或特殊安装

17.2 对讲机、电话和监控

③总建设单位（业主）资质。

任何主要活动包括组织、协调、实施或已经实施全部或部分由以下9个子类之一授权的建筑工程的业主建筑商都需要总业主建筑商许可证：

1.2 小型建筑（被包含在1.3中）

1.3 所有建筑

1.4 道路和干线承包商

1.5 土木工程结构承包商

1.6 水下土木工程承包商

1.7 电信工程、输变电和配电工程承包商

1.8 石油设备安装承包商

1.9 建筑机械承包商

1.10 机械电梯承包商

④专业工程建设单位（业主）资质。

任何主要活动包括进行或已经进行下列36个子类别之一的建筑工作的承包商都需要专业工程建设单位（业主）资质。

2.1 钻井工程

2.2 非钻探集水结构工程

2.3 地下水泵送系统工程

2.4 私人污水处理系统工程

2.6 桩基和特殊基础工程

2.8 爆破工程

3.1 混凝土结构工程

4.1 砌体结构工程

5.1 金属结构和预制混凝土构件工程

6.1 木结构工程

10.0 固体燃料局部供热系统工程

11.1 加压工业或机构管道工程

13.1 防雷工程

13.2 火灾报警系统工程

13.3 灭火系统工程

13.4 本地灭火系统工程

14.1 客运和货运电梯工程

14.2 肢体残疾人电梯工程

14.3 其他类型的电梯工程

15. 1 脉冲空气加热系统工程

15. 2 天然气燃烧器工程

15. 3 燃油燃烧器工程

15. 4 循环加热系统工程

15. 5 管道工程

15. 6 丙烷工程

15. 7 住宅通风工程

15. 8 通风工程

15. 9 小型制冷系统工程

15. 10 制冷工程

16. 0 电气工程

17. 1 仪表和控制系统工程

（3）建筑施工许可。

建筑施工许可是各市政府对建筑工程监管的重要手段。如多伦多市政府城市发展局负责建筑施工许可证的颁发。城市发展局内设的建筑部门官员、各类专业高级工程师负责全市建筑工程的检查。检查的方式有强制性检查、紧急情况出现后的检查、消防检查、投诉检查、一般性检查、特殊标志和区域的检查。温哥华市政府设有建筑施工许可和监督管理处，负责全市建筑工程的检查工作，近年来检查的重点主要集中在消防、抗震、环境影响、无障碍设施和个人安全防护设施等方面。

根据世界银行《2020 年加拿大营商环境报告》，以多伦多的一家建筑企业建设一个大型仓库的建筑手续办理为例，需要办理的建筑许可如表 5-6 所示。

表 5-6　某建筑项目工程许可手续办理

序号	程序	时间	费用（加元）
1	与市政当局进行初步项目审查 受理机构：多伦多市政部门 说明：初步项目审查是对提案的审查，以确定其是否符合该市的区划法规。	30 天	547
2	申请并获得区划证书（zoning certificate） 受理机构：首席建筑控制师 说明：根据多伦多市政法规第 363-3.1 章，在申请建筑许可证之前必须获得区划证书。区划证书的费用为规定的建筑许可总费用的 25%。一旦收到申请并付款，申请将被分发给城市部门和外部机构进行详细的技术审查和讨论。在支付申请费后的 30 天内，将向申请人提供一份关于申请是否完整的书面通知，申请人将被分配一个 STAR 流（STAR stream）和申请文件编号	30 天	3716
3	获得市政当局的规划图批准 受理机构：多伦多市政局 说明：建议事先咨询市政府工作人员（规划部门）。这一步骤将有助于在以后的过程中节省时间。本申请需要多份文件，包括现场平面图、楼层平面图、立面图和雨水管理设施平面图。 根据安大略省《规划法》第 41 节的规定，现场平面图控制是立法规定的，允许城市审查和控制拟建项目的重要方面，例如建筑场地、景观美化、行人通道、停车场、外部设计和外观，雨水管理和废物处理。 市政当局将现场计划提交消防部门审批。在某些情况下，市议员将参与现场规划的审查，规划师可能会要求社区咨询。这一过程可能需要 3 个月至 9 个月，具体取决于场地规划的复杂性、政治利益以及申请人为满足市政要求的修订时间。	180 天	31042

续 表

序号	程序	时间	费用（加元）
4	获得建筑许可证 受理机构：多伦多市政部门 说明：建筑许可证由多伦多市颁发。建筑公司必须在施工现场张贴建筑许可证。 在某些情况下，市政府可以在规划许可之前开始审查建筑许可证申请。届时，市政府可签发临时建筑许可证。然而，在获得规划图批准之前，不能签发最终建筑许可证。建筑许可证和规划许可由不同的市政部门颁发。规划图审批需要验证规划是否符合城市规章制度，建筑许可证申请审查分析技术问题。 《安大略省建筑规范》要求，除了包括所有设计计划和地块信息外，还必须包括由建筑师、机械设计师和电气设计师填写的确保能源效率的表格。	15 天	11149
5	请求并接受地基工程检查 受理机构：多伦多市政部门 说明：市政部门的建筑检查员在施工的关键阶段审查项目，以确保工程符合建筑规范和批准的计划。检查前，检查人员需至少提前 48 小时通知施工现场管理人员。	1 天	—
6	请求并接受框架检查（frame inspection） 受理机构：多伦多市政部门 说明：市政部门的建筑检查员在施工的关键阶段审查项目，以确保工程符合建筑规范和批准的计划。检查人员需至少提前 48 小时通知施工现场管理人员。	1 天	—
7	请求并接受排水系统检查（drainage inspection） 受理机构：多伦多市政部门 说明：市政部门检查人员需至少提前 48 小时通知施工现场管理人员。该项检查是在完工后，回填和准备测试前进行的。	1 天	—

续 表

序号	程序	时间	费用（加元）
8	请求并接受卫生检查（sanitary inspection） 受理机构：多伦多市政部门 说明：市政部门检查人员需至少提前 48 小时通知施工现场管理人员。该项检查是在完工后，回填和准备测试前进行的。	1 天	—
9	请求并接受管网系统检查（plumbing inspection） 受理机构：多伦多市政部门 说明：市政部门检查人员需至少提前 48 小时通知施工现场管理人员。该项检查是在完工后，回填和准备测试前进行的。	1 天	—
10	获得供水和污水处理服务的连接 受理机构：多伦多水务公司 说明：该项工作只能在获得现场规划审批后才能完成。多伦多市在 2008 年实施了一项流程，由 8 家上市承包商中的任何一家执行连接工作。提交申请后，市政府会向承包商发出报价单（RFQ）。根据报价单选择所需的承包商并收取定金。多伦多水务公司通过向经批准的多伦多市承包商名册招标来估算成本。费用随后会通知申请人，要求申请人在施工前支付所有费用。一旦工作完成，将确定实际成本。	14 天	7500
11	请求并接受消防部门检查 受理机构：多伦多市消防局	3	—
12	接受最终检查，并获取使用许可 受理机构：多伦多市政部门	1	—

资料来源：世界银行《2020 年加拿大亚营商环境报告》。

（三）境外工程建筑规范及技术标准

从规范层面来讲，加拿大对工程建设行业的规范文件主要分为两大类，一类是规范类规范，另一类是标准类规范。

1. 规范类规范

加拿大有两个层面的规范，一个是联邦层面的，一个是省/地区层面的。

目前，加拿大在联邦层面制定颁布有《加拿大国家住宅法案》，该法案用于促进新建住宅建设、既有住宅修复和翻新，改善住房和居住条件，其中的“住宅”指不超过两个住户单元的用于居住的建筑结构或可移动结构。

虽然加拿大在联邦层面没有与我国《建筑法》相对应的法律，但是加拿大颁布有 5 部国家模式规范，分别是《国家建筑规范》《国家消防规范》《国家管路系统规范》《国家建筑节能规范》《国家农场建筑规范》。加拿大模式规范的编制管理工作由加拿大国家研究院下设的加拿大建筑规范协调委员会负责，这些国家规范每 5 年进行一次全面修订，并出版发行。现阶段最新版本为 2020 年版。

《国家建筑规范》是加拿大建筑规范体系中最重要的一部，是加拿大各省和地区政府制定建筑法规的基础，涵盖新建建筑的设计、建造，以及既有建筑物的改造、用途变更和拆除。包括建筑、结构、机电、给排水、暖通等所有内容。

《国家消防规范》针对一般建筑物和存放危险品建筑物作出最低的防火安全规定，以及给出建筑物和附属设施的防火安全规定。

《国家建筑节能规范》涵盖建筑物和住宅建造节能技术规定。

《国家管路系统工程规范》包括建筑物和附属设施给排水系统的

设计和安装。

《国家农场建筑规范》包括农业建筑方面的特殊规定，适用于低人口密度的农场建筑，包含人体健康、消防安全和结构安全的最低要求。

加拿大宪法赋予了其13个行政区对于工程建设的立法和司法管辖权。个别市也对其辖区内的工程建设拥有司法管辖权。因此，上述模式规范本身并不具有法律效力，只有被地方建筑法律法规采纳，才具有法律效力。地方议会制定颁布地方建筑法律法规，地方市政当局组织制定和发布地方建筑规范。有些地方直接引用国家模式规范；有些地方在国家模式规范的基础上，进行修改和补充，形成地方建筑规范；也有些地方制定并发布自己的建筑规范，但其建筑规范并非基于国家模式规范。如安大略省建筑规范、不列颠哥伦比亚省建筑规范等。近期相应的规范见表5-7。

表5-7　加拿大建设工程行业规范

加拿大联邦规范		
2020年	National Building Code of Canada 2020	2020年加拿大国家建筑规范
	National Fire Code of Canada 2020	2020年加拿大国家消防法典
	National Plumbing Code of Canada 2020	2020年加拿大国家管路系统规范
	National Energy Code of Canada for Buildings 2020	2020年加拿大国家建筑能源规范
2017年	National Energy Code of Canada for Buildings 2017	2017年加拿大国家建筑能源规范

续 表

加拿大联邦规范		
2015 年	National Building Code of Canada 2015	2015 年加拿大国家建筑规范
	National Fire Code of Canada 2015	2015 年加拿大国家消防法典
	National Plumbing Code of Canada 2015	2015 年加拿大国家管路系统规范
	National Energy Code of Canada for Buildings 2015	2015 年加拿大国家建筑能源规范
	2015 editions of Codes Canada publications：Significant technical changes	2015 年版加拿大法规重大技术变化说明
省级规范		
National Building Code – 2019 Alberta Edition		国家建筑规范（2019 年阿尔伯塔省版）
National Fire code – 2019 Alberta Edition		国家消防法规（2019 年阿尔伯塔省版）
Alberta Building Code – 2014		2014 年阿尔伯塔省建筑规范
Alberta Fire Code 2014		2014 年阿尔伯塔省消防法规
Quebec Construction Code，Chapter I–Building，and National Building Code of Canada 2015（amended）		魁北克省建筑规范第 I 章：建筑，以及加拿大 2015 年国家建筑规范（修订）
Quebec Construction Code，Chapter III – Plumbing，and National Plumbing Code of Canada 2015（amended）		魁北克省建筑规范第 III 章：管道，以及加拿大 2015 年国家管路系统规范（修订）
Quebec Construction Code，Chapter I. 1 – Energy Efficiency of Buildings，and National Energy Code of Canada for Buildings 2015（amended）		魁北克省建筑规范第 I. 1 章：建筑物的能源效率，以及加拿大 2015 年国家建筑能源规范（修订）

续 表

省级规范	
Quebec Construction Code – Chapter I, Building, and National Building Code of Canada 2010 (amended)	魁北克省建筑规范第 I 章：建筑，以及加拿大 2010 年国家建筑规范（修订）
Quebec Construction Code, Chapter III, Plumbing, and National Plumbing Code of Canada 2010 (amended)	魁北克省建筑规范第 III 章：管道，以及 2010 年加拿大国家管路系统规范（修订）
Quebec Safety Code, Chapter VIII – Building, and National Fire Code of Canada 2010 (amended)	魁北克省安全规范第 VIII 章：建筑，以及加拿大 2010 年国家消防规范（修订）
Quebec Construction Code, Chapter I – Building, and NBC 2005 (amended)	魁北克省建筑规范第 I 章：建筑，以及加拿大 2005 年国家建筑规范（修订）
Quebec Construction Code, Chapter III – Plumbing, and NPC 2005 (amended)	魁北克省建筑规范第 III 章：管道，以及 2005 年加拿大国家管路系统规范（修订版）

点评：

上述建筑规范及各省制定的建筑规范可直接通过加拿大国家研究院出版物档案馆获取免费电子格式版本。

加拿大宪法赋予十个省和三个地区对建筑的管辖权。一些城市也通过与省级当局的特殊关系拥有建筑管辖权。

此外，加拿大还发布了加拿大国家建筑总体规范（National Master Construction Specification，NMS），作为工程建设设计的总体框架模板。

NMS 包含建筑物和基础设施的模型设计和施工规范，并包括许多加拿大专家在规范、合同文件和施工技术方面的意见。它包含 100 多个设计主规范和 750 个施工主规范，提供英语和法语版本。NMS 旨在供联邦政府、其他公共组织和私营部门公司用于准备建筑或翻新合同文件。目前，加拿大政府正在使用它作为一种工具，使用可衡量的绩效目标和规范程序来推进其绿色采购政策的目标。NMS 会持续审查和更新（每年的 1 月、4 月、7 月和 10 月各发布一次）。NMS 内容包括两部分，具体框架内容见表 5-8。

表 5-8　NMS 框架内容

第一部分　设计规范	第二部分　建筑规范
1000 - 简介 A - 子结构 B - 外壳 C - 内饰 D - 服务 E - 设备和家具 F - 特殊建筑和拆除 G - 建筑工地 Z - 通用	第 00 章 - 采购和合同要求 第 01 章 - 一般要求 第 02 章 - 现有条件 第 03 章 - 混凝土 第 04 章 - 砌体 第 05 章 - 金属 第 06 章 - 木材、塑料和复合材料 第 07 章 - 隔热和防潮 第 08 章 - 门与窗户 第 09 章 - 饰面 第 10 章 - 专业 第 11 章 - 设备 第 12 章 - 家具 第 13 章 - 特殊结构 第 14 章 - 输送设备 第 21 章 - 灭火 第 22 章 - 管路系统 第 23 章 - 暖通空调（HVAC） 第 25 章 - 集成自动化

续 表

第一部分　设计规范	第二部分　建筑规范
	第 26 章 - 电气 第 27 章 - 通信 第 28 章 - 电子安全和安保 第 31 章 - 土方工程 第 32 章 - 外部改进 第 33 章 - 公用设施 第 34 章 - 运输 第 35 章 - 水路和海上施工 第 42 章 - 工艺加热、冷却和干燥设备 第 44 章 - 污染控制设备

2. 标准类规范

加拿大规范的条文一般具备通用性和高度指引性质，包括从建筑类别重要性等级，到荷载、计算方法、设计准则等所有纲领性条文和要求。但涉及具体的材料设计要求如混凝土结构设计、钢结构设计等，规范会指向另一大类别的标准类规范。

加拿大建筑结构设计相关的标准类规范绝大部分是由一个国家层面的标准制定组织来制定。具体标准类规范的编制工作由标准制定组织召集各相关领域的专家完成。标准类规范适用于加拿大联邦的各个省，各省一般不再颁布自己的标准类规范。

加拿大国家规范中引用了大量的技术标准。这些技术标准大多数由加拿大标准委员会（属于联邦政府的机构）授权的机构或组织负责制定，如：①加拿大综合标准委员会，隶属加拿大公共服务与政府服务部；②加拿大标准化协会；③加拿大保险商实验室；④魁北克省标准局。其他国家的一些组织以及国际标准化组织制定的标准，如美国材料与测试协会、美国国家防火协会的标准和 ISO 标准，也会被加拿大国家模式规范引用。国家规范的管理和编制人员通常会参与技术标准的编制或表决，这有利于技术标准与国家规范保持一致。被国家规范引用之前，技术标准需要经过详细的审查，以保证被引用的技术标准与国家规范的目标和程序是一致的。

（四）工程项目设计

工程设计成果直接决定着项目约80%的成本，而且设计又位于项目执行的最前沿，其重要意义不言而喻。伴随着我国企业逐步走向海外，企业自身设计管理存在的问题日益凸显，设计图审批往往会遇到技术标准不统一、设计理念不一致、计算参数选择理解不一样等诸多问题，必然会导致设计进度大大延误。设计管理在整个建设工程环节中起着至关重要的作用。

1. 境外工程设计注意事项

在加拿大承包工程，在开展设计时需要：

第一，事前了解加拿大的相关设计规定和标准，明确设计规范，在合同谈判阶段尽可能争取中方熟悉的设计标准。拟采用的设计标准和规范，应在合同文件中明确规定，并且要就标准的版本、技术清单与业主方进行沟通确认。如果合同文件中没有相应的标准、规范清单，则应在设计正式启动前，由项目公司/项目部组织编制一份设计采用的标准、规范清单，并送业主确认后发布执行。

第二，业主的要求和现场资料是开展设计的基础。在开展设计前，务必做好设计前的调查，确保相关资料的准确、完整。

[案例 5-4]

加拿大某油气工程项目，在项目投标阶段，业主仅能提供少量资料，导致承包商对项目现场的边界条件不甚了解。在项目实施阶段，造成一系列设计风险。

点评：

在开展设计前，建议：

（1）要求并配合设计人员提前做好充分准备，仔细研读已有的招标文件/合同文件，充分参考类似工程的设计经验，参考其他工程的算稿和国际上发表的论文。

（2）委派有类似项目经验的单位和专家赴现场进行考察，通过研究已有数据，提出专业意见。

（3）整合全球资源，特别是寻找外部专家资源，如加拿大当地知名的设计公司、海外工程咨询公司等。

第三，加强与业主的设计沟通，重视语言学习以更好地与业主沟通和准确理解业主意图，加快设计图报批。

第四，调查加拿大当地的物资供应条件。在满足规范及使用要求的情况下，尽可能使用当地能便利采购的材料和施工机械。

第五，考虑当地的建设和使用环境。当地不同省份建设和使用环境与我们国内常规项目有很大的区别，在考察时充分掌握当地情况，设计过程中要充分了解工程所在地的各种条件，设计和当地自然条件和风土人情融为一体。

[**案例** 5-5]

加拿大托巴蒙特罗斯水电项目的工程设计中，针对当地的坝址条件、施工条件和环境要求来考虑。由于坝址所在峡谷地形陡峭，因此东托巴河和蒙特罗斯河工程的主要难点是复杂的地形条件。东托巴河和蒙特罗斯河的总落差分别为 578m 和 467m。因为担心沿压力管道和进场道路会发生雪崩和泥石流，并且冬季条件受限，因此进入压力管道和进水口的道路通行一年中有半年受到限制。针对这些不利情况，该项目采用了在正常运行中无须场内通道，维护要求低，可远程控制的进水口设计。

在蒙特罗斯，采用康达筛网进水口，这种装置能让洪水或泥石流通过，而不影响进水口的正常运行；在托巴，进水口则采取了传统的橡胶坝形式。

在蒙特罗斯设计方案中，布置了交通廊道，连接进水口和厂房的涵洞以及压力管道，除了在工程上游的陡峭岩体贴面段不是埋管，其余均为埋管，不仅减小了结构受自然灾害破坏的可能，并且从设计角度来看，由于埋管周围土层的约束作用，管道的压力荷载被传递分解到周围介质中而不是传递到镇墩上，这样就减少了混凝土用量。

[案例 5-6]

加拿大某电力项目的输电线路在与其他电网相接的线路长155km，输电电压230kV，由于受道路条件、复杂地形以及环境脆弱性的限制，线路设计也面临较大困难。并且输电线路的设计还需要考虑沿线方面的其他问题，比如野生动物管理、植被保护、道路维护、旅游、景观以及森林管理等。为了处理这些问题，该项目在设计中采用了诸多手段，如采用环境影响低的机械修筑道路，木制线杆采用螺旋桩，在地基承载力不够的地方采用钢丝拉绳，在道路受限的地方经常使用直升机，以保证在夏季完成冬季道路受限部位的施工。同时，对可能受线路工程影响人群的利益给予了充分考虑。比如，在一些关键地段，提高了线路高度以利于伐木装备的运输；为给诸如远足旅行等观光旅游业让路，设计中对一些线路走向进行了修改。

2. 加拿大设计审查

加拿大的工程设计图纸审核的范围较为宽泛、内容详尽，主要涉及结构安全、消防安全和建筑物居住者的健康等方面，还涵盖建设项目所涉及的电力、排水、水务、信号和照明、交通控制、景观等。

加拿大工程设计审核及其管理等事务的立法与实施，主要在省和地方政府层面，各省可以自行合法设立进行工程设计审核的政府行政及专业部门。因此，工程设计审核主体为政府部门，主要由省及当地政府有关行政部门负责，通常自行进行审查。政府设立有实施审核的专门机构，通过专门机构的设计文件审核和监管，实现施工图审查的集中化、专业化和统一化管理。

虽然各地方政府对工程设计审查的具体方法不同，但大同小异。

一般设计审查流程为：在工程设计图纸提交前，土地管理当局需批准该地块的规划设计。在完整的工程设计图纸提交后，由政府的开发建设服务部门牵头，经过排水、供水、交通管理、供电等服务部门的流转审批。各相关部门给出审核通过意见后，再由开发建设服务部门所属开发协调办公室最终批准。这种“一家牵头，同步审批”的设计审核流程，在对工程设计图纸进行全面审核的基础上，减少中转环节，极大提升了审核效率。

下面以埃德蒙顿市为例，分析加拿大的工程设计审核制度。

（1）项目开发建设过程及其监管。

在埃德蒙顿市，项目开发建设的过程如图 5-2 所示。埃德蒙顿市政当局在项目开发建设过程中，将其中的开发建设许可、建造许可和施工检查等作为支持城市安全有效发展（即对项目开发建设进行管理）的主要工具，包括实现对建筑物质量的具体监管。

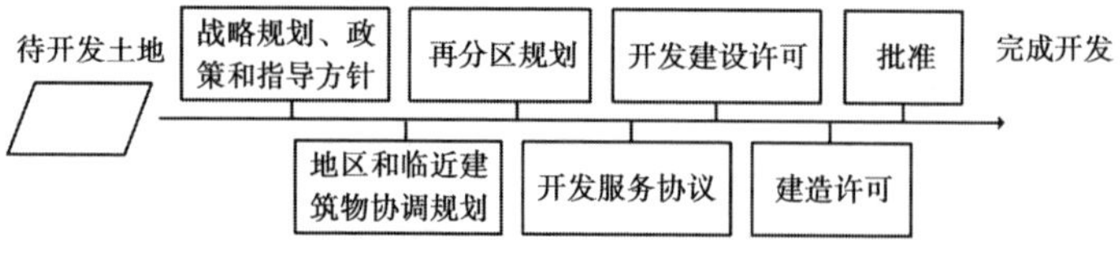

图 5-2　项目开发建设过程

①开发建设许可。办理开发建设许可，项目开发建设人（单位）需向市政当局提供能显示拟建造建筑物的规模、外形、概念设计、与附近已有建筑物及构筑物的关系的相关材料，除非市政当局对提交内容进行批准并发放开发建设许可证，否则任何人不得在市辖范围内进行开发建设。

②建造许可。开发建设人（单位）在获取开发建设许可证后，应向地方政府申请领取建设许可证，提供建造计划、设计图纸和其他要求文件，经批准满足规定后，政府主管部门发放建造许可证。若没有获得建造许可，任何人不得开始工程施工，具体流程如图 5-3 所示。而工程设计图纸审核是建造许可的重要工作内容之一。

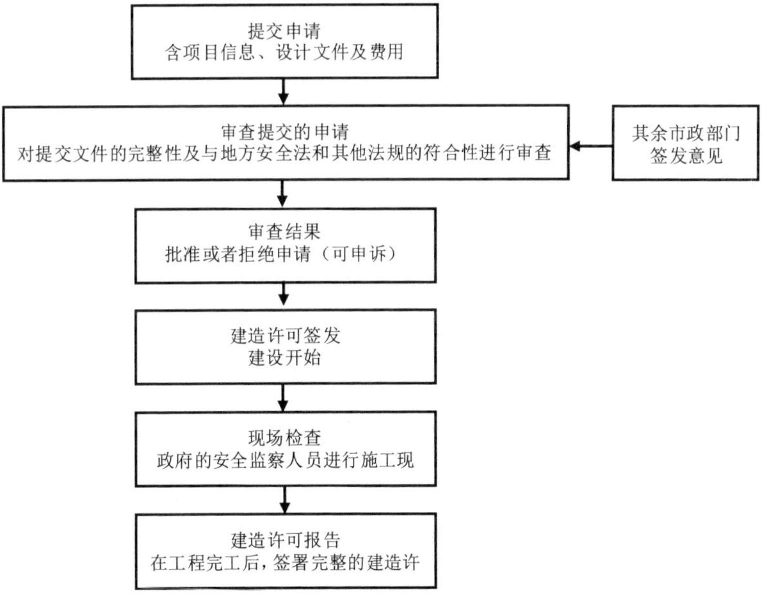

图 5-3　建造许可办理流程图

在申领建造许可时，要进行费用的支付。建造许可费用根据建设项目的建造规模或造价的不同进行收取。

③施工检查。在工程项目动工后，市政当局将委派政府安全检查官员开展施工检查。安全检查官员签发许可证并在建筑物的建造期间对结构和系统的建造、安装和操作进行现场检查，通过强制性检查以保证现场施工的安全性。施工检查是建造许可程序必需的组成部分，在所有工程必要的检查通过之前，建造许可并不完整。

埃德蒙顿市政当局在项目开发建设过程中的主要监管工作包括：

· 审核：专业技术官员必须审核所有的土地开发申请和建造设计图纸；

· 批准/拒绝：开发建设许可必须符合地区法规；

· 检查：工程项目必须经过特定的检查，以确保施工安全；

· 严格执行：持续严格执行，以确保项目建设遵守法规和规则。

（2）工程设计审核主体与责任。

工程设计审核主体为埃德蒙顿市政当局，具体由埃德蒙顿市政府开发建设服务部门下属的开发协调办公室负责，其具体职能包括：签订开发服务协议、批准开发建设许可和建造许可、进行最终批准等。

工程设计文件的具体审核工作由审核工程师负责。审核工程师是由市政府相关部门授权的专业工程师，负责审核与批准设计提案、报告、建议书和工程设计图纸。工程设计图纸通过审核，由开发建设服务部门在所有图纸上签署最终批准意见并签章。审核工程师的审核与批准，只是涉及是否符合设计标准，并不是工程设计工作的保证。埃德蒙顿市政当局明确申明对工程设计图纸的适用性或对某一特定场所的设计不负有任何责任，但要求专业设计人员在这方面承担全部责任。

（3）工程设计审核与批准程序。

工程设计图纸在提交审核前，必须有要求的设计研究及其报告，以及由土地管理当局批准的地块规划。所有提交市政当局审批的工程设计图纸必须有注册专业工程师的签名和签章，并在适当的地方加盖执业许可章。提交的工程设计图纸必须全部完成，并应附有所要求的所有支持文件、计算书、工程造价信息、地质报告或其他信息。

①开发建设人（单位）应向开发协调办公室提交由注册专业工程师编制的完整的工程设计文件（图纸），说明与城市改进相关的数据。在特定情况下，提交的图纸还应包括由景观建筑师编制的景观设计图纸。所有工程图纸均必须经市政当局批准，提交的图纸不完整将不会被接受。

②开发建设人（单位）应至少在工程计划开工前的 3 个月，提交供审核的工程设计图纸。

③如果审核工程师没有批准工程设计图纸或建议，相关意见将反馈给专业设计人员修改，直至审核工程师满意。从反馈工程设计图纸到重新提交修改后的设计图纸或建议的时间，应当视为前款规定以外的时间。

④所有详细的工程设计图纸还必须通过下列相关政府管理部门与公用事业机构的审核，但最终的批准由开发建设服务部门签署，并在所有图纸上盖章。相关政府管理部门包括：资产管理及公共工程部门所属排水服务部门、EPCOR（基础设施服务机构）供水服务机构、交通管理部门所属工程部门、EPCOR 供电分配和传输机构（仅限地下电力和景观图）、交通管理部门所属交通运行部门（只限街道识别和交通标志、路面标记、信号和街道照明图纸）、资产管理及公共工程部门所属园林部门（仅限景观图）、开发建设服务部门所属开发协调办公

室（最终批准）。

⑤在审核工程师批准工程设计图纸以及市政当局为开发建设执行服务协议之前，开发建设人（单位）不得进行工程施工，如图 5-4 所示。开发协调办公室在收到提交的工程设计图纸后，根据项目的特性和规模等，再将图纸分发流转给其他相关部门（如公共基础设施、交通管理部门等）审核。各相关部门给出审核通过意见后，由开发协调办公室给出最终的批准意见。

（4）工程设计审核的依据。

工程设计审核的依据为本书第五章第二部分“境外工程建筑规范及技术标准”所述的规范和标准，以及地方政府，如埃德蒙顿市政府制定的本辖区使用的《设计和施工标准》。地方的规范和标准对建造程序、设计和施工标准作出详细规定。

除了普通的建筑技术标准，加拿大还有针对特定建筑类型和特殊设备的技术标准。例如酒店、剧院和工厂厂房等建筑类型都有相应的技术标准；管道、电气、电梯、锅炉还有压力容器等特殊设备也有专门的技术标准，但在与建筑规范条款冲突时，以建筑规范为准。地方政府对在辖区内采用何种设计标准拥有最终决定权和解释权。被政府批准使用的设计标准规定了设计的最低要求，供规划者、建筑师和工程师在制备工程设计图纸和实施项目时使用。在不损害公共安全的前提下，政府对标准创新持灵活和开放的态度。在工程设计中，若改变标准可以获得更好的技术和经济效果，则可向地方政府提交建议书以供批准。

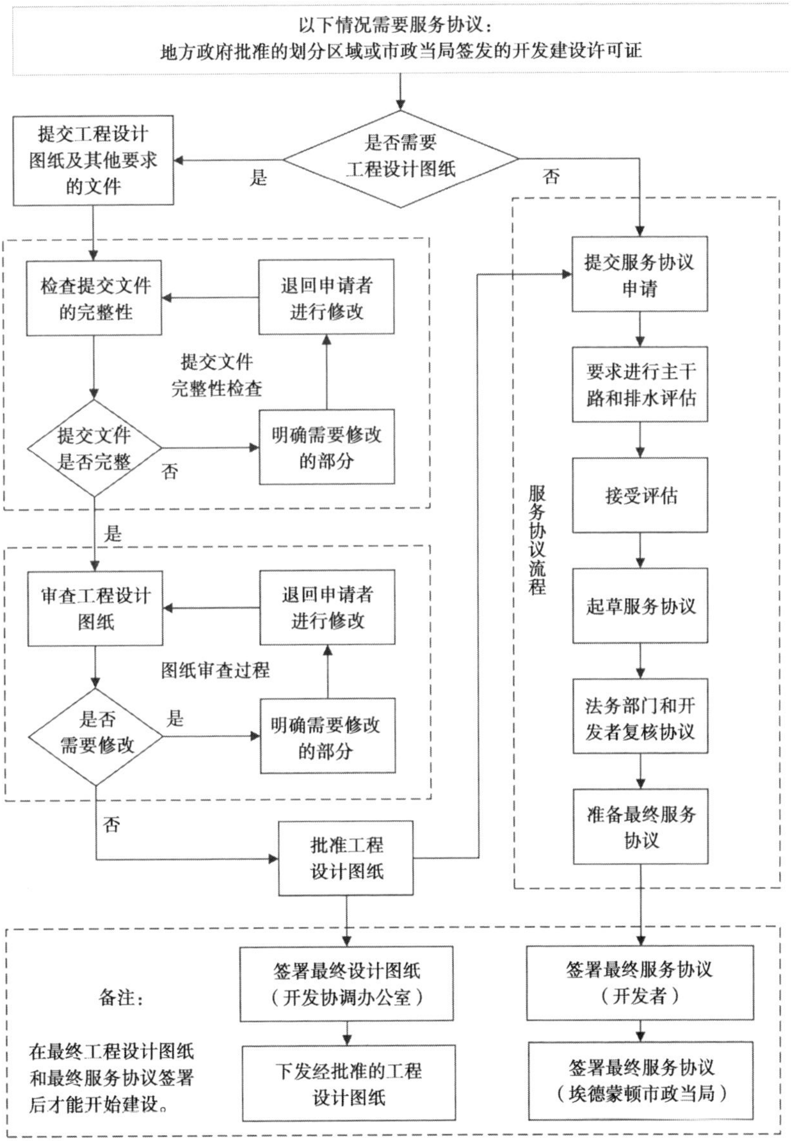

图 5-4 工程设计图纸审核与服务协议流程

（5）工程设计审核的时限。

对于设计图纸的审核时间，埃德蒙顿市当局把建设项目归为两类：一般项目和复杂项目，并分别规定了审核时限，具体见表 5-9。一般项目最长审核时间为 100 天，复杂项目为 128 天。

其中，若审核为一次性通过的话，审核时间为 44 天（9+28+7 天）。工程设计审核是收费的，由项目开发建设人（单位）向市政当局支付。

表 5-9 设计图纸审核时间（天）

过程	一般项目（两次提交）		复杂项目（三次提交）	
	市政当局	申请人	市政当局	申请人
预流转	9	—	9	—
第一次流转	28	—	28	—
修改	—	28	—	28
第二次流转	14	—	14	—
修改	—	14	—	14
第三次流转	—	—	14	—
修改	—	—	—	14
批准	7	—	7	—
总时间（最长）	100		128	

资料来源：陈建国，刘晨玉，胡文发，2021. 加拿大工程设计审核制度分析与启示。

点评：

加拿大普遍实行以公众利益为切入点的工程设计审查制度，是政府对项目开发建设进行监督和管理的一个重要环节。加拿大当局对于工程设计的质量进行了详细的规范，工程的设计审查由政府相关管理部门负责，而并非以市场为导向的工程设计审核方式。

在加拿大，政府的工程设计审核并不免除设计人的质量责任，政府的审核与批准，只是涉及是否符合设计标准，并不是工程设计工作的保证。

（五）工程造价

1. 工程造价的确定与控制

加拿大政府和私人投资工程均采用分阶段计价与控制的办法。

（1）项目规划阶段（相当于我国的项目可行性研究阶段）编制初步估算。

初步估算在加拿大或称为数量级估算。在此阶段，项目的类别及规模已基本确定，但具体设计尚未进行，规划中只有工程的总面积以及建成后的能力、规模、质量等方面的指标和要求。因此，在规划阶段，数量级估算的造价比较粗略，误差为±25%以上，提供给业主作为决策参考。如果数量级估算的造价超过了业主拟投入的资金总额，业主将考虑调整规模或标准，直至调至业主心中理想的数额为止。数量级估算一般是参考相似工程指标，同时结合新项目的建设地点、交通运输状况、市场材料的供求情况等进行编制。此阶段的数量级估算作为今后工程造价控制的最高限额。原则上不准突破。

（2）项目设计阶段编制概念估算和确定估算。

数量级估算经业主确认后，便可进行设计。设计人员根据业主的要求进行设计时，要和造价工程师合作，分析各种设计对造价的影响，不断在技术与经济上优化方案，确保设计不超过数量级估算并达到最大的投资效益。

当概念设计（相当于我国的初步设计）完成后，便要编制概念估算，其准确度一般为±20%。施工图设计完成后，通常由造价工程师根据在设计图纸计算工程量并分别计算出各分部、分项的确定估算，估算的准确度一般不超过±15%。一旦确定估算超过概念估算或数量级，一般不可能再追加投资，此时通常的做法是修改设计、降低标准。

在设计阶段，对有些特殊的难以预料的情况，如地质、项目实施中人工、材料、设备价格上升、自然灾害等，在编制估算时要预留不可预见费用或风险费。不可预见费用的预测，需要造价工程师具有一定的专业知识、丰富的经验和判断能力，并与设计人员密切配合才能完成。

（3）项目招投标阶段。

确定估算通过后，即可进行招标合同文件准备和招投标工作。首先由造价工程师编制合同文件估算和招标前估算，估算准确度为±3%。并根据工程质量计算规则计算出各分部、分项工程量，编制工料机清单供承包商投标使用。

招标文件中除提供工程量清单外，还要明确合同双方的权利与责任，将所有可预见的情况详细列出并给出解决的办法。同时，招标文件还要求承包商在报价内列出不可预见及风险费，以应付施工中不可预见情况的发生，避免工程造价超支。

（4）评标定标阶段。

开标时要有各方面的代表参加，如业主、设计师、工程师、造价工程师等，以防止不公平现象发生。要认真审核、分析各种标书，但一般是关注报价最低的四份标书。经过评标分析，工程师、设计师、造价工程师向业主推荐一个最合适的中标单位，通常都会是最低报价者中标。

(5) 签订合同文件

此阶段，承包双方都十分重视，因为合同一旦签订，双方必须严格遵守合同中的所有条款。造价工程师对涉及合同中条款的问题更是要加倍小心，以防出现不必要的失误。

(6) 工程施工阶段。

在此阶段，造价工程师通常每月编制一份造价控制报表，表中列出本月工程进度和造价的情况以及下个月的造价预测情况，包括在合同签订后已修改设计、可预见的更改设计，以及人工、材料、机构设备等涨价的补偿等。如果此时发现下个月预测的造价比原预算价高，通常由造价工程师会同设计人员商量减少工程造价的方案，一般采用修改设计、选用比较便宜的材料或降低标准等。如果上述方案不行，则必须提请业主同意增加造价。

此外，在工程竣工交付使用后，要进行项目后评价，根据原来的规则，分析比较工程范围、进度和造价的变化情况，总结经验，并将造价资料整理好录入计算机，以便今后使用。

2. 工程造价计价依据的管理

加拿大虽然没有政府统一发布的全国定额，但有全国统一的工程量计算规则、全国统一工程项目编码和有关部门定期公布的劳务、材料、机械等价格的信息。

这些计价依据是由工程协会或具有资格的咨询公司组织制定的，对加拿大工程造价的合理确定和有效控制起到了很大的作用，已经成为参与建设各方面共同认可并遵守的准则。

(1) 工程量计算规则。

加拿大是英联邦国家，因此在工程建设方面的有关规则和标准均类似于英国。如加拿大全国统一的工程量计算规则，在表现形式、内容、范围上基本与英国建筑工程工程量计算规则相似。该工程量计算规则作为编制建设项目工程量的依据，是确定标底及报价的基础，同时也适用于工程结算。

（2）全国统一工程项目划分及编码。

全国统一工程项目划分及编码的作用是为项目的经济评价、估算、预算的编制、造价的控制、建成后的项目后评估、资料的积累等提供统一口径，其形式和内容相当于我国的概算定额项目划分。在加拿大，所有政府部门、设计、施工、咨询、金融、学校等与建设的各个方面都基本上实现了计算机联网，有了统一的项目划分及编码，也就有了共同语言，使得数据交换和共享十分方便。

加拿大现应用 Masterformat 工程项目标准分解和编码体系，该体系由美国建筑标准学会和加拿大建筑标准学会在 1972 年颁布。该体系共分 16 大类、163 项。16 大类的具体内容如表 5-10 所示。

表 5-10　Masterformat 投资分解体系

CSI 代码	项目名称	CSI 代码	项目名称
01	总体要求	09	装饰工程
02	现场工作	10	特殊工程
03	混凝土工程	11	设备
04	砖石工程	12	室内用品
05	金属工程	13	特殊施工
06	木材和塑料工程	14	运输系统
07	保温隔湿工程	15	机械工程
08	门窗工程	16	电气工程

(3) 有关价格信息及指标。

加拿大造价信息的发布主要由加拿大工料测量师协会、加拿大造价工程师联合会等行业协会提供。

此外，各省/地区也会有专门的机构，发布有关价格信息及指标。如魁北克市有一个专门组织（相当于市造价工程师协会）定期发布该市及其他地区的人工、材料、机械等单项价格信息资料，以及工程造价的综合性指标。所有单项价格和综合造价指标资料来源于参加建设的各单位本身所承担的已完工程的实际造价以及当时的市场询价。

(六) 工程建设咨询

加拿大工程咨询业的诞生和发展与加拿大咨询工程师协会（ACEC）是密不可分的，ACEC 成立于 1925 年，是众多咨询公司全国范围内的联合组织。这些成员企业主要提供以工程技术或其他技术为基础的智力服务，服务涉及建筑、自然环境等多个方面。

ACEC 是国际咨询工程师联合会（FIDIC）的成员，执业标准主要采纳 FIDIC 相关标准。ACEC 大约有 400 家独立工程咨询公司，这些协会成员企业遍布加拿大各个省及地区。

这些独立企业提供包括 193 个专业领域、14 个重点业务单元的 24 类服务。这 14 个重点业务单元包括：农业、通信、建筑、能源、测量、交通、供水和卫生、环境、渔业、林业、地质与地球物理、工业及制造业、矿石冶炼和市政工程。其中加拿大的咨询工程师擅长向私营或公共机构提供基础资源型行业服务，例如能源、环境、交通、制造等领域。同时，他们向客户提供针对商业和管理中出现问题的创新型技术解决方案。

就行业业务来讲，加拿大咨询工程师提供广泛的服务，包括：前期可行性研究、投资机会分析、投资分析、社会及环境影响研究，初步设计和最终设计（项目的规模大小不一、涉及门类广泛，从多用途水电工程到房屋的组合、设计工程，再到客户特定软件等等），编写合同文件和申办评价、评估，施工监理或现场项目管理，技术援助和咨询等。加拿大咨询工程师可向客户提供远超传统工程技术的完整解决方案，同时也提供包括融资、计划、营销和日常运作等专门设计定制打包服务（例如设计-建设，以及建设-经营-转让等多项服务）。

[**案例** 5-7]

在加拿大 Carmacks-Stewart/Minto 输电工程项目中，工程前期的咨询共进行了 4 轮（见图 5-5），内容涉及工程建设方案、功能目标及工程建成后的影响等。

项目前期咨询所采用的方法主要包括：

(1) 现场交流：即通过座谈会、开放会议等正式的现场交流，展开同当地居民、政府部门、非政府组织及其他公众的咨询和商议。

(2) 电子及书面形式的交流：即以向社会发布正式电子公告、书面文件及报告的形式同社会及政府各方进行对话。

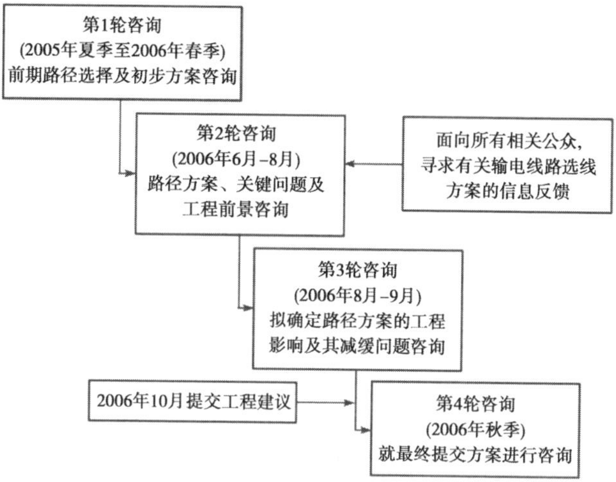

图 5-5　Carmacks-Stewart/Minto 输电工程项目前期咨询框架

点评：

在北美地区，工程建设咨询是项目获得公众、社会认可及政府批准的必需程序。特别对于环境生态极为敏感的地区而言，工程建设咨询已被列为国家工程建设的法定程序。

（七）项目用地

项目用地一般由项目业主负责办理。

对于政府征地，加拿大有一部专门的法律——《征地法》。这部法律为了平衡政府、公众和私人利益，详细规定了征地的步骤和方法。如果市政府要修建公用设施，首先应与业主谈判买地事宜。如果业主不满意给出的赔偿条款，双方无法谈拢，征地部门就会向市议会打报告申请征地，期间土地赔偿委员会会权衡双方利益，作出判决，一旦议会最终批准征地，就意味着市政府有权过户土地。

点评：

政府在征地时通常都会与土地所有人友好协商并大度地提供

赔偿，所以很少需要公共听证会。绝大多数的征地都是皆大欢喜，至少在法律允许下双方都感到满意。

(八) 工程项目招投标

在加拿大，属于政府批准建设的项目需要通过政府网站实施公开招标选择施工承包商。按照有关规定，政府投资大额项目一律采用招标方式。大型项目的招标要经过漫长和严密的法律程序；自筹资金承建项目，可通过议标方式进行。

1. 政府项目招投标相关事宜

（1）相关机构：在联邦层面，联邦政府国库委员会负责联邦政府机构采购政策的制定，公共服务和采购部负责执行。在省级层面，各省采购政策由各省自行制定，并设有公共工程委员会或采购委员会等专门机构负责执行，如专门机构力量不足，也可委托社会中介机构承担。

然而，某些类型的采购由其他具有专业知识的部门管理。例如，加拿大共享服务部是负责采购大型软件、打印机、计算机等软硬件设备的部门。

此外，除公共服务和采购部外的其他部门都可以自行决定在一定的加元限额内（2.5 万~10 万加元）的采购。

（2）适用法律及规定：加拿大政府采购适用性法律法规主要包括《财政管理法》《公共工程与政府服务部法》《国库委员会行政政策》《政府合同规则》《国防产品法》《闲置国有资产法》《联邦问责法》《信息与隐私法》《加拿大供应手册》《加拿大标准采购条款和条件手册（SACC）》，以及世贸组织《政府采购协定》《北美自由贸易协定》和旨在消除加拿大国内省际贸易壁垒的《加拿大自由贸易协定》等。

（3）招标信息获取：联邦政府将大多数估价超过 7.65 万加元的建

筑和工程咨询服务采购信息公布在 MERX 电子系统（www. merx. com）上。省市各级政府，一般在各自政府网站公布本级政府采购项目。

加拿大政府设有电子投标服务网（canadabuys. canada. ca），为各采购单位和供货商提供电子采购指南和多项信息及服务。

点评：

政府采购的核心是，采购过程中必须引入竞争机制，公开透明，规范操作，预防腐败，其中财政预算和支付手段在政府采购合同草案中必须经过财政部门审核后才能签订。而支付采购资金，主要实行财政直接支付的方式，即财政部门按部门申请合同金额，直接将采购资金支付给中标供应商。在采购期间，供应商发现采购活动中有不规范行为，都可以向财政部门投诉，也可以向法院起诉。另外，国家为履行政府采购监督管理职能，都设立了具有专业性和科学性管理特点的专项职能机构。

2. 与公共采购有关的主要政策和指令

公共采购有关的主要政策和指令出自加拿大公共工程和政府服务部（www. tpsgc-pwgsc. gc. ca），个别部门和其他政府组织也制定了额外的政策和指令，以管理其自身业务范围内采购活动的各个方面。因此相关政策主要包括三类：

一是加拿大公共工程和政府服务部相关政策；

二是财政委员会资产管理和采购服务的政策框架；

三是相关政策工具和计划，如联邦承包商计划（原就业平等）和合同安全计划。

其中最主要的采购政策为加拿大公共工程和政府服务部发布的《加拿大供应手册》，该手册包含货物、服务和建筑采购的政策和程序，以及对法案和指令的引用，供应手册由政府定期更新。

3. 企业参与政府采购

（1）注册企业。

参与政府招标项目，相关组织须在加拿大注册企业或获取采购编号。包括SAP Ariba Network注册、CRA业务编号注册和获取采购业务编号。

①SAP Ariba Network注册。

如果希望竞标政府发布的招标工程，需要在加拿大公共服务和采购部的在线采购系统CanadaBuys（canadabuys. canada. ca）网站上进行注册，CanadaBuys采用其在线系统SAP Ariba工具提供相关服务。

注册时候需要填写下列资料：公司基本信息、公司简介、一般业务问题，以及财务信息。

· 公司基本信息包括：企业的法定名称、街道地址、城市、省、邮政编码、国家等。

· 公司简介包括：企业的法定名称、业务简短描述、产品/服务类别、收货地址和服务地点、成立年份、员工人数等。

· 一般业务问题包括：与公司主要业务活动相对应的行业、业务类型、当前所有者、董事和合伙人的姓名以及关系、环境管理体系的正式文件（如适用，如ISO14001等）。

· 财务信息包括：加拿大税务局企业号码、加拿大税务局所有权类型（独资企业、合伙企业、公司和其他）、供应商类型（加拿大、非加拿大）、国家代码（如果不是加拿大人）和首选付款方式等。

②CRA业务编号注册。

如果某组织赢得合同，则需要加拿大税务局提供公司编号才能最终签订合同。如果公司的实际地址在魁北克省，必须向魁北克省税务提交申报表。

③采购业务编号

如果收到的加拿大政府合同不是通过 SAP Ariba 处理的，则需要注册采购业务编号。要获取采购业务编号，则必须首先在供应商注册信息系统中注册，其步骤为：

· 步骤 1：在开始注册过程之前，确保具有以下信息：加拿大税务局（CRA）业务编号、企业的注册法定名称。

· 步骤 2：访问供应商注册信息系统网站（srisupplier. contractscanada. gc. ca）以开始创建账户。在该页面上，在 BN 字段中输入加拿大税务局业务编号，然后单击“开始注册”按钮。

· 步骤 3：填写所有信息以创建账户后，将收到一封包含采购业务编号的电子邮件。此号码在加拿大的采购和支付系统中作为企业的唯一标识。

· 步骤 4：获得采购业务编号后，返回供应商注册信息系统网站以完成注册。

（2）了解采购方式。

加拿大有两种采购方式。第一种为竞争性采购，包括使用长期报价、供应协议安排或供应商资格预审合同。

长期报价类似于长期框架协议，与政府签订长期报价协议的供应商被纳入政府的供应商清单，这些供应商有资格在需要时以确定的价格提供商品或服务。当政府有采购需求时，政府从与签订长期报价协议的供应商获取服务，签订合同。

供应协议安排包括一套预先确定的条件，这些条件将适用于招标和由此产生的合同。它们允许客户部门就具体要求向一批经过资格预审的供应商征求投标。这与只允许客户部门接受已经确定定价和要求的一部分长期报价不同。许多供应安排包括最高价格，允许客户部门根据具体要求协商价格下调。

供应商资格预审合同指通过正常招投标程序开展的采购。

点评：

加拿大为通过资格预审的长期报价和供应协议安排企业建立了一个企业信息查询平台。该数据每周更新一次，确定了持有加拿大公共工程和政府服务部长期报价和供应安排的企业。加拿大公共工程和政府服务部代表所有联邦部门和机构发布长期报价和供应安排。

第二种为非竞争性采购，即使用独家供应商来源的合同。

根据合同价值和适用的贸易协定，竞争性采购一般采用公开招标的形式开展。超过 25000 加元的货物采购，超过 84000 加元的服务采购和超过 100000 加元的建筑合同采购必须通过招标服务进行广告宣传（发布招标公告）。而低于上述合同价值的采购可由各部门和机构酌情通过独家来源合同签订合同。

在开展招投标时，招标通知中会注明评标方法。在评标且选出承包商后，加拿大公共服务和采购部授予合同，并通知公众及发出授标通知。

（3）加拿大公共服务和采购部采购的四个阶段。

①签约前阶段：包括与需求定义和初步采购计划相关的活动，直至发布招标。

②签约阶段：包括从发布招标到合同授予和汇报的所有活动。

③合同管理阶段：包括进度监控、交付跟进、付款操作、监控、行使可选期限/数量等活动。

④合同后阶段：包括最终行动和文件收尾。

点评：

加拿大政府公共采购的公开数据管理十分完善，包括了历史合同、政府的合格供应商库等。

加拿大自2017年7月开始，在国家首都地区试点使用加拿大邮政的epost Connect向供应商提供电子投标提交服务，并于2018年夏季扩展至全国实施。

（九）建设设备及材料的采购

国际项目的物资管理包括采购、集港发运（报关）、国际物流及项目所在国清关、内陆运输、现场储管等一系列事务，是工程管理的重要组成部分，与工程项目建设全过程有着密切的联系。根据国内外工程项目合同价款构成分析，设备、材料在总合同价款中所占比例一般都达到50%~60%，国际项目施工物资种类繁多、质量标准规范复杂，对成本和到场时间要求严格，且由于工程周期长、运输路途远，更见其物资管控的重要性。

在加拿大使用工程建设材料和机械设备需要符合规范和技术标准。为加拿大国家委员会下属的加拿大建筑材料中心（CCMC）负责评估加拿大建筑、能源和安全材料的合规性。在CMCC可以查询到受批准的建筑产品和材料，这些材料符合的规范及标准类型，以及供应商信息等内容。

如果我们企业的建筑材料也想进入加拿大市场或需要用到未经CCMC认证的建筑材料时，为了合规要求，建议进行建筑产品的申请注册认证。

1. 加拿大的建筑产品合规认证的审批规定

在加拿大，建筑产品的批准是由有管辖权的机构（AHJ）授予的，通常是建筑官员或建筑设计师（例如工程师或建筑师）。这种批准通常是通过当地的建筑许可程序进行。AHJ根据相关法规的要求（省或国家法规）以及在许可或设计过程中提供的证明进行批准。

制造商能够在遵守《消费品安全法》的前提下，销售用于加拿大建筑的建筑产品，没有具体的进口或分销要求。然而，要获准在建筑中使用，该产品必须符合该辖区内有效的建筑法规的所有适用要求，比如该省依法颁布的省级建筑法规，或适用的加拿大国家建筑法规。

2. 加拿大的建筑产品合规认证的审批途径

寻求批准的一方有责任按照适当的法规规定的途径，向 AHJ 证明产品符合要求。

根据加拿大的国家和省级建筑规范，有两种途径可以实现建筑产品和材料规范的符合性。

一个为常规方案，即普遍接受的方案，需要满足建筑法规 B 部分中适用的可接受解决方案的所有规定，例如：符合法规参考标准，或作为一种替代方案，至少具有与可接受方案相同的性能水平。

当产品属于规范参考标准的范围时（例如，CAN/ULC-S701. 1 挤压和膨胀聚苯乙烯绝缘材料），该产品的使用可以被 AHJ 视为可接受的解决方案，但要遵守相关规范中对产品使用的限制。对于可接受的解决方案，通常通过技术数据表、测试报告、规范评估或产品认证（由 AHJ 决定）来证明符合要求。

然而，当产品不能通过任何规范参考标准进行评估时，或者当产品的使用超出了规范的范围时，合规性将作为一种替代性的解决方案来确立。

替代解决方案通常需要提交技术证据作为接受产品的基础。AHJ 可以酌情接受或拒绝提交的材料。通常情况下，AHJ 会根据他们认为与产品相关的风险程度，要求更多或更少的支持来批准。

3. 加拿大的建筑产品和材料的合规性证明

相关单位可以通过测试、工程分析、认证或其他技术手段来证明产品符合一系列的要求，从而证明符合规范。

对于一个特定的项目，AHJ 对这些要求有最终决定权，这取决于几个因素，包括但不限于：建筑物类型、占用类型、产品预期的功能、建筑物中的预期用途（位置）、生命安全风险。

证明合规性的最大因素之一是合规途径，它可以决定合规性的证据需要多么简单或复杂。

4. **物流管理**

境外投资建设项目采购和物流管理尤为重要，尤其是投资体量大的项目，物资需求量巨大，大部分材料、设备在国内采购和预制，通过远洋货轮运输到加拿大，涉及制造、加工、验收、适运包装、长短途交货运输、装卸、集港、订舱、装卸船、海运、理货、检验、出口报关、保险、出口退税、贸易单证、目的地国清关等诸多环节，时间跨度大、跨境距离远、影响因素多，加之台风、海外政商环境、人文环境、国际政治环境、流行疾病等多项不可控因素影响，风险的概率非常大，物流成本比国内项目高很多。为此，项目需要成立专业化物流管理团队，制定采购、物流总体方案，统筹规划、统一协调管理项目所有相关方物资采购与物流工作，形成制造、催交、包装、物流、仓储、现场、接卸等环节一体化管控。

建议物流方案包括国内外物资集散方案、海陆空运输方案、大件设备运输方案、物流操作流程和应急预案，统一组织项目集港、船舶安排、码头、装卸、清报关等物流环节工作，根据工程建设进度计划组织发运，并在物流管理上采取以下措施：

（1）选择有经验的物流代理商。对超大物流量的项目应选择两家或以上有广泛的全球货运网络、丰富的国际工程物流人力和设备资源、成熟的工程物流管理经验、雄厚的财力支持等软、硬实力的物流供应商，与多家外贸港口建立伙伴关系，为工程高峰期大量物资发运奠定基础，降低物流风险。

（2）在采购合同中明确交货条件。一是，确定多个有效装运港，以便交货时根据物资生产和货量情况、港口和船期等因素来选择最终装运港，避免实际发运时由于港口、船期等衔接问题而产生争议或额外费用，影响物资发运；二是，在采购和物流合同中明确大件吊装、自卸鞍座的匹配、船型选择、大件设备本体绑扎等特殊运输要求；三是，划分因设备出厂延误、船期延误导致的滞港、亏舱或者滞期等问题时的责任。四是，对无外贸出口经验的设备材料供应商提前指导货物出口准备和手续办理。

（3）动态管理物资发运计划。重点关注大件物资发运计划执行，建立物流问题反馈和纠错整改机制，及时调整计划。

（4）统一项目物流管理体系。明确发运申请、集港、订舱、装卸船和交货流程、紧急物资申请和发运流程和责任界面，统一调配物流资源和运力匹配。

（5）采取灵活、便捷的运输方式。对于精密仪器或贵重设备、危险品，可根据重量、危险级别、紧急程度，优先考虑航空运输或集装箱海运，以确保安全；材料、设备采用搭配组合散杂货船发运方式，对不便配载散杂货船的物资采用集装箱或拼箱、中转等多种方式发运，合理安排船舶运力。

（6）超大件设备发运专门制定发运方案。超大、超重、超长、超高等大型设备应根据大件设备的具体情况专门编制物流发运方案，并确保每个节点按照方案实施，确保发运安全。

（7）明确跨境物资物流包装要求。由于跨境海运需要多次装卸，同时受到同船物资堆码积压、台风等恶劣天气影响，包装是物资安全的重要保证，需要制定统一的物资包装规定。针对特殊物资或大件设备，需要制定专门物流包装方案。

（8）制定物流应急预案。海外项目工程物资跨境物流具有相当大的不可控风险，极易发生突发情况。应基于各种不确定风险，对物流各流程环节进行风险评估，包括供货中断风险、运力不足风险、经济环境风险、政治环境风险、恶劣天气风险、货差货损风险等，针对各类风险问题制定物流应急预案和规避措施，同时完善供应链全程的保险方案、保险索赔方案。

［**案例 5-8**］

在某中企承建的加拿大某石油项目中，承包商发现在加拿大一般供货商的产品质量是有保证的，主要问题出现在晚交货上。由于该石油项目所在地大多地处寒冷的北部地区，考虑到运输条件的限制，一般大的模块需要在12月中旬到第二年的2月中旬运输到现场。如，在阿尔伯塔省，宽7.3m、高9.0m、长48.8m，重154t的模块可在公路上运输，大于上述尺寸，且重量在450t以内的模块和设备经地方相关部门批准后可以运输。模块一般在劳动力价格相对便宜的地区制造，比如阿尔伯塔省东部的埃德蒙顿或墨西哥、韩国等国家。

（十）加拿大工程成本

1. 水、电、油、气成本

加拿大幅员辽阔，有着极丰富的石油、天然气、煤和铀等矿产资源，并有丰富的水力资源。在西方七国集团中，加拿大是实现石油自给自足的两个国家之一，是除美国外用电最便宜的国家，也是唯一实现天然气自给并出口的国家。充足、可靠和低廉的能源供给使加拿大工业受益匪浅。工业和生活用电、水、气、油的价格根据各省市地理位置、人口、税收、市场需求等的不同而变化。以下以若干城市为例进行说明。

（1）蒙特利尔（工业用）。

工业用电计算方法：租金为每天 14.37 加元；用量在 21 万度之

内，每度收费为0.05加元，超出21万度后则按每度0.04加元收费。

工业用气的计算方法：每天用气在30立方米之内的，每立方米为0.26加元；用气量在30~70立方米的，每立方米为0.18加元；每天用气量在70~200立方米的以0.15加元计；每天用气量在200~700立方米的以每立方米0.11加元计；每天用气量在700立方米以上的以0.09加元计。此外，还需支付联邦税费和魁北克省税费。

（2）渥太华（生活用）。

2021年渥太华生活用水、电、气、油价格详见表5-11。

表5-11　2021年渥太华生活用水、电、气、油价格

生活用水	生活用电	生活用气	生活用汽油	生活用柴油
生活用水费： $6m^3$及以下：1.58加元/立方米 6~25立方米：3.14加元/立方米 25~180立方米：3.47加元/立方米 180立方米以上：3.88加元/立方米 消防用水费：46.28加元每户每年	峰值： 0.208加元/千瓦时； 中值： 0.144加元/千瓦时； 谷值： 0.101加元/千瓦时。 每户还收取固定费用36.29加元	$30m^3$及以下： 0.1091加元/立方米 30~85立方米： 0.103加元/立方米 85~170立方米： 0.098加元/立方米 170立方米以上： 0.0947加元/立方米 每户收取固定费用21.48加元	87号： 1.254加元/升 91号： 1.505加元/升	1.185 加元/升

资料来源：渥太华市政厅、加统计局。

（3）卡尔加里（工业用）。

工业用水的价格约是每立方米 0.2 加元，天然气价格为每升 0.7 加元，柴油和汽油价格均为约每升 0.83 加元。

（4）多伦多（工业用）。

年用电量超过 25 万度的企业，电费适用批发价，根据当时市场情况随时调整，最低时低于每度 0.1 加元，最高时会超过每度 0.4 加元。

年用水量超过 5000 立方米的企业可以申请工业用水费率，其中前 5000 立方米按照生活用水费率每立方米 3.45 加元计算，之后适用工业用水费率每立方米 2.4149 加元。

2. **房屋租赁价格**

在加拿大不同省/地区租用办公用房规定及价格不同。租约所包括的物业管理服务需要详细列举出来：

· 电力通常包括在物业管理服务范围。如果租户计划安装电力机械或加装空调，业主则可能设置最高用电量。

· 暖气、通风及空调，通常由业主负责。

· 公司清洁等具体安排。

（1）城市办公用房。

加拿大商业租金通常按每平方米年租计算，市场上有 5 种常见的租金计算方法，见表 5-12。

表 5-12　加拿大商业租金的计算方法

租金名称	计算方式
总租约（全包租约）	最通行的商用租约计算租金方法，全包租约规定租户只需支付定额月租，业主则负责税金、保险费及维修费等所有物业管理开支

续 表

租金名称	计算方式
净租约	租户除支付基本租金外，还要支付全部或部分物业税项
实净租约	租户不仅支付基本租金及税项，而且要支付租用场地的保险费
全不包租约	通常只适用于工业物业，全不包租约实质上把物业管理成本完全转移给租户，租户负责维修保养费用
百分率租约	这种特殊租约适用于零售租户，特别是多租户商场或购物中心，该租约规定租户支付定额租金，并在总收入中抽成

商业房地产服务公司 Cushman & Wakefield 公布的 2022 年第一季度加拿大部分城市的平均商业租金显示，温哥华商业办公楼平均租金最高，为 49.73 加元/平方米；其次是多伦多，办公楼租金为 48.44 加元/平方米；卡尔加里的办公楼租金最低，为 14.86 加元/平方米。详见表 5-13。

表 5-13　2022 年第一季度加拿大部分城市平均城市办公用房租金

城市	租金（加元/平方米）
哈利法斯科	15.58
多伦多	48.44
温哥华	49.73
卡尔加里	14.86
圣约翰	34.37
新布伦瑞克	25.48
蒙特利尔	35.52

资料来源：Cushman & Wakefield。

（2）工业办公用房。

商业房地产服务公司 Cushman & Wakefield 公布的 2022 年第一季度加拿大部分城市的平均商业租金显示，温哥华工业用房租金最高，为 17.32 加元/平方米；多伦多的工业用房租金排名第二，为 13.13 加元/平方米；新布伦瑞克的工业用房租金最低，为 6.34 加元/平方米。详见表 5-14。

表 5-14　2022 年第一季度加拿大部分城市平均工业用房租金

城市	租金（加元/平方米）
哈利法斯科	8.40
多伦多	13.13
温哥华	17.32
卡尔加里	10.54
圣约翰	12.02
新布伦瑞克	6.34
蒙特利尔	9.45

资料来源：Cushman & Wakefield。

（3）租用住宿用房。

在加拿大可租用的住宿房屋包括公寓、独栋房屋、联排和酒店式公寓。加拿大房产价格基本呈稳定上涨态势。加拿大房地产协会数据显示，2022 年 3 月，加拿大房屋平均价格为 79.6 万加元，同比上涨 11.2%。其中，复式、一层、两层、联排、公寓价格分别为 87.4 万、75.4 万、113.4 万、75.2 万和 61.4 万加元。详见表 5-15。

表 5-15　2022 年 3 月加拿大 10 个主要城市房屋平均租金

城市	1 居室		2 居室	
	价格（加元）	年度变化率（%）	价格（加元）	年度变化率（%）
温哥华	2190	15.30	3020	14.8
多伦多	1900	8.60	2400	2.10
基隆那	1800	21.60	2150	22.90
维多利亚	1790	11.90	2300	15.00
渥太华	1500	5.60	1800	5.30
哈利法克斯	1470	13.10	1780	6.00
蒙特利尔	1350	-0.70	1820	7.10
魁北克	950	14.50	1180	-2.50
里贾纳	900	4.70	1100	5.80
圣约翰	850	1.20	900	-1.10

资料来源：加拿大房地产协会。

点评：

在加拿大租房过程中遇到问题，可以联系出租人及承租人委员会。

电话：+1-416-9219494

网址：www.torontotenants.org

网址：https：//www.cpahkltd.com

3. **劳动力成本**

加拿大劳动力工资水平较高。加拿大统计局数据显示，加拿大工资水平最高的是采矿、采石、石油和天然气开采业，最低的是住宿餐饮业，其他行业工资水平差异不大。同美国对比看，2021 年，美国平均工资水平为 30.60 美元/小时，按照加拿大的平均工资水平（40.26

加元/小时=31.96美元/小时）折算，加拿大劳动力成本略高于美国。详见表5-16。

表5-16　2017—2021年加拿大主要行业平均小时工资（单位：加元）

行业	年份				
	2017年	2018年	2019年	2020年	2021年
平均水平	35.96	36.69	37.6	39.01	40.26
采矿、采石、石油和天然气开采业	60.73	63.16	63.49	62.32	—
建筑业	35.68	36.91	38.27	39.89	40.86
制造业	35.95	37.04	38.86	39.11	40.66
运输和仓储业	32.22	33.06	33.06	35.15	36.86
信息和文化产业	36.22	38.79	38.48	—	45.32
金融保险业	38.19	39.17	39.97	40.95	41.84
房地产和租赁业	32.49	32.3	31.95	33.29	36.11
教育服务业	34.91	34.19	34.68	36.84	37.61
保健和社会救助	30.61	31.15	32.07	32.51	32.71
艺术、休闲和娱乐业	29.89	29.83	33.58	32.71	32.58
住宿餐饮业	20.78	23.05	23.52	24.19	25.13

资料来源：加拿大统计局。

加拿大各省/地区的劳动力成本也有所差异，据统计局数据，时薪最高的是努纳武特地区，为36加元/小时；时薪最低的是爱德华王子岛，为21.63加元/小时。加拿大各省/地区人工成本如表5-17所示。

表 5-17 加拿大各省或地区每小时工资中位数（单位：加元）

省/地区	2022 年 4 月 30 日之前的时薪中位数	2022 年 4 月 30 日之前的时薪中位数
阿尔伯塔省	27.28	28.85
不列颠哥伦比亚省	25.00	26.44
曼尼托巴省	21.60	23.00
新不伦瑞克省	20.12	21.79
纽芬兰和拉布拉多	23.00	24.29
西北地区	34.36	37.30
新斯科舍省	20.00	22.00
努纳武特地区	32.00	36.00
安大略省	24.04	26.06
爱德华王子岛	20.00	21.63
魁北克省	23.08	25.00
萨斯喀彻温省	24.55	25.96
育空地区	30.00	32.00

资料来源：

1. 第 2 列中的工资率基于加拿大统计局 2019 年劳动力调查（1 年平均值）；

2. 第 3 列中的工资率基于加拿大统计局 2019 年至 2021 年劳动力调查（2 年平均值）。

三、第三阶段：建设实施

（一）劳动用工

1. 使用外籍劳工合规要求

（1）临时外籍劳工使用要求。

加拿大劳动力受训练程度高，适应能力强，劳动力质量高。然而由于地广人稀，加拿大技术工人短缺，人工成本非常高。同时，加拿大政府出于选举等需要，经常承诺选民解决就业问题，因此在外籍劳工引入政策方面日益收紧，加之加拿大工会组织实力强大，在加拿大投资经营的项目，从中国国内大规模引进劳工几无可能。

为缓解本国劳动力，尤其是技术劳动力短缺的局面，加拿大在保证尽量为本国居民创造更多的就业机会的同时，积极吸收各国技术移民。

然而，自加拿大联邦政府对“临时外籍劳工计划”政策进行调整后，外籍劳工在加拿大境内工作总时间被严格限制，临时外籍劳工输入困难，中国企业派遣的高级管理人员和高级技术人员申请及延续长期工作签证也十分困难。

临时外籍劳工计划主要内容如下：

①对雇主需求和劳动力市场的评估更严格。

用“劳动力市场影响评估”（LMIA）取代过去的“劳动力市场意见书”。

按照新的评估规定，需要为某个职位雇佣外籍劳工的企业必须提供前来应聘这个职位和获得面试机会的加拿大人的人数，并给出没有聘用他们的理由。雇主还必须声明自己了解相关规定，不能在雇佣外籍劳工的工作场所解雇加拿大人或减少他们的工作时间。

②低薪外籍劳工工作签证限制更严格。

低工资工作最多只能申请到 1 年工作签证（之前可获得 2 年工作签证），而且每年都需由雇主重新申请 LMIA。

③设定雇佣低薪外籍劳工的上限。

取消原来雇佣外籍劳工的工种划分标准，而以工资作为衡量标准，限制低于各省/地区小时工资中位数的低薪外劳数量。雇主雇用超过10个以上的员工时，最多只能有10%比例的低薪外籍劳工。

④部分地区和工种不能引入。

在失业率超过6%的地区，餐饮、住宿、零售等行业的低工资、低技能工种不能雇佣临时外籍劳工。

⑤提高雇主费用。

雇主招聘外籍劳工，必须每年重新申请，而不是每隔两年申请。同时，LMIA申请费用从275加元提至1000加元。

⑥加强监管力度。

增聘约20名检察员，增加对雇佣外籍劳工企业的检查次数，每年检查其中的25%。同时，政府还将每季度公布获批的临时外籍劳工数量及雇佣公司名称等，进一步增加透明度和可靠性。

⑦执行新责罚制度。

滥用外籍劳工计划的雇主罚款最高可达10万加元。

⑧聘用时间缩短。

外籍劳工在加拿大聘用期限从4年减到2年。

（2）雇用临时外国工人的承包企业（作为雇主）合规要求。

①作为雇主的承包企业必须满足以下要求：

· 劳动力市场影响评估（LMIA）；

· LMIA决定书的条款及附件要求；

· 《移民和难民保护条例》（IRPR）。

②从签发工作许可证，开始雇佣期的第一天开始，雇主需将所有相关记录保存6年，包括：与LMIA相关的文件、与IRPR中规定的条件相关的文件、LMIA决定书及其附件中列出的条件。

③当经批准的 LMIA 的任何更改或错误、外国临时工人的工作条件变化时及时通知雇主联络中心（电话：1-800-367-5693）。

④接受来自监管部门的检查。

2. 对劳动用工的监管

加拿大《劳动法》定义工人和雇主在联邦监管工作场所的权利和责任，以及制定联邦劳动法。作为劳动监管机构，加拿大就业和社会发展部的劳工方案负责保护劳动双方的权利和义务。加拿大《劳动法》的主体内容分四部分：

（1）第一部分：劳资关系。

《劳动法》第一部分管辖工会与雇主之间的工作场所关系和集体谈判。本部分包含与争议解决、罢工和停工有关的规定。它概述了雇主、工会和雇员的劳资关系权利和责任。

（2）第二部分：职业健康与安全。

该法第二部分规定了预防与工作场所有关的事故和伤害，包括职业病的规定。根据第二部分，雇主有一般义务保护以下人员的健康和安全：员工在工作时，以及获准进入工作场所的非雇员（例如承包商或公众成员）。它还规定以下群体有义务帮助预防与职业有关的伤害和疾病：员工以及健康与安全委员会，或健康与安全代表。

（3）第三部分：标准工时、工资、假期和节假日。

该法第三部分确立并保护工人享有公平和公正就业条件的权利。

该法规定了就业条件的劳动标准。这些劳工标准规定了联邦监管的私营部门的最低工作条件。该部分还要求所有雇主满足这些最低权利，为雇员创造一个公平的竞争环境。

（4）第四部分：行政处罚（修订版本自 2021 年 1 月 1 日生效）。

该法第四部分规定了新的行政罚款制度，以及复核和上诉程序等事项。

《劳动法》还包括授权总督制定条例的规定。

点评：

如果承包项目不属于联邦层面监管的行业，承包企业可以根据项目所在地查阅当地的劳工保护标准。

（二）项目控制

加拿大的建筑法规规定监管机构有权对工作实施开展监督。

建筑法规是政府实施建筑工程监管的主要依据。建筑法规的实施和监督由地方政府负责，通常由省/地区政府负责。市级政府往往得到省级政府授权，负责当地的实施监督。

各级政府都配备有建筑工程的监督检查机构和相应建筑官员，对每个建筑工程项目（包括新建的和既有的）进行监督检查。例如，温哥华市政府的建筑监管部负责全市建筑工程的审查和施工及日常检查工作。监督检查通常包括以下几个方面：

（1）材料审查，颁发施工许可证。申请人（业主、建筑商、承包商、设计师等）向城市主管部门提交包括施工图在内的足够的合规性证明材料，建筑官员按建筑法规对证明材料进行审查，判断其是否与法规的要求一致。符合法规要求的，颁发施工许可证。

（2）施工过程检查。建筑工程项目在施工过程中，仍需接受主管部门的检查，尤其是一些关键环节和节点，必须接受检查。检查的目的是确保建造结果与批准的建筑方案一致，并符合法规的要求。建筑商每个月都需要向主管部门提交施工进展报告。

（3）动用前检查。建筑工程竣工后，在业主正式使用前，主管部门将对安全、健康等方面进行全面检查，符合法规要求的才准许动用。

（4）使用阶段的巡查监管。政府主管部门和建筑官员还要负责对使用阶段的建筑进行日常的巡查监督。

建筑工程项目的监督检查通常有两种方式：一是由主管部门（建筑官员）亲自进行全过程监督检查，这种方式通常适合简单的工程项目，尤其是技术措施与建筑法规 B 部分［B 部分指《加拿大国家建筑规范（NBC）》第 2 卷可采用的方案的内容］一致的项目。二是由专业人员或第三方专业机构进行评估，出具专业报告，证明工程项目采用的技术方案在性能上能够满足法规 A 部分的要求［A 部分指《加拿大国家建筑规范（NBC）》第 1 卷中的合规性，目标和功能描述］。这种方式适合复杂的工程和未采用法规 B 部分方案的工程，并且能够保证新技术、新材料、新工艺在建筑上的应用，确保不会因法规修订的滞后性而阻碍技术的创新和进步。

每个建筑工程项目开始前，由建造商（或业主）选择具体的监督检查方式。当选择第二种方式时，尽管建造商（或业主）需要承担专业人员或第三方机构的费用，但能够节约监督检查的时间。另外，加拿大国家研究院下设的加拿大建筑材料中心（CCMC）可以帮助制造商证明其创新的产品和技术系统符合法规的要求。CCMC 提供关于法规中未涵盖的新产品和技术系统的评估报告，其结论将在主管部门进行监督检查时发挥作用。

（三）境外 OH&S+E 管理规范

1. 加拿大 OH&S 的法律体系

加拿大的十四个司法管辖区（一个联邦、十个省和三个地区）都有自己的职业健康和安全（OH&S）立法。每个司法管辖区的职业健康和安全立法通过法案和相关法规概述了雇主、主管和工人的一般权利和责任。联邦政府和省级政府涉及其辖区的法律和法规不尽相同，但在工作场所各方的权利、义务、角色和责任方面具有很多共通性。

加拿大 OH&S 的主要法律为《劳动法》。该法第二部分是“职业健康与安全健康法”，共 43 章，包括释义、立法目的、沟通方式、雇主责任、员工责任、就业安全、内部投诉解决程序、怀孕和哺乳期的员工、投诉、政策健康与安全委员会、工作场所健康与安全委员会、健康与安全代表、煤矿安全委员会、政府监管、健康与安全主任、特别的安全措施、上诉、法律责任、信息提供、加拿大工业关系委员会的权力、费用等。该法不适用《加拿大核安全和控制法》监管的特定领域。在《劳动法》之下，加拿大还发布了《加拿大职业健康与安全条例》，该条例对建筑施工过程中的结构、照明、电气、暖通、施工设施、噪声、空气、劳保用品、急救、危险防控等内容作了规定。同时，加拿大的《节能条例》对家用电器、暖通空调设备、照明灯具的节能要求作了规定，其上位法是《节能法案》。

此外，加拿大还颁布了一系列特别法，对某些特殊领域的职业健康与安全问题作出规定。如《加拿大石油和天然气作业法》适用于海洋石油天然气勘探、生产、加工、运输的安全与环保。其他还有《航空职业健康与安全条例》《海事职业健康与安全条例》等。加拿大的 OH&S 法律体系见图 5-6。

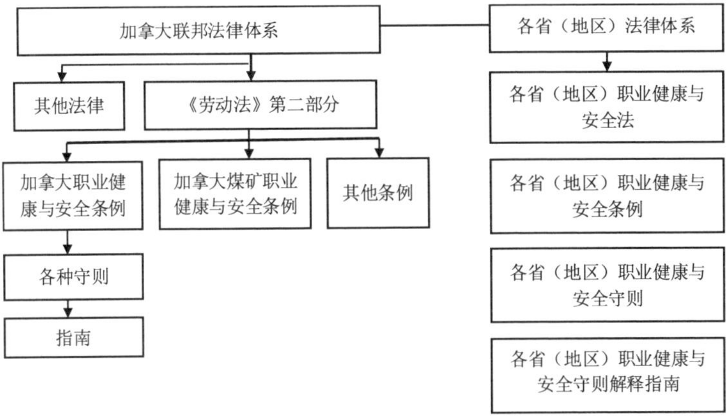

图 5-6 加拿大 OH&S 法律体系

根据加拿大劳动法第二部分，联邦政府在职业健康和安全方面的职责主要针对全国 8%的就业人员，涵盖主要经济部门，包括省际交通（航空、铁路、公路运输）、石油管道、银行、广电和电信、铀矿、水运以及相关服务行业等。职业健康与安全主要由省级政府立法和执法（涵盖超过 92%的工人）。有鉴于此，加拿大三级政府在职业健康与安全方面的职责和作用各有侧重。联邦政府负责制定劳动保障、工作条件、职业健康和安全法规（约占全国劳动立法的 10%），省级政府负责制定包括职业病和工伤补偿在内的劳工标准法规（约占全国劳动立法的 80%），市政府则主要对弱势群体提供社保和就业帮助。在这种框架下，职业健康和安全的主要管辖权力和责任放在省一级政府，但省级和联邦机构之间在联邦人力资源及技能发展部协调下进行了大量协作，从而使得联邦政府、10 个省和 3 个省级管辖区的有关法规尽管有部分差异，但指导思想和内容大体相似。

此外，加拿大有适用于危险产品的特殊“知情权”立法。它包括一系列互补的联邦、省和地区法律法规，统称为工作场所有害物质信息系统（WHMIS）。该系统是一个综合计划，用于提供有关拟在工作场所使用的危险产品的信息。WHMIS 适用于职业健康和安全法规涵盖的所有加拿大工作场所以及使用 WHMIS 管制的危险产品的区域。

2. 加拿大 OH&S 体系的核心机制

加拿大通过各种立法和规章，明确工人在享受基本劳动权利的同时也要承担起相应的法律责任，以保障自己和同事在工作场所的安全与健康。在这种体系中，政府、企业和工人组成的三方机制，尤其是企业内部管理责任制，是加拿大职业健康与安全工作的核心所在。

三方机构共同执行法律，确保劳动者合法权益得到全面保护，政府机构、非政府组织和协会，以及企业安全管理机构等，共同执行职业健康与安全法律，政府在这一过程中起主导作用。在联邦政府层面，加拿大就业和社会发展部负责职业安全健康立法以及联邦政府雇员赔偿工作；加拿大职业健康和安全中心负责工伤和职业病预防工作；加拿大工人赔偿委员会协会负责配合当局统计伤亡数字；加拿大安全委员会是一个非政府组织，负责开展公共宣传、提供安全信息、培训等工作。此外，联邦及各省、地区均设立了工人赔偿委员会（局），负责工人赔偿。

各省的立法都体现了三方机制的原则，规定所有工作场所都必须成立经理-工人联合健康安全委员会，其中一半必须是工人；小企业则至少有一名工人代表，以确保工人直接参与安全事故和职业病的预防管理。政府鼓励劳资双方自行讨论解决工作场所的一般性职业危害问题；政府通常只在问题无法得到解决时才出面干预，起到仲裁的作用。

除了工人在涉及工作场所的职业健康与安全时所应该享受的三大权利（知情权、参与权和拒绝权），加拿大特有的内部责任体系是职业健康和安全管理中行之有效的一个机制。该体系的基本原则为：工作场所的每个人都要对安全事故和职业病的预防负责。该体系不光涉及雇主、高层管理者、主管，也同样涉及工人。

（1）雇主责任：提供一个安全及健康的工作环境；确保工人接受足够的安全培训；保存书面的培训记录（谁接受培训、在何时何地受训）；建立及执行一套全面的工作健康及安全计划，包括一份书面的健康及安全政策，以及事故调查的程序；支持主管、安全员及工人开展改善健康及安全的活动；当工人或主管向其报告有关潜在危害后，要立即采取行动；当意外发生后，要立即主动调查；向主管部门报告严重事故；提供足够的急救设备及服务；根据需要提供员工个人防护装备。

对煤矿等危险性比较大的一些重要生产活动，加拿大法律规定要求雇主提前报告。加拿大《煤矿职业健康与安全条例》规定，煤矿进行改扩建，使用新的开采工艺、方法或设备，设立地面尾矿坝、蓄水池或炸药库，关闭煤矿等行为，必须提前 90 天向煤矿安全委员会作书面报告。

（2）主管责任：指导工人遵守安全工作程序；针对工人所从事的工作提供培训，并检查他们是否安全地从事工作；要确保只有经过批准及受过足够训练的工人方可操作工具及设备，或使用危险化学品；要确保设备及物料得到妥善使用、存放及维护；执行健康及安全守则；纠正不安全的行为及状况；对有可能影响工作场所安全的工人进行甄别；必要时进行跟踪访谈或者将其转荐到能够提供专门帮助的地方；制定健康及安全规则，并经常对工作场所危害进行检查。

（3）工人责任：了解并遵守适用于本人工作的健康及安全守则；如果不知道如何安全地完成一项工作，应在工作之前主动向主管要求得到培训；参加所有规定的健康及安全教育培训；安全地工作，同时鼓励其同事也要这样做；按规定使用所有的个人防护装备和防护服；如发现任何不安全的情况，要予以纠正，或立即向主管报告；如果受伤，或遇到任何工伤，要立即向急救员或主管报告；将任何有可能影响到安全工作的本人身体或精神上的损伤或不适告知给主管；主动参与，提出改善工作场所健康及安全的建议。

这一内部责任体系既强调工人的权利，又强调遵纪守法的责任，二者并举。同时，还对企业主管提出了相当高的要求。为了有效履行职责，工作现场主管既是一个安全管理者，又必须是一个沟通者和培训师。主管应当拥有良好的倾听技巧、口头表达技巧和动手示范的技能。加拿大普遍推行的内部责任机制确保了安全生产工作重点以事故预防为主，在源头防止事故的发生。

3. 加拿大 OH&S 体系的其他机制

（1）工作现场健康与安全委员会。作为加拿大职业健康和安全管理体系中十分重要的一环，加拿大凡是 20 个员工以上的企业都必须成立由资方和劳方联合组成的工作现场健康与安全委员会，负责企业的安全保障工作。其中必须有一半是职工代表。

（2）健康与安全政策委员会。凡是 300 人以上的单位，必须成立健康与安全政策委员会，负责制定单位的相关政策。委员会人数不得少于 2 人。其职责包括：参与制定健康与安全政策或方案，参与健康与安全检查，处理健康和安全方面的投诉，对工作场所事故、伤害或健康进行评估和监测，对员工配备健康与安全防护设施和装备进行监督，开展调查研究和相关合作，向政府或雇主进行报告等。

（3）健康与安全代表制度。在不超过 20 人的企业中，必须有员工选举出来的专人担任健康与安全代表，参与所有安全讨论和检查等工作。

（4）加拿大职业健康和安全规定细则。这一法律文件对不同的行业的职业健康与安全工作提出了十分具体的规定。

（5）单位内部投诉解决机制。这一条款规定，凡是涉及职业健康与安全隐患的问题，员工有权上报或反映，并不得被雇主处罚。

（6）健康与安全专职干部，即：由劳动部（厅）长委派的专职安监人员。他们有权随时进入工作现场检查、监督，或对导致严重工伤或死亡的事故展开调查。他们还有权中止该现场的部分或全部运营，有权建议行政处罚，有权提请司法起诉。

（7）违反规定的惩罚。健康与安全专职干部可以根据规定和实际情况，授权开具违规罚款单，罚金可高达 10 万～100 万加元（合 67 万～670 万元人民币）。

（8）每月检查检测。雇主必须确保工作现场健康与安全委员会或员工安全代表每月对安全隐患进行检查，每年起码应该对现场所有角落仔细检查一次以上。

在各省制定的工作场所健康安全法律类别中，很多规章都直接与国际劳工组织的标准和要求相关。其中包括：建造安全、工作中的安全、工作场所的危害因素、工作场所的威胁与欺辱、针对紧急情况的准备、矿业与建筑行业的安全工人的权利与责任等。

这些法律规定细密，程序严谨，形成比较完善的保护、调查和上报机制。值得一提的是，在由主管人或当事人的疏忽造成重大后果时，案件直接交由法庭按照刑法程序处理，在通常情况下，加拿大各省通过大量具有独立地位的类似法庭的仲裁机构，对相关法规负责进行解释和行政事务管理，并处理申诉。

4. 加拿大违反 OH&S 的处罚

加拿大联邦及各省/地区的法律，都对雇主和企业违反职业健康与安全的行为规定了明确的处罚条款。根据加拿大《劳动法》第 148 条，违法行为将区分是否存在故意，受到不同的处罚，具体如表 5-18 所示。

表 5-18　加拿大违反 OH&S 的处罚

违法行为描述	性质	处罚	
		一般程序	简易程序
一般违法行为	犯罪	100 万加元以下的罚款或 2 年以下监禁，或者两者并处	10 万加元以下的罚款
一般违法并引发伤亡（职业病）事故	犯罪	100 万加元以下的罚款或 2 年以下监禁，或者两者并处	100 万加元以下的罚款
故意违法并引发伤亡（职业病）的风险	犯罪	100 万加元以下的罚款或 2 年以下监禁，或者两者并处	100 万加元以下的罚款

[案例 5-9]

1992 年，加拿大新斯科舍省威斯特雷矿发生瓦斯爆炸，导致 26 名矿工遇难。矿难的发生促使加拿大政府采取更严格的安全监管和处罚措施，最终联邦政府通过一项旨在修改《加拿大刑法典》的新法案，即 C-45 法案。该法案建立了工作场所健康和安全的新法律义务，并规定对于造成人身伤害或死亡的违法行为，可以对单位和个人同时追究刑事责任。2009 年 12 月 24 日，多伦多省一施工现场发生脚手架事故，致 4 名工人死亡。美唐公司及其 3 名高管被控犯罪，并被判处 20 万加元罚款以及附带 3 万加元民事赔偿。2013 年 9 月，美唐公司不服提出上诉，上诉法院经审理后将罚款提高到75加万元，并判处美唐公司支付11万加元刑事附带民事赔偿。

5. 加拿大OH&S文化培育

据加拿大职业健康与安全研究人员统计，加拿大的工作场所在每死亡1人的同时，有34人因伤误工、900人受轻伤、1500人侥幸脱险和20000人有违规危险操作行为。要避免或减少工作场所伤亡事故的发生，其根本出发点在于纠正违规操作。

统计数字还表明，受职业病或安全风险因素危害比例最大的是那些刚参加工作不久的年轻工人。他们因为没有受到良好的职业健康和安全教育，缺乏安全操作经验和熟练的技能，很容易违规操作，成为职业病或安全隐患的受害者，也造成了与时间损失有关的最高的事故发生率。这一结论为加拿大各级机构和企业强化职业健康和安全培训，推行以预防为主的策略，提供了依据。由于大多数事故和职业病是由工人的不安全行为所导致的，常态化和规范化的安全健康检查、监督，有效的工作场所安全教育和培训就成为职业健康与安全工作不可缺少的组成部分。各省政府的卫生官员和安全事故调查官员在工作场所展开检查或调查时，要了解的一项重要内容就是该企业是否按照政府规定，对所有员工进行了有效的安全教育和培训，工人在上岗前是否具备必要的知识和技能。

加拿大政府采取各种方法推行多样化安全培训和服务。各级政府资助或支持的各类专业职业健康与安全机构在提供专业和权威的安全信息、执法宣传、咨询、应用研究、培训，提供应用服务和交流中发挥了不可或缺的作用。

点评：

加拿大的项目实施前要制定详细的OH&S管理体系文件，规范承包商各种行为，并严格执行。在加拿大，企业应将相当于工人工资的2%~10%的支出用来支付保险费用。承包商在投保时，安全业绩差的承包商保险费率高，安全业绩好的承包商保险费率低。

加拿大在技术工人的培养上非常严格，一名高中生毕业后，经2年的技校学习、4年的学徒才能成长为一名持有压力焊工资格证书的合格焊工。加拿大的阿尔伯塔省对外来的焊工要进行考试，合格后才能开始工作。工人在进入工地前要经过培训和考试，考试合格后方可入场。

6. 加拿大《职业健康与安全条例》中关于施工规定的主要内容和特点

（1）常用设备使用规定。

①门、窗、楼梯、地板和墙壁开口等设施的设计位置、大小等有明确严格的规定和标识提醒。例如在施工过程中，门的开关会影响通道的出入来往使用，所以加拿大的这份条例中就明确了门在设计安装时应考虑背门一侧人员的安全，并且要求在门打开时标明危险区域，以及放置可见路障，确保通道安全。当雇员被要求从一级移动到高于或低于第一级的450毫米时，雇主应安装固定梯子、楼梯或坡道。职工在使用固定梯子时要将工具、设备或材料携带到袋子或皮套中或以任何其他安全的方式携带，避免设备或材料从高处坠落引起的安全隐患。

②在开顶箱、小坑等障碍物的周围也有安全设施以防意外发生。如果雇员可从外壳正上方的一个点进入敞口箱、料斗、缸、坑或其他敞开式外壳，则外壳应用栅栏、屏幕或其他覆盖物覆盖，以防员工掉入外壳。两侧还有宽度不少于500毫米的人行道，并配有清晰可见的护栏，以确保员工安全。

③员工使用的设备贴有安全标识且标明承受能力。在楼梯的一端靠近车辆、机器或其他危险的交通路线时，条例中规定必须张贴危险标志和设置高度可见的路障以保护使用楼梯的员工，使其避免危险。

(2) 临时结构使用规定。

在现场施工过程中很多时候需要搭建临时结构。临时结构的使用时间较短，所以很多施工者在施工过程中就会忽略使用者的健康与安全。临时性工具不能作为永久建筑来使用，因此需注意以下规定：①如遇雨、雪、冰雹或风暴等恶劣天气，正常情况下任何员工不得在临时建筑物中工作；②临时结构中设备和材料应安排或固定，以免脱落伤害员工；③相关工作人员应对在相应轮班期间使用的每个临时结构进行目视安全检查；④临时结构平台的每个开放边缘处应安装护栏和脚趾板。临时结构中比较具有代表性的有临时楼梯、脚手架等。

临时楼梯、坡道和平台首先要能承受任何可能施加于其上的载荷并允许人员和设备安全通过。其次临时楼梯斜坡斜率不得超过 1.2，包括开放侧楼梯平面上扶手宽度应不小于 900 毫米且不超过 1100 毫米。临时坡道和平台要满足与地面接触牢固，必要时配有防滑钉。

脚手架作为临时结构中极其重要的一部分，是威胁员工健康与安全的一大隐患，所以对于脚手架的安全规范不容忽视。首先临时脚手架在架设、使用、拆除时要由相应人员进行或在其监督下进行。其次每个脚手架的底脚和支撑应能够承载所有可能施加在其上的荷载。最后每个脚手架的平台至少应有 480 毫米宽，并且足够牢固。

同时由于工具、设备或材料有可能从临时建筑物上落下，雇主需提供保护结构或安全网，以防止临时建筑物周围的任何雇员受伤。此外雇员使用的临时建筑物上的平台、扶手、护栏和工作区在临时建筑物使用期间应保持无积冰和积雪。雇员使用的临时建筑物的地板应保持没有油脂或其他易滑物质以及任何可能导致员工绊倒的材料或物体。

（3）提升设备使用规定。

在建筑施工方面，设备的安全保障了施工活动的进行。所以，设备的检查与提升也是极其重要的。设备的更新应该与时俱进，并且应该定时检查，防止设备老化导致安全事故发生。在设备提升方面需极其细致周到，对于提升设备的情况以及相关人员也有详细要求，并且也要进行详细检测。每个升降装置及其附带的每个安全装置均须在合理切实可行的范围内，符合加拿大标准化协会标准所载的标准使用、操作和维护。首先，使用升降装置不得在负载超过安全移动负载的情况下运行；其次，每个升降装置及其附属的安全装置均须由符合资格人士检验及测试，以确定是否符合标准。

点评：

在国外建筑业中安全设计应用广泛，在设计阶段就考虑建筑和施工安全，可以有效防止安全事故的发生。在此条例中体现在一些细节的地方，如墙壁开口的地方设计安装护栏、窗户的锚固安装、临时楼梯的斜率范围规定。

7. 加拿大工程项目健康与安全计划参考

健康和安全计划是旨在预防事故和职业病的明确行动计划。根据加拿大大多数司法管辖区的职业健康和安全立法，项目健康与安全计划必须在项目前期制定，并交由监管机构审查。加拿大职业健康和安全中心提供的详尽的健康和安全情况说明书，其内容包括：密闭空间的程序、有效的工作场所检查、应急预案、符合人体工程学的安全患者处理程序、危害控制计划、危害能量控制程序、事故调查程序、工作安全分析、职业健康与安全政策的制定和实施、加拿大的 OH&S 立法中的伤害报告制度、OH&S 计划的一般要素、工作场所无异味政策、选择和聘请职业健康安全顾问、工作场所的暴力和骚扰、工作场所健康和福祉促进。

8. 加拿大工程项目环境保护（E）合规要求

做好环境保护，事前获得环境影响评估批准是工程获得审批的关键。加拿大基础设施部对项目的投资取决于项目是否确保遵守联邦环境法定要求。工程项目受《影响评估法》《北方监管制度》和/或其他联邦环境法定要求的约束，如《渔业法》《加拿大通航水域法》和《濒危物种法》。

加拿大官方发布了《环境影响评估指南》，该指南为项目人员和影响评估从业人员开展项目环境评估所需的信息和要求，并包含具体范式和模板。

[**案例** 5-10]

考虑到对渔业资源的影响，加拿大托巴蒙特罗斯水电工程建设及运营的审批项目一般与工程规模和工程坝址特性有关。由于厂房、输电线路所占土地属于省政府，因此工程占地、土地使用以及取水许可均需得到审批，目的是尽量避免或减轻工程的环境影响。审批项目的申请和批准过程大约耗费5年。

对于该工程来说，其环境影响主要关乎项目所在地的沿海水域的洄游性鲑鱼。托巴河和蒙特罗斯河上的工程建设，阻碍了鱼类洄游进入电站进水口和厂房间的河段。对电站尾水的水流波动影响进行仔细研究，并且满足电站的控制系统设计也使尾水位波动在规定的范围内。另外，要求保留最小的河道流量，且不受电站发电要求的影响，保持引水河段的生态功能。上述要求是用水许可中规定的一部分。

其他环保要求包括：

（1）在修建工程道路和架设输电线路时，如需跨越水域，应得到联邦渔业部门的允许；

（2）施工期间进行独立的环境监测，并向政府主管部门报告；

（3）在灰熊、山羊和珍稀鸟类的栖息区，应对工程活动进行限制；

（4）对受工程影响的鱼类生态环境，采取工程补偿措施。

9. 我国商务部和生态环境部对境外投资合作有关环保的指引

目前，规范我国海外投资环境保护的主要政策是《对外投资合作建设项目生态环境保护指南》，是由生态环境部、商务部在 2022 年 1 月联合发布的指导性文件，对原有《对外投资合作环境保护指南》（商合函〔2013〕74 号）进行修订。目的是进一步做好对外投资建设项目生态环境保护工作，高质量推动对外投资项目建设。

《对外投资合作建设项目生态环境保护指南》（简称《指南》）在以下几方面进一步优化对外投资合作建设项目环境管理：一是进一步明确适用范围。《指南》适用于中国企业在境外开展投资建设的新建（含改建、扩建）类项目、收购并购类项目以及承包工程项目，这些类型的项目在开展生态环境管理工作时，均可参考《指南》。二是进一步丰富内涵。《指南》针对污染防治、应对气候变化、生态系统和生物多样性保护等多个领域提出对外投资合作建设项目工作指引。三是理顺项目全生命周期管理流程。根据项目投资建设前、施工期、运营期、关闭退出等主要环节，《指南》调整并补充完善了相关规定。四是进一步提高境外项目环境管理水平，《指南》鼓励项目采用国际通行标准或中国更严标准开展生态环境保护相关工作，并对企业提出完善内部环境管理体系、鼓励开展清洁生产、加强信息发布等要求，强调企业环境管理主体责任。

10. 我国商务部对境外投资合作有关安全管理的指引

中国商务部对外投资和经济合作司发布的《境外中资企业机构和人员安全管理指南》为境外企业和对外投资的安全保护工作提供了全面的指导。

四、第四阶段：竣工验收

工程竣工验收指的是工程建造已经完成建设合同、设计图纸内的所有内容并已具备使用要求的交付过程。竣工验收是在分项、分部和单位工程验收完成的基础上进行的，是全面考核项目建设工作的必要环节。由承包商发起竣工验收申请，设计师及业主单位联合进行检查验收。

（一）竣工验收条件

竣工验收条件由与雇主的合同条款约定，一般来讲应完成以下工作：

（1）工程已按批准的设计内容全部完成；

（2）工程自检验收及评价完成；

（3）历次验收所发现的问题已基本处理完毕；

（4）归档资料齐全符合合同约定；

（5）工程投资全部到位；

（6）竣工结算完成合同约定；

（7）按合同约定，项目的安全、环保、消防、水保档案等各单项已通过验收；

（8）合同约定的其他事项。

（二）竣工验收实施

验收一般是业主单位的责任，业主单位聘请当地管理机构认可的专业公司，此类公司的专业人员会对建筑材料以及施工各阶段和各部分进行监督管理。有一些地方要求必须通过有关政府管理机构的验收，主要针对施工阶段的几个关键环节和防火安全方面。验收的目的是为了保证建筑物的质量，达到规范和其他质量标准的要求。

项目公司/项目部应与业主进行充分的沟通，明确项目验收要求，包括需要业主参与的验收项（如隐蔽工程等）及最终的移交标准等，并将相关要求准确反馈至各分包单位。项目公司/项目部须严格依据设计图纸和有关国家规范标准的要求执行分项、分部和单位工程验收。对于工程隐蔽部分和其他需要中间验收的部位，项目公司/项目部应通知监理在施工过程中进行验收，要注意验收前通知时限。提前通知监理，避开周末、节假日等不利因素。必要时须邀请业主参与相关验收，并对验收内容做好详细记录并签证。此验收记录应作为竣工技术文件的组成部分。

以在加拿大建造房屋项目为例，来说明加拿大工程建设的审批、许可证发放和验收的一般过程。

1. 施工准备阶段

区域规划和环保审批→工地平面图、施工图和说明书→施工许可证、管道工程许可、暖通工程许可、电力许可、公用设施许可（煤气/丙烷）、健康部门许可（井/污水处理系统）。

2. 施工阶段

基坑开挖和基础验收→下水道、排水管、供水设备和地下管道检查→电器设备验收→回填土之前的验收管道→暖通和电力系统的验收→框架验收→保温层和空气层及防潮层的验收→入住前的验收管道→或通和电力系统的验收。

3. **竣工后**

竣工验收→获取占用证。

（三）工程款支付

加拿大各省/地区对工程款支付规定各有差异，但差异性不大。工程结算主要以签订的合同文本为主要依据。以下以阿尔伯塔省 2020 年 10 月通过的《承包商留置权（及时支付）修正案》（第 37 号法案）为例，来说明加拿大对工程结算的一般规定。

1. **及时支付**

为了保证项目资金的流动性，第 37 号法案规定，在工程建设阶段，承包商必须保证至少每 31 天向业主提交书面的符合要求的账单。账单应包括：①能证明确立债权债务关系的合同或协议；②已完成工程或已提供材料、服务的证明；③要求付款的金额；④已完成工程或已提供材料、服务的付款条件等。若合同约定以工程、材料、服务验收合格作为付款条件，则承包商无须至少每 31 天向业主提交账单。

若业主对承包商提交的账单无异议，则应在收到账单后 28 天内向承包商支付全部金额。若有异议，则业主有权在收到账单后 14 天内向承包商发出一份争议通知，争议通知中应明确说明有争议的金额并解释有争议的原因，并在收到账单后 28 天内向承包商支付无争议部分的款项。

如果承包商收到了业主发出的争议通知，承包商应立即通知有争议款项所涉及的分包商，并在收到争议通知后 7 天内向该分包商发出不付款通知。不付款通知应包括：①争议通知副本；②不付款的金额；③业主对该款项不付款的原因；④在向分包商发出不付款通知后的21天内，承包商会与业主协商解决争议的承诺书。当承包商收到业主支付的无争议部分的款项后，应在7天内向提供无争议工程、材料或服务的分包商支付相应比例的分包款项。

如果承包商未收到争议通知，则承包商应在收到业主支付的工程款后7天内，向每个分包商支付相应比例的分包工程款。当承包商对支付给分包商的金额有异议时，承包商应在收到业主支付的工程款后7天内，向该分包商发出不付款通知并支付无异议部分的款项。

此外，第37号法案还规定了计息利率，即对于账单中应支付的金额，如果到期未支付将按照规定的利率计取利息。

2. 裁决机制

为及时解决争议通知中涉及的问题，第37号法案提供了一个新方案，即裁决机制。在该机制下，业主或承包商均可将争议通知提交裁决，裁决过程比法院诉讼更快捷、成本更低。与加拿大安大略省《建筑法》中规定的裁决结果仅有临时效力不同，第37号法案规定裁决即为终局，裁决结果即为最终结果，对双方均有约束力，除非出现以下7种情况之一：①裁决员的裁决依据存在法律错误；②裁决员无权裁决此争议；③合同在争议发生时无效；④法律规定的不允许裁决的情况；⑤裁决员不是由提名机构任命的；⑥裁决程序不符合规定程序；⑦有理由担心裁决员有偏见或欺诈行为。

第37号法案中列出了一些有权任命第三方裁决员的提名机构，并指出裁决服务费需依据法律规定支付。

3. 释放质量保证金

目前，阿尔伯塔省法律要求以合同价格的10%作为质量保证金，并在签发实质完工证书后45天内返还给承包商。但返还时间通常会延长，这无疑给承包商带来了现金流压力，并且对于工期在1年以上的大型项目而言，这个问题尤其严重。所以，第37号法案规定，如果建设工程的工期超过1年或承包商被要求分期支付质量保证金，则业主应分阶段或分年释放质量保证金，以维持整个建筑供应链的现金流。

4. **延长留置权登记时限**

除了油气井项目仍有90天的留置权登记时间外，其他任何建筑留置权的登记期都从45天延长至60天。但考虑到混凝土工作的特殊性及混凝土养护所需的时间，第37号法案将混凝土相关建筑的留置权登记时限从45天增加到90天。此外，允许进行留置权登记的最低金额也发生了变化，即从300加元提高到700加元。

5. **背靠背支付条款**

第37号法案同意背靠背支付条款，即合同中负有付款义务的一方与合同另一方约定，以其在与第三方的合同关系中收到相关款项作为其履行本合同付款义务的前提。

点评：

在工程建设行业级联式的付款机制下，承包商将承担很大风险，在实践中需要分包商与其共担风险以减小承包商的财务压力。不过，第37号法案新引入的裁决机制将有助于提高争议解决的效率，所以分包商的收款风险也会相应降低。

（四）资金跨境结算

加拿大目前有两个跨境电子批量支付系统：美国美联储的国际自动票据交换所服务和欧洲银行间自动转账支付系统。

要进行跨境交易，发起银行从外汇市场获取相关货币，这项活动是跨境支付流程的基础。理想情况下，这些支付将在支付对支付的基础上结算，以降低赫斯特风险（注：是指外汇交易因跨越时区，造成结算时间差异而导致的风险）。合作银行将付款转换为当地货币，每笔款项由汇款人和收款人在其各自的国家支付系统中进行清算和结算。跨境结算通过代理银行的银行协议进行。

在主要货币的批发市场，是通过连续联系结算服务（CLS）完成的。CLS 仅向 60 家结算银行提供 18 种不同货币的支付对支付结算。CLS 计算每种货币的净收付时间表，允许银行以流动性高效的方式结算外汇交易。此外，货币的有限范围是由特定运营商参与系统的能力决定的，这需要大量的法律和运营工作。

五、第五阶段：投产运营

（一）项目运营

如果合同中约定由中方公司负责运维，则在验收合格进入投产后，中方公司应立即组织人员开始项目运维工作。而在验收前期，中方公司就应做好相应的运营前期准备工作，如提前招募并培训当地运维人员、管理人员提前进场、提前购置办公和生活家具、做好技术交接等工作。

对于运维模式选择，实践中通常有业主自行运营维护和外部运维商运营维护两种模式。考虑到我国承包企业大多不具备专业的运营维护能力，如果我国承包企业运作投融建营一体化项目，建议我国承包企业就项目的运营维护聘用有经验的运维商作为自己的运营维护分包商，或者由项目公司直接聘用外部专业运维商对项目进行运营维护，以确保项目在运营期内得到有效的运营、检修和维护，保持项目的持续可用性，进而保障项目投资成本和收益的回收。

（二）保修

由于项目地处国外，工程施工完成交付生产运营后，多数承包商需要撤回国内，保修和后续服务的方式、责任与期限需要在工程合同中明确细化。

在保修期内，承包商方应根据合同约定，成立工程保修组，指定熟悉本工程的技术、施工管理人员作为保修组负责人，配留足够原项目部的工作认真、经验丰富、技术能力强、专业齐全的管理人员和作业人员及施工机具，建立工程保修管理制度，及时快捷处理运行中的问题，并做好保修记录。

（三）项目后评价

1. 项目后评价的内容

工程项目的后评价是工程项目竣工投产、生产运营一段时间后，对项目进行系统评价的一种技术经济活动。项目后评价内容主要包括针对项目全过程运营情况，进行 5 个子项的项目总结与分析评价：

（1）项目目标后评价：该项评价的任务是评定项目立项时各项预期目标的实现程度，并要对项目原定决策目标的正确性、合理性和实践性进行分析评价。

（2）项目效益后评价：项目的效益后评价即财务评价和经济评价。

（3）项目影响后评价：主要有经济影响后评价、环境影响后评价、社会影响后评价。

（4）项目持续性后评价：项目的持续性是指在项目的资金投入全

部完成之后，项目的既定目标是否还能继续；项目是否可以持续地发展下去；项目业主是否可能依靠自己的力量独立继续去实现既定目标；项目是否具有可重复性，即是否可在将来以同样的方式建设同类项目。

（5）项目管理后评价：项目管理后评价是以项目目标和效益后评价为基础，结合其他相关资料，对项目整个生命周期中各阶段管理工作进行评价。

国内项目后评价一般按三个层次组织实施，即项目法人的自我评价、项目所在行业评价和各级发展计划部门（或主要投资方）的评价。

企业在加拿大投资项目首先应进行项目法人的自我评价，组织项目相关部门编写项目总结，从项目的前期准备到竣工验收，全面系统地总结各个阶段的实施过程，查找问题、分析原因；对项目的工程技术效果、财务效益、经济效益、环境影响、社会影响等进行分析评价，对照项目可研评估结论和主要指标找出变化与区别；对项目目标的实现程度及适应性、项目的持续发展能力及问题进行分析评估得出项目后评估结论，总结经验教训，提出对策。

2. 项目业主对承包商的后评价

加拿大公共服务和采购部拟开展对供应商的绩效进行评估，并发布了管理供应商绩效草案，目前正在试行。对建设行业的评估指标包括：施工质量；文档质量；管理-沟通协调；管理-健康与安全；成本，以固定总价合同为基础；进度表-项目管理。各指标评定等级都分为5级（5分：卓越；4分：超越；3分：符合；2分：需要适度改进；1分：需要重大改进）。

（1）施工质量（权重10%）。评估实质性完工时的工程质量，以及承包商在实质性完工前后识别和解决缺陷的有效性。此类别的指标包括（如果适用）：

· 根据合同的条款和条件，工艺和遵守图纸和规格中概述的质量规定。这可能包括（但不限于）材料、等级和尺寸。

· 在项目的施工/开发阶段，为最大限度地减少和缓解缺陷所做的努力的有效性和证明材料。

（2）文档质量（权重 10%）。文件交付物必须符合合同中规定的任何标准、指南或其他要求。如果有多个文件可交付成果，可对其进行集体或单独评估，并对其进行平均，从而为承包商提供一个单独的绩效类别分数，由评估人员自行决定。在合同开始时，应讨论将评估哪些正式文件交付成果以及使用的适用标准。此类别的指标包括（如果适用）：

· 内容要求：文件的内容涉及所有合同要求；

· 详细程度：提供的详细程度是适当的，没有遗漏或无关的信息；

· 写作质量：写作质量，包括清晰度、语法、完整性和技术术语的一致使用，达到或超过预期；

· 格式：格式遵循提供的模板和适用的指南；

· 标准：文件达到或超过所有适用标准；

· 修订：最少或没有需要修订的草稿版本。所需的修改很小，并得到及时处理。

（3）管理–沟通协调（权重：20%）。评估承包商在管理和协调执行合同所需的活动方面的有效性。此类别的指标包括（如适用）：

· 沟通：承包商在沟通中始终如一且积极主动，提供清晰全面的信息，并及时更新进度。

· 问题管理：承包商积极有效地响应和解决任何问题（例如，装运延误、质量缺陷）。告知甲方项目风险和问题，并及时提供纠正行动计划。承包商解决或有效控制任何问题。

· 交付管理：交付包含合同时间表中规定的正确数量（包括尺寸和其他要求）。发票和装箱单按照合同中包含的付款和开票说明，按时、准确和完整。

· 关系管理：承包商与所有合同利益相关者保持并协调有效的专业关系。

· 灵活性：承包商在协调活动以及快速响应查询和请求的可交付成果更改方面表现出敏捷、开放、协作与合作。

· 可靠性：承包商独立管理合同工作，包括遵循商定的行动项目、决定和承诺，无需过多的指导、监督或干预。

· 持续改进：承包商通过承认绩效方面的薄弱环节、采取纠正措施并在适用时为流程改进提供有价值的意见，展示了改善合同成果的承诺。

（4）管理–健康与安全（权重：20%）。评估承包商在管理和执行合同文件中规定的健康和安全规定方面的有效性，这些规定是省/地区立法要求的，或者在其他方面适用于工作现场。此类别的指标包括：

· 安全相关合规问题的频率和严重程度，以及纠正措施的及时性和有效性；

· 健康和安全实践在最大限度地减少可避免的伤害和事故的频率和严重程度方面的有效性；

· 及时提供符合合同要求和标准的健康和安全文件和报告，例如健康和安全计划、危险评估现场特定安全计划、省/地区项目通知以及所需的许可证、事件报告和及时更新健康和安全文件。

健康和安全官员可能包括：部门代表、具有管辖权的当局（例如，劳工部代表、CNESST 检查员、建筑检查员）、人力资源处和职业健康与安全局代表、施工和维护安全顾问、合同中指定的任何其他健康和安全官员。

（5）成本，以固定总价合同为基础（权重：20%）。成本控制是绩效的一个重要方面，即使在有固定的支付价格基础的情况下也是如此。在合同期间需要计划外工作的情况并不少见。特别是在复杂的项目中，可能会出现不可预见的情况、问题和需求变更。通常，不属于原始合同一部分的计划外工作必须通过变更请求/合同修订流程获得批准。这通常涉及提案提交和与供应商的谈判，并可能导致不合理的成本上涨。此类别的指标包括：

· 变更单申请的合理性；

· 变更单报价的合理性；

· 问题识别和通知的及时性；

· 信用的识别和提供（如果适用）。

（6）进度表-项目管理（权重：20%）。复杂合同的要求通常与总体项目进度相关联。如果项目进度主要由承包商管理和控制，则进度（项目管理）绩效类别评估承包商根据合同建立和维护进度的有效性以及减少潜在的延误。在某些合同情况下，可能无法在授予合同之前确定明确的合同进度表，并且可能需要根据授予后的活动调整初始进度表。承包商通常不仅对整个项目负责，而且还负责共享定义的角色和职责的多个利益相关者。在此类项目中，可能会发生超出承包商责任和控制范围的延误。承包商必须执行的任务可能取决于其他利益相关者首先或同时完成的任务。对于超出承包商责任和控制的情况的可原谅的延误，应由评估人员酌情考虑。此类别的指标包括：

· 建立初始计划的及时性和有效性，包括（如适用）关键路径、任务订单、里程碑、验收标准和交付计划；

·当需要修改或澄清进度表（包括可交付成果）时，进度监控和通知的及时性和有效性；

·在承包商控制范围内及时有效地解决问题并尽量减少延误；

·承包商在整个合同期间提高效率的能力，即使由于超出承包商责任和控制范围的情况导致总体进度表延迟。

六、在加拿大开展工程的其他注意事项

（一）尊重当地风俗习惯

加拿大是一个名副其实的移民国家，移民占全国人口的99%。各地移民为加拿大带来了丰富多彩的文化气息，形成了多元文化环境。在这种环境中，各民族独特的艺术表现方式相互影响，带来了加拿大文化事业的兴旺蓬勃。与美利坚文化不同，加拿大各民族的独特文化并存互行，共同发展繁荣。不同民族文化背景的社区、团体为保持和发展本民族的文化而举办的活动不仅会受到社会的尊重，而且还会得到政府的支持。例如华人区的中文补习班可得到政府文化基金的补贴。

大多数加拿大人姓名顺序为名字、中间名和姓，为表示尊敬，第一次与人见面时，用称谓（Ms、Mrs、Miss、Mr、Dr）和姓（如Mr. Smith），熟悉之后，对方会让你称呼他们的名字。

遇见、问候的时候，通常只需微笑或点头、招手。初次见面，加拿大人通常会相互握手并自我介绍。一对一谈话时应注视对方的眼睛。遇到熟人，挥手并说："How are you?"是最常见的问候方式，回答一般为"Fine、Great、Not bad，thanks。"

在与加拿大人交谈时不能询问对方有关年龄、体重、婚姻和家庭

状况等隐私问题，特别是与金钱有关的问题，这会让他们感到非常不自在。同时在交谈过程中，忌讳打断他们正在说的话或与对方发生争执，即使你有很要紧的事，也应该等对方把他的话表达完整后，再发表自己的意见。

加拿大人说话十分直接，一般很快进入话题。他们说话时通常习惯用手势并保持目光接触。在加拿大，吃饭时发出很大的声音非常不礼貌。加拿大公共场合不允许吸烟。

“13”这个数字在加拿大被看作厄运，因为大多数加拿大人都信奉新教和罗马天主教，所以他们非常忌讳这个数字。在很多场合他们都尽力避免使用这个数字，如门牌号码、楼层号码、宴会的排号等都不会使用这个数字，甚至连聚会日期都不会选这一天。如果 13 号正逢是星期五，他们就会把这一天称为“黑色星期五”，认为它是灾难的象征。因此大家要避免在当地人面前使用这个数字。反之，“4”这个数字，或者“44”“444”在西方人眼里都被认为与“Fortune”同音，是一个幸运数字。

加拿大的公交车是按时间发车的，到站时间都很准。有些公交车发车间隔时间长，出发前最好提前去网上查好公交车的到站时间、费用等。坐公交车要按“Stop 铃”，车才会停，车停稳了后需乘客自行推门把门打开，下车得喊一下“Thank you”以示礼貌。在加拿大不能伸手在路边打车，需要打电话约车。

近年来亚洲移民大量移民加拿大，其中从中国大陆、中国台湾、中国香港来的华人达 100 万左右，集中居住在安大略省的多伦多市（40 万人）、魁北克省的蒙特利尔市（15 万人）和不列颠哥伦比亚省的温哥华市（25 万人）。随着大批华裔移民涌向加拿大，唐人街的舞狮、端午节的龙舟也成为加拿大的民族风景之一。

（二）承担必要的社会责任

加拿大关于企业社会责任具体标准主要包括以下方面：

（1）公司管理与道德操守；

（2）健康和安全；

（3）环境管理；

（4）人权（包括劳工权益）；

（5）人力资源管理；

（6）社区参与；

（7）发展和投资；

（8）对少数族群人士的尊重；

（9）企业慈善事业和员工义务；

（10）客户满意度和公平竞争；

（11）反贿赂和反腐败；

（12）问责；

（13）透明和绩效报告；

（14）供应商关系，包括本地和国际供应链等。

中国企业在加拿大投资应参照相关标准执行。

[案例 5-11]

某中资石油公司积极参与当地救灾

在2016年阿尔伯塔省麦克默里堡发生加拿大历史上最为严重的森林火灾时，某中国石油公司不仅马上捐款，并将麦克默里堡救灾基金会作为主要捐赠对象，持续帮助当地受灾地区共渡难关。在2013年当地发生水灾时亦积极捐款。此外，该公司长期赞助当地艺术团体，2013年与阿尔伯塔芭蕾舞团和卡尔加里剧院签署3

年赞助协议，为两家团体提供12万加元。该公司还向温哥华艺术馆举办的故宫瑰宝展提供100万加元赞助。通过不断履行企业社会责任，公司形象得到提升，公众认可程度亦获得提高。

[**案例** 5-12]

某中资石油公司资助大学受表彰

某中国石油公司收购的当地石油公司，在过去20年里共资助卡尔加里大学2000万美元，用于设立本科学生奖学金和资助科研项目等，成为向该校捐助最多的企业捐助者。2014年为表彰该公司20年对学校发展始终如一的支持，卡尔加里大学Schulich工程学院授予该公司“院长嘉奖——企业领导奖”。

[**案例** 5-13]

某中资银行积极捐赠抗疫物资

加拿大发生新冠疫情后，某中资银行向加方捐赠重约7吨的抗疫医疗物资，包括3万个外科口罩、1万套防护服、1万个护目镜和5万双手套，以及3万个N95医用口罩等。这批物资由加拿大白求恩协会承接，无偿捐赠给加拿大3家重点收治新冠病人的医院，在加各界反响良好。

（三）懂得与媒体打交道

加拿大新闻环境较宽松，涵盖电视、报刊等多方面的新闻投放工作，中资企业应了解当地主要媒体，学会与当地媒体搞好关系，传播企业正面形象。加拿大5家影响力广泛的媒体如下：

（1）加拿大环球邮报：环球邮报是加拿大最具权威、最有影响力的报纸之一。环球邮报一直致力于报道国际和国内事务，环球邮报社论和新闻报道经常被国外报刊引用或转载，环球邮报影响不仅遍及全加拿大，而且在世界上也享有声望。

（2）加拿大国家邮报：加拿大国家邮报是一份在加拿大全国发行的英语报纸，以多伦多为基地并在全国六个城市印刷。

（3）城市电视网：城市电视网是加拿大一家私营英语电视网络，由全国七间直属地区电视台和三间联播分台组成，母公司为罗渣士传媒。城市电视于1972年启播，早期只在多伦多广播，其后逐渐拓展至全国其他电视市场。

（4）多元文化电视台：多元文化电视台是加拿大一家私营多元文化电视频道，多元文化电视台为罗渣士传媒集团成员。多元文化电视台分别在安大略省多伦多、不列颠哥伦比亚省温哥华以及亚伯达省爱民顿和卡加利设有五间直属地区分台。

（5）Canoe. com：Canoe. com是一个领先的媒体提供商，主要提供本地和本国的新闻、娱乐、教育、住房、汽车、交友和分类广告等，帮助人们了解加拿大。

（四）处理好与政府和议会的关系

加拿大是一个议会民主制国家，在行政制度上奉行议会负责制。议会制政府包括联邦政府和地方政府两个等级。联邦政府或省政府在某些领域拥有完全的管辖权。在另外一些领域，联邦政府和省级政府可能对同一事务有不同的管辖权。另外，省政府把一些管理权限委托给市级政府行使。因此，一项商业活动有可能同时受联邦、省和市三级政府管辖，还可能受行政部门的政策以及各级法院的管辖。加拿大的13个省区在私有财产、合同签署、自然资源、土地使用和计划、司法审判、教育、卫生医疗和市政管理方面享有立法权并有权制定省级有关法律。大多数涉及一般商业活动的商务法律也由各省立法机构制定，各省在此方面的法律规定上大多保持一致。

中国企业在加拿大处理好与政府和议会的关系，最重要的一点是严格按照加拿大相关法律法规和工作程序办事，将企业的发展融入当地社会发展。

构建与政府和议会和谐关系的主要方法包括：

（1）积极了解加拿大政府和议会相关部门的职责和工作流程，达到节省时间、提高效率的目的，同时避免因不了解情况，而对加政府和议会相关部门办事程序产生误解。

（2）主动关心关注加拿大各类选举结果、政府和议会的最新经济政策走向，充分利用相关政策，同时也使企业的生产经营活动更符合政策导向。

（3）充分发挥当地议员的作用。议员是加选民和政府之间的沟通桥梁，要主动与当地议员建立工作联系，充分利用当地议员了解社情民意，反映中国企业的现状、对当地经济所作的积极贡献以及遇到的困难，请议员协助解决。

（4）敢于和善于表达自己的观点、态度和意见，同时要掌握一定的与政府部门沟通的技巧，保持与政府和议会相关部门和工作人员联系畅通。

［**案例** 5-14］

中国某矿业企业在加拿大当地省政府拟修订矿业权政策可能会对中国企业权益产生影响时，敢于发声，积极应对。提出理解政府加强宏观管理、有序开发钾矿资源的用意，但也建议政府保持政策的相对连续性，增强外资企业投资信心，实行过渡期“老人老政策、新人新办法”的意见。相关意见受到省政府的重视。

[案例 5-15]

在加拿大，中国企业注意发挥商会平台的作用，定期通过商会举办大型投资论坛和商务高峰论坛，邀请政府官员和议员参会，使其了解中国企业在相关领域的投资情况和面临的困难，建立了与政府部门和议员之间的沟通机制。此外，不列颠哥伦比亚省中资企业商会还与当地省政府签署了合作备忘录，为中国企业与政府部门之间的沟通建立了快速通道。

（五）遇到困难寻求帮助的途径

1. 寻求法律保护

加拿大法律体系完备，企业习惯通过法律手段解决争端，因此在加拿大遇到经济纠纷和其他法律问题时最好寻求当地律师的帮助，保护自身的权益。建议在加长期生产经营的中国企业，聘请常年法律顾问，帮助解决可能遇到的法律问题。驻加拿大使馆经商参处的网站上登有加拿大主要律师事务所的链接。

加拿大整个法律援助系统不是由某个机构独自管理的。各省和地区控制管理着当地的民法和刑法方面的法律援助项目。尽管如此，联邦政府的作用仍然十分重要，因为它对各省和地区法律援助项目的拨款数额极大地影响到这些服务的提供。

在大多数省，法律援助计划由一个独立的委员会主持。这个委员会与政府和律师团体都保持一定的距离。一般来说，这种保持距离的关系十分重要。法律援助机构必须独立于政府的原因是在某些受到援助的案件中它经常站在政府的对立面，如儿童福利、移民和难民案件或刑事诉讼等。另一方面，律师行业也不应直接控制法律援助项目，否则很容易被看成是想在价格收费方面图谋私利。任何其他的社区团体也不适合主管法律援助的行政工作。因此，大多数省建立一个独立的法定机构来管理法律援助计划，该机构在一个能平衡政府、法律行业和社区各方利益的理事会的指导下进行工作。不过在某些省，法律援助计划的确由法律协会或政府直接控制。法律援助服务可以采取两种形式：直接的法律服务，即向某人提供法律服务并保持传统的律师与当事人的关系；间接服务，即提供法律宣传资料的服务，如起草和发行法律知识的小册子和开展学校的法律教育课程。

加拿大侧重直接法律援助，但也兼顾其他形式的间接法律服务。另外，大多数省还通过法律协会、加拿大律师协会或其他法律组织设立公众法律教育项目和律师转介项目，以便更好地为公众提供法律信息。

各省和地区都要求申请人首先通过个人的经济状况审查。符合条件的人可以由援助计划支付其全部或部分律师费。全国各地对资格的要求不尽一致。但大多数的地区对收入水平有明文规定，收入超过一定界限的人没有资格得到法律援助，通常财产也要考虑在内。其他影响资格的因素还包括居住区和所申请的法律援助类型（私人开业律师还是社区法律诊所）。月收入超过规定最低限的人需要自己支付一定的律师费。同样，拥有一定财产的人也要交一定的费用。

2. **取得当地政府的帮助**

加拿大是联邦制国家。根据宪法，联邦和省分别拥有相应的管辖权。地方经济发展等事务由各省政府管辖。中国企业在加拿大投资经营的过程中，要根据各自经营领域和规模等具体情况，与相应的主管部门保持密切联系，及时通报企业发展情况，反映遇到的问题。加拿大各省对于各自辖区内的经济发展事务往往具有更大的主动性和积极性。中国企业应注意充分借助当地政府的力量，解决生产经营过程中遇到的困难。同时，中国加拿大商会经过五年来的发展，与当地政府部门在一定程度上建立了相应的联系机制和渠道，中国企业应积极加入商会组织，通过中资企业商会寻求当地政府的帮助。

联邦政府层面，外交贸易发展部负责投资促进和宣传，工业部负责非文化项目的审核，遗产部负责文化项目的审核。各省有对应的政府部门负责省内经济事务。

此外，加拿大各地方政府还设有相应的投资服务机构，可以为外国直接投资提供一站式服务，如渥太华的 Invest Ottawa、蒙特利尔的 Montreal International 等。

3. 取得中国驻当地使（领）馆保护

根据国际惯例和中国法律规定，驻外使（领）馆，负有保护本国及其侨民和企业在驻在国权益的职责。中国公民和企业如果在加拿大遭受不法侵害，可以寻求中国驻加拿大使（领）馆的保护。目前，中国外交部在加拿大首都渥太华设立了大使馆，在多伦多、温哥华、卡尔加里和蒙特利尔设有总领事馆。

此外，中国企业在进入加拿大开展投资和工程承包、劳务合作等经济合作前，建议征求中国驻加拿大使（领）馆经商参处（室）的意见。在当地注册公司或者开展经济合作后，应按规定及时到相关使（领）馆经商参处（室）报到备案。在日常经营过程中，应该与相关使（领）馆经商参处（室）保持定期联系，遇到重大问题和事件应及时报告并服从协调。

4. 建立并启动应急预案

加拿大政治稳定，经济发达，社会安宁，但是一些抢劫凶杀案件也时有发生，中国公民和企业在加拿大要加强自我保护意识。

中国企业到加拿大投资和生产经营，应建立紧急预案，以应对突发事件。一是要树立正确的安全观，建立境外项目安全风险评估制度，客观评估潜在风险，特别是根据行业特点和企业性质有针对性地建立内部紧急情况预警机制，制定应对风险的预案。二是要加强对员工的安全教育，强化安全意识，在生产经营过程中严格执行相关安全生产规定。三是要妥善处理好与各方面的关系，特别是与工会组织、当地社区和原住民的关系。四是要保障必要的安全投入，购置安全设备和购买人员保险。

遇到突发事件时，企业应按照应急预案立即启动相关工作机制，争取将损失控制在最小范围内。第一时间向当地的警察、消防和救护等紧急救援部门求助。同时，立即向当地政府主管部门、中国驻加拿大使（领）馆和国内总部报告。

5. 其他应对措施

当在加拿大遭遇交通事故或受到犯罪分子侵害时，应当立即报警，详细报告案件情况，提供有关证据或线索，同时索要一份警察报告复印件。应当请求警方通知亲友、雇主或中国使（领）馆，与投保的保险公司或国内亲属联系，及时解决所需费用，联系律师或医生（如需就医）。向中国驻加拿大使（领）馆反映情况。

如在加拿大遭到扣押，应当保持冷静，要求聘请律师、会见中国驻加拿大使（领）馆领事官员、提供翻译、与亲友联络并通报情况。

Chapter 6

第六章

加拿大投资风险和机会分析

一、加拿大整体营商环境

加拿大积极鼓励外国直接投资并保持良好的投资环境。大量投资者被加拿大靠近美国、高技能劳动力、强大的法律保护和丰富的自然资源所吸引。

中加资源禀赋和经济结构具有较高的互补性，经贸合作存在较大的潜力。中加两国企业间合作基础好，合作意愿也较强。稳定和可持续的中加经贸关系，有利于促进中加关系健康发展，实现互利共赢。

（一）外商投资情况

1. 经贸情况

加拿大以贸易立国，支持多边贸易体制和经济全球化。加拿大通过外交贸易政策体现加拿大价值观和国家利益，注重以规则为基础的贸易安排，拓展双边、区域和全球市场准入。

加拿大是联合国、国际货币基金组织、世界银行、世贸组织、七国集团、20 国集团和亚太经合组织成员。

1994 年 1 月，加拿大、美国和墨西哥共同签署的《北美自由贸易协定》生效。2018 年 11 月底，美加墨三国领导人共同签署《美墨加协定》，即《北美自由贸易协定》的升级版，于 2020 年 7 月 1 日生效。

2009 年 7 月，加与欧洲自由贸易联盟签署的自由贸易协定生效；2017 年 9 月，与欧盟签署的《全面经济贸易协定》生效。

2018 年 12 月底，加与日本、墨西哥等 11 国联合签署的《全面与进步跨太平洋伙伴关系协定》生效。

此外，加与加勒比共同体、南美三国（萨尔多瓦、危地马拉、尼加拉瓜）、南方共同市场、太平洋联盟（智利、哥伦比亚、墨西哥、秘鲁）等正在开展自贸协定谈判。加与东盟的自贸协定处于探索性研究阶段。

双边领域，加拿大已与美国、以色列、智利、哥斯达黎加、秘鲁、哥伦比亚、约旦、巴拿马、洪都拉斯、韩国、乌克兰等11个国家先后签署自贸协定。2021年，英国脱欧后，加拿大与英国达成过渡性贸易安排，正在推进商谈新的双边自贸协定。

加拿大与多米尼加、印度、日本、摩洛哥、新加坡的自贸协定正在谈判过程中；与中国、土耳其、菲律宾、泰国则开展了自贸协定探索性研究。

投资协定方面，加拿大在全球范围内广泛签署投资类协定，目前已签署的双边投资促进和保护协定共计39个，涉及国家和地区包括中国、中国香港、阿根廷、俄罗斯、哥斯达黎加、泰国等。

（1）贸易规模和贸易伙伴：2021年，加拿大货物贸易总额为12680亿加元。加货物出口总额达6370亿加元，同比增长22.0%，货物进口总额达6310亿加元，同比增长12.2%。2021年贸易顺差总额为66亿加元，为2014年来首次顺差，也是自2008年以来的最大顺差。

2021年，美国、中国、墨西哥、英国、日本、德国、韩国、意大利、法国、越南是加拿大前十大贸易伙伴。其中，美国一直是加拿大最大的贸易伙伴和出口市场，加拿大对美国市场高度依赖，加美双边贸易额占加拿大对外贸易总额的60%左右。

（2）贸易结构：2021年，加拿大主要出口商品为原油和天然气产品、黄金、客用机动车及零部件、机械、核反应堆、锅炉、木材及木浆等；主要进口商品为机械、核反应堆、锅炉、客用机动车、电气、电子设备、原油和天然气产品、塑胶等。

2. 吸收外资情况

加拿大统计局数据显示，2017—2021 年，加拿大吸收外商直接投资（FDI）存量从 8289.91 亿加元增至 10825.2 亿加元，2021 年增长率为 7.76%。2022 年前三季度，加拿大吸收外资流量为 569.84 亿加元。

截至 2021 年底，加拿大前五大投资来源国分别是美国、英国、瑞士、日本和荷兰，占比分别为 51.52%、6.54%、4.41%、4.25% 和 3.64%。加拿大吸收外资最高的 5 个行业分别是制造业、采矿和石油天然气开采、金融和保险业、批发贸易和零售贸易，吸收外资占比分别为 19.28%、17.80%、13.71%、9.25%和 4.94%。

（二）竞争力排名

世界经济论坛《2019 年全球竞争力报告》显示，加拿大在全球最具竞争力的 141 个国家和地区中，排第 14 位。从各细分项指标排名看，加拿大在宏观经济稳定性方面排名第一，劳动力市场和金融系统方面均排名全球前十位。总体看，加拿大在全球具有较强竞争力。

世界银行发布的《营商环境报告 2020》显示，加拿大在 190 个国家和地区中排名第 23 位。

截至 2020 年 6 月，国际评级机构惠誉对加拿大主权信用评级为 AA+，展望为稳定。截至 2021 年 7 月，国际评级机构穆迪对加拿大主权信用评级为 Aaa，展望为稳定。

（三）加拿大营商环境分析

1. 加拿大对外国投资的吸引力

加拿大对外国投资的吸引力主要包括：社会政治稳定、法律制度健全、政策公开透明、市场化程度高、经济持续稳定增长、劳动力受教育程度高、自然资源丰富、制造业及服务业发达、基础设施完善、地理位置优越。

2. 加拿大投资限制

加拿大的外国投资受《加拿大投资法》（ICA）的监管。ICA 的目的是审查重大外国投资，以确保它们提供经济净收益并且不会损害国家安全。2021 年 3 月，加拿大政府宣布修订后的 ICA 外国投资筛选指南，其中包括额外的国家安全考虑因素，例如敏感技术领域、关键矿产和敏感个人数据。该指南是在 2020 年 4 月 ICA 更新之后发布的，该更新规定对国有投资者的外国投资以及涉及关键商品和服务供应的投资进行更严格的审查。

尽管鼓励外国投资，但加拿大在电信、航空、银行业和文化部门仍有投资抑制禁令。2022 年的预算提案中包括了在两年内限制外国人购买房地产的内容（以冷却过热的房地产市场和缓解加拿大人住房不足问题）。股份比例和公司董事会外籍人员占比的限制阻碍了大量的外国电信和航空领域的投资。加拿大对外国银行也有接受存款金额的限制。对图书出版等文化产业的投资必须符合国家文化政策，并为加拿大带来净利益。此外，跨省和地区的非关税贸易壁垒导致了结构性问题，这些问题阻碍了加拿大商业部门的生产力和竞争力。

3. 加拿大吸引外资的优势

（1）区位优势显著。

加拿大地理位置优越，东西两岸分别濒临大西洋和太平洋，交通运输网络发达。美国是加拿大邻国和最重要的盟国，两国有 5500 多千米国界线，是世界上最长的不设防国界线，两国公民不需签证可自由来往。两国在政治、经贸、文化等领域保持着密切联系。

（2）全球市场准入。

加拿大签署了大量贸易协定，为全球投资者提供了拥有 15 亿消费者、GDP 总量为 52 万亿美金的 51 个国家的市场优惠准入。

2020 年生效的美墨加协定为北美大陆的贸易现代化注入了活力。

加拿大-欧盟全面经济与贸易协议确保了欧盟 98%的关税对来自加拿大的产品调整为零，并确保了对欧盟市场和北美市场的准入。

跨太平洋伙伴全面进展协定为在加拿大运营的公司提供了进入全球最大贸易联合体之一的优惠准入，这其中包括亚洲和拉丁美洲等全球主要的贸易市场。

（3）高技能人才。

加拿大拥有全球受过高等教育比例最高的劳动力群体。在 25～64 岁年龄段中，59.4%的加拿大人接受过高等教育。

如果企业无法在加拿大国内找到某种专项技术人才，还可以通过全球人才战略快速从国际人才市场引进所需要的人才。比如，通过全球人才选项，符合条件的工人最快可以在两周内办妥工作签证。

（4）更低的成本，更低的风险。

加拿大的商业投资边际有效税率目前为 13.7%，是目前七国集团中最低的，同时也低于世界经合组织的平均税率。

就政治稳定性而言，加拿大在西方七国集团中排名第二，仅次于日本。

加拿大拥有 6 家北美最安全的银行。这 6 家银行同时也位列全球最安全的 50 家银行中的前 35 强。

（5）科技与创新。

科技创新在加拿大充满了活力，主要得益于加拿大的创新生态圈将投资者与政府颁发的新相关方案、新激励措施与新项目很好地结合了起来。

加拿大政府出台的激励措施与科技创新项目有：科学研究与实验开发项目、战略创新基金、创新超级产业集群、泛加拿大人工智能战略等。

4. 加拿大近期改善投资环境的措施

加拿大在营商环境方面十分重视法制化和规则体系的搭建，营商环境在全球排名靠前。近年来优化营商环境的相关举措如下：

（1）加强知识产权保护。加拿大知识产权局宣布，自 2022 年 2 月 1 日起，成为世界知识产权组织数字访问服务中的专利申请的存入局。这一举措简化了加拿大专利申请者的申请流程，申请人在数字访问服务上获取其申请副本，可节省其在知识产权局提交国际申请的时间。

（2）加大对中小企业扶持力度。《2022 年政府财政预算》中提出的措施包括：

①为加拿大成长中的小企业减税。

②扩展“协调可获得的国家医疗网络”，支持加拿大医疗领域的中小企业发展。

③增加企业利用加拿大贸易救济制度的机会，加大救济补贴总金额，设立贸易救济咨询部门。

④增强“加拿大小企业融资计划”，每年向小企业融资增加约 5.6 亿加元。

（3）简化护照手续。自 2022 年 3 月 31 日起，加拿大简化了护照更新流程。只要护照是在过去 15 年内签发的，加拿大境内外国民可使用简化的流程来更换过期护照。按照简化的续签程序，申请人无须提供担保人或其原始文件（例如公民或带照片的身份证明文件），只需两张照片、两名推荐人，填妥表格并缴纳费用即可。

（4）增加对反垄断和不正当竞争行为的约束性规定。2022 年 2 月 7 日，加拿大创新科学和经济发展部对《竞争法》分两个阶段进行修订。拟议修正案的主要内容包括：大幅增加罚款数额、将私人主体纳入滥用市场支配地位诉讼的原告范围、在误导性广告条款中增加滴灌定价、增加数字市场竞争行为的评估指标。

（5）填补就业缺口。一是取消部分移民职业限制。自 2022 年 4 月 30 日起，加拿大拒绝处理政策取消了对以下类别移民职业的自动拒绝规定：①住宿和食品服务部门；②在失业率为 6%或更高的地区中，加拿大国家职业分类代码 6541、6611、6622、6711、6721、6731、6732、6733、7611 和 8612 的职位。二是出台《2022—2024 年加拿大移民配额计划》，计划到 2024 年将移民配额提升至 132. 9 万人。

（四）中加经贸关系

1. 总体情况

中加两国自 1970 年 10 月建交并于 1973 年签订政府间贸易协定以来，双边经贸合作保持良好发展势头。两国间商品、服务、人员及资本的流动日益频繁，经济联系不断加强。中国是加拿大第二大贸易伙伴、第二大进口来源地和第二大出口市场。

2. 双边贸易情况

中加双边贸易额近年来呈平稳上升趋势。据中国海关总署统计，2017—2021 年，中加双边贸易额由 517. 5 亿美元增长至 819. 0 亿美元，年均增速达 12. 16%；出口额由 313. 8 亿美元增至 515. 2 亿美元，年均增速 13. 20%；进口额由 203. 7 亿美元增长至 303. 8 亿美元，年均增速 10. 51%。

从比重看，加拿大在中国进出口贸易中占比较低。2021 年，中加双边货物贸易额占中国同期总贸易额的比重为 1.35%。其中，出口占比 1.53%，进口占比 1.13%。据加拿大统计局数据，2021 年，加拿大对中国出口占其总出口的比重为 4.5%，位居美国之后，为第二位。由于两国贸易互补性较强，未来预计仍有较大提升空间。

3. 中国对加拿大投资概况

《2021 年度中国对外直接投资统计公报》数据显示，2016 年，中国对加拿大直接投资额最高达 28.72 亿美元，2021 年，中国对加拿大投资收缩至 9.30 亿美元。截至 2021 年底，中国对加拿大直接投资存量为 137.93 亿美元，位列欧盟、美国、澳大利亚、英国之后，居第五位。按照加拿大统计口径，截至 2021 年，中国对加拿大投资存量为 338.25 亿加元，占比 3.12%。

（1）投资领域。中国企业在加拿大投资的重点领域为：能源开发，如油砂开发利用；资源开发，包括林业资源（木材、纸浆、胶合板等）、矿业资源（铁矿、铜矿、钾矿、镍矿等）；制造业，包括汽车制造、食品加工、通信及高科技产品；科技合作。

（2）投资趋势。中国对加拿大的投资行业日益多元化，私营企业逐步成为中国对加投资的重要力量，对能源、矿业的投资力度将持续加大。同时，中国企业还将向清洁技术、航空航天、民用核能、农业技术等新兴合作领域拓展。中加企业在人工智能、大数据、机器人等新兴科技领域的合作具有广阔前景。此外，加拿大在生命科学和医疗卫生方面拥有先进技术。

[案例 6-1]

中国中车子公司入驻加拿大，助推零部件进入北美市场。2017 年 5 月 4 日，中国中车旗下中车眉山公司与 ARS 公司、中国中车（香港）有限公司合资成立中车（眉山）加拿大机车车辆有限责任公司，这是中国中车首次进入加拿大市场，可实现 100%辐射北美市场，将以货车组装为突破口，逐步形成主营铁路货车组装、销售、维保、租赁、配件销售以及机、客车维修保养的业务公司。

点评：

中国中车实现全球化战略的进程，也是中国中车由“中国制造”到“中国智造”再到“中国创造”的过程。该项目的成功实施，实现了中车眉山公司海外投资建厂“零”的突破，也为助推中车货车零部件进入北美市场、建立北美铁路市场信息窗口找到了一个良好突破口。

4. 承包工程

据中方统计，2020 年中国企业在加拿大新签承包工程合同 14 份，新签合同额 2.11 亿美元，完成营业额 2.5 亿美元。累计派出各类劳务人员 174 人，年末在加拿大劳务人员 177 人。近年大型承包工程项目包括：中国石油集团长城钻探工程有限公司承建加拿大钻修井项目、上海振华重工（集团）股份有限公司承建加拿大岸桥项目、中工国际工程股份有限公司承建普康公司 2019 年矿业工程项目。

二、加拿大投资风险分析

加拿大是成熟的市场经济国家，经济基础雄厚，具备全方位综合引资优势。据中国社科院世界经济与政治研究所、国家全球战略智库国际投资研究室发布的《中国海外投资国家风险评级报告（2022）》显示，加拿大在 114 个经济体中排名第 16 位，评级 AA，属于低风险国家。

现阶段加拿大营商环境的优劣势分析如表 6-1。

表 6-1 加拿大营商环境的优劣势分析

优势	劣势
·加拿大拥有公平和有竞争力的税收制度； ·加拿大证券监管机构正着手对该国公司面临的监管负担进行全面审查； ·强大、资本充足且监管良好的银行业； ·法律体系成熟且明确； ·丰富多样的能源、矿产和农业资源； ·世界主要的石油和天然气生产国； ·区域优势明显，紧邻大型美国市场； ·良好的商业环境； ·高素质的劳动力； ·加拿大政府支持贸易和经济自由，大力支持多边贸易协定。	·各省/地区税收水平和法规差异很大，跨省贸易壁垒增加了企业成本； ·自然资源开发项目和管道工程项目相关的抗议风险正在增加，周期性地导致现场进入受阻、施工延误和项目缩减； ·经济极其依赖于美国经济和能源价格； ·与美国的实物跨境贸易经常出现处理延迟，尤其是在贸易和关税纠纷期间； ·制造业企业因劳动生产率低下而丧失竞争力； ·工作人口比例的下降； ·由于通往沿海地区和美国的供应管道不足以及美国自身的资源供应等原因，能源出口减弱； ·对俄罗斯的制裁影响自身经济发展。

以下从政治风险、经济风险、法律风险、社会风险等方面对加拿大投资风险进行分析。

（一）政治风险

所谓政治风险是指由于东道国国内政治、社会、法律等因素在国内或国际环境的影响下发生了难以预料的重大变动从而导致投资国企业的利润或经营目标无法持续的可能性。对于该类风险一般的防范措施为：特许权协议必须得到东道国政府的正式批准，并对项目付款义务提供担保；向国家出口信用保险公司投保政治保险。

1. **政局风险**

加拿大实行三权分立的政治制度，其法律体系和政治体系较为完善而有效。加拿大对英联邦、欧洲、北美的其他成员国关系十分重视，在政治、经济、军事等领域保持着密切合作，并关注同加勒比国家、拉美和亚太地区关系的发展。总体来说，加拿大具有健全的民主制度和稳定的政权机制，政治风险小，属于世界上最安全的国家之一。

但作为一个多民族国家，加拿大也有因民族差异带来的政治风险。加拿大的主要居民是英裔和法裔，虽然法裔人数只有 772 万，但他们要求独立的诉求从未间断过。“魁北克问题”一直以来都是政府的棘手问题。加拿大政党众多，主要党派有自由党、新民党、保守党、魁北克集团等，实行多党轮流执政。在宪法方面，加拿大从建立联邦至今都没有形成一部完整的宪法，宪法的缺陷增大了政局的不稳定程度。

2. **政策风险**

在投资政策上，加拿大以诸多优惠措施吸引了大批中国投资者和投资移民的涌入，已成为中国海外最主要的投资国家之一。为了限制移民的增加，加拿大政府不断修改投资政策，直接导致投资实际成本的大幅增加。

另外，加拿大能源、电信等支柱产业投资项目受国家审查影响高。投资加拿大需防范政治风险，尤其是加拿大长期亲美，美国所持政策对加拿大政府及公众影响广泛，这也导致加拿大政府长期以来对中国流入资本较为谨慎。中资企业投资加拿大面临比其他外国企业更为严格的国家安全审查，中资企业投资相关敏感领域（如国家支柱产业、安全产业等）容易政治受阻。

2019 年 3 月 1 日，加方启动引渡孟晚舟程序，引起我国外交部强烈谴责，中加双边关系受到影响，加拿大国内舆论不断，给在加华人带来一定安全风险。

加拿大还可能以“国家安全”为理由，要求中资企业撤资。

[**案例 6-2**]

加拿大要求中资企业撤除锂矿投资

2022 年 11 月 3 日，加拿大工业部门以“国家安全”为由，强制要求中矿资源、藏格矿业以及盛新锂能三家中企，撤出对加拿大关键矿物公司的投资。目前三家中企涉及加拿大的项目基本处于勘探阶段，对短期供给影响不大，但长期看，海外对资源控制的收紧，使国内企业获取海外资源的难度在加大。中资公司撤资加拿大锂矿公司情况详见表 6-2。

表 6-2　中资公司撤资加拿大锂矿公司情况

中资公司	被要求撤资公司	受影响项目情况
中矿资源	中矿资源旗下中矿（香港）稀有金属资源有限公司被要求从加拿大动力金属公司撤资	公司在动力金属公司的矿权尚处于初级勘探阶段，香港中矿稀有还与 PWM 签署 Case 湖项目的全部锂、铯、钽产品的包销协议
藏格矿业	藏格矿业旗下子公司被要求从加拿大超锂公司撤资	公司与超级锂业公司合作的矿权开发尚处于前期尽职调查及勘探阶段
盛新锂能	盛新锂能香港孙公司盛泽锂业被要求从智利锂业撤资	公司相关项目位于阿根廷，不在加拿大境内，并且仍处于勘探阶段，还没有开始生产

资料来源：各公司公告。

［案例 6-3］

中国移动被要求退出加拿大市场

中国移动加拿大子公司 CMLink 因加方以“危害国家安全”为理由，被加法院裁定退出加拿大市场，公司业务于 2022 年 1 月 5 日起停止运营。

中国移动加拿大分公司表示，根据现有信息，加政府无法得出该投资会对加拿大的国家安全造成危害的结论。该公司在加拿大既不拥有也不运营任何传输设施，无法对任何关键基础设施进行特权访问或直接访问。而且除了基本的联系方式，该公司没有机会接触任何敏感的电信数据或个人信息。特鲁多政府的动机，至少有一部分是“当前的政治社会经济环境，和对中国国有企业的普遍偏见”。

3. **政府治理结构风险**

加拿大拥有强大的民主制度，但联邦和省政府在各种政策上的分歧仍然是一个问题。

在加拿大，自 19 世纪末各省自治以来，民主原则一直占据主导地位。整个 20 世纪初，这个国家由保守党和自由党联合执政。然而，二战后，保守党或自由党统治了这个国家。根据世界银行《全球治理指标》（2021），加拿大在发言权和问责制参数方面排名 96. 1%，在政治稳定无暴力参数方面排名 90. 1%。这些高排名和良好表现表明了一个强大的民主和治理体系。

加拿大宪法包含最初在《英属北美法案》中规定的收入和支出权限划分。该国的省级政府在制定区域发展和行政政策方面拥有巨大的权力，包括与税收相关的政策。然而，联邦政府和省政府之间的冲突仍然是有效实施国家政策的主要障碍。例如，联邦政府在庇护政策领域长期处于领先地位；但在这种情况下，大量寻求庇护者的到来严重影响了省级管辖范围，如住房、教育和社会服务。非法越境寻求庇护者的激增可能导致复杂的政府间问题。

对工程建设领域而言，各省/地区与工程建设项目承包有关的资质认定、许可办理、建设相关法规和条例、监管要求等的不一致时常给企业带来诸多的管理成本和违规风险。

[案例 6-4]

加拿大北方门户管道是加拿大易桥管道公司主导建设的一条跨省、跨越落基山脉的输油管道，拟将阿尔伯塔省的油砂原油向西经不列颠哥伦比亚省运抵加拿大西海岸，在那里装船销往国际市场。

在项目建设过程中，承包商发现上述两省对该项目的支持程度和利益诉求有着显著差异，这极大影响了项目的推进。这主要是两省 GDP 对能源产业依赖程度的巨大差异造成的。资源行业（采矿、油气）始终是阿尔伯塔省 GDP 的重要支柱。相比而言，不列颠哥伦比亚省的经济更加多元化，重点在服务行业。对油气项目重要性看法的差异，一直是两省政府首脑长期争论不休的话题，政府的不同关注点影响了该项目的运作。

点评：

（1）建议在项目前期就联络当地市政部门，充分了解项目所在地的工程建设有关政策和合规要求；

（2）做好跨省项目的政府间协调沟通。应充分理解跨省工程项目带来的政治不确定性；积极主动地与各省政府沟通，了解他们的利益诉求；公开透明地与各省政府共享项目信息，开展良好合作。

4. 征收风险

加拿大联邦和省级法律都承认政府有权为公共目的征用私人财产，并有义务支付令人满意的赔偿。然而，自二战结束以后，联邦政府还没有将外国公司国有化的例子。征收风险极低。

5. 战争风险

加拿大与多个国家存在海洋主权和资源争端，但武装升级风险很低。尽管俄罗斯飞机确实定期进入加拿大领空，而且多个国家对加拿大对西北航道的海洋主权主张提出质疑，但极地国家加强北极军事化不太可能导致对加拿大领土的入侵。加拿大宣布在2022年国防开支预算中新增80亿加元，反映出在俄乌战争背景下对国防事务的更大关注。

6. 恐怖主义风险

加拿大的恐怖主义风险很低，主要来自该国国内的伊斯兰激进分子和右翼极端分子。2014年，在伊斯兰激进组织的鼓动下，极端分子在渥太华议会发动了武装事件。右翼极端分子或厌恶女性的“incels”组织也犯下了类似事件，例如2017年魁北克省一座清真寺内发生的个人枪击案，以及2018年和2020年多伦多发生的平民被杀事件。其他活动涉及环保和反全球化活动家进行的低级别抗议事件。在社会动荡的背景下自发的恐怖行为仍然不太可能发生，尽管这种可能性正在适度上升。

（二）经济风险

经济风险主要指所在国的经济发展形势、利率、汇率、外汇可兑换性等。该类风险一般的防范措施为：就目前国际金融状况而言，项目融资全部以美元或人民币进行贷款，通过远期外汇买卖、外汇买卖掉期、货币期权等金融工具进行汇率风险的规避。

1. **经济增长风险**

加拿大经济基础良好，经济高度发达，市场广阔且拥有许多活跃的高增长行业，是2021年世界第十大经济体以及十大贸易国之一，是经合组织、G7、G20、北约、世界贸易组织、英联邦等国际组织的成员。加拿大经济整体基础扎实，金融机构监管严格，虽然也受国际金融危机的冲击，但是与其他经合组织国家相比受影响较小，在西方七国集团中率先走出经济危机。

加拿大GDP增速比较平稳，除2020年受新冠疫情影响GDP出现负增长以外，近10年的GDP实际增长率基本在0~3%之间。2021年GDP增速又迅速回升至4.5%。根据国际货币基金组织估计，2022年加拿大的GDP增长率为3.3%。

然而，考虑到对俄罗斯产品的制裁，俄乌战争给加拿大出口商品部门带来了平衡的风险。加拿大生产商有机会增加对原俄罗斯贸易伙伴的近期出口量，如能源产品和化肥。与此同时，终止俄罗斯能源产品进口的举措也可能加快该国在可再生能源和零排放汽车领域的发展。这使加拿大重要的石油和天然气行业未来的产量和投资增长面临放缓的可能性。这给该国近期的经济结构和经济增长带来了一定风险。

2. **赤字风险**

尽管联邦预算赤字将保持在新冠疫情前的水平（低于GDP的1%），但预计2022年将继续收缩。在俄乌战争的背景下，未来五年国防开支也有所增加，使其接近GDP的2%，符合北约的目标。联邦收入的增加得到了与商品价格上涨相关的收入，以及创收措施带来的财政收入的支持。从赤字在GDP中所占比例来看，加拿大的赤字远远低于 G7 其他国家。

虽然一般政府债务比率很高，但扣除加拿大养老金计划和魁北克养老金计划持有的资产后，净债务比率（占 GDP 的 47%）仍低于 G7 国家。

3. **通货膨胀风险**

通货膨胀是经济发展过程中很难避免的，大多数国家都有此风险。但是如果通货膨胀的速度超出承包商的可预见范围，材料、设备价格上涨及当地货币贬值会给承包商造成严重的经济损失。

受新冠疫情影响，以美国为代表的西方国家不断通过降息、量化宽松、直接发补贴等方式刺激经济，经济体中的货币总量大规模增加，导致出现史诗级的通货膨胀。加拿大的通货膨胀也不例外，详见图 6-1。自 2020 年起，加拿大通货膨胀率自低点一路走高，在 2022 年 6 月左右达到峰值 8.1%。为了应对通货膨胀，各国跟随美国进入加息周期，目前通货膨胀率已有所下降，到 2022 年 12 月，加拿大通胀率回落至 6.3%。但总体来看，通货膨胀仍然处于高位，这增加了近期经济衰退的可能性。

图 6-1 加拿大近 10 年通货膨胀率

数据来源：加拿大统计局。

通货膨胀将引起生产及生活物资价格的上涨。将 CPI 拆解开来看，可以发现物价波动较大的主要是能源和交通运输，详见图 6-2。中资企业在加拿大开展业务时需关注物价变动，尤其是能源和交通运输方面的价格变动，及时做好相关预案。

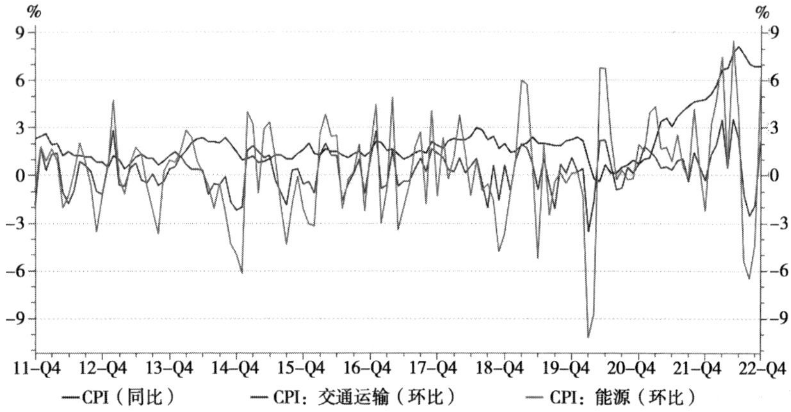

图 6-2　加拿大近 10 年分品类通货膨胀率

数据来源：加拿大统计局。

4. 利率风险

为了应对通货膨胀，美元首先进入加息周期，其他西方国家纷纷尾随其后。从图 6-3 中可以看到，加拿大自 2022 年一季度开始加息，从 0.5%左右一直加至 2022 年 11 月底的 4%左右，利率在短期内上升的幅度很大。在可预见的 2~3 个月内，可能还会加息一到两次，加息的次数及幅度取决于通货膨胀的缓解程度。

货币紧缩政策可能导致其经济在 2023 年至少出现两个季度的 GDP 负增长。事实上，加拿大央行的加息已经使收益率曲线进入自 1990 年以来最严重的倒挂，这是经济衰退即将来临的非常强烈的信号。

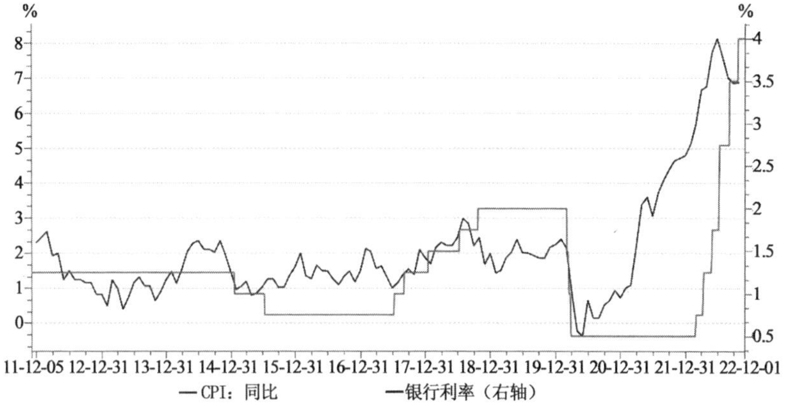

图 6-3 加拿大通货膨胀率及利率走势

数据来源：加拿大统计局、加拿大央行。

利率的上升将影响企业的融资成本。应对利率等宏观经济指标的波动，投资者应建立一套完备的风险控制体系，将利率风险的变化同投资策略的制定紧密联系起来，从而指导企业生产经营以及投资活动。

5. 金融风险

加拿大金融体系稳健，监管机制成熟。金融体系主要由国家金融机构、其他金融机构和商业银行三大类组成。加拿大的银行体系被认为是世界上最稳健的银行体系之一。整个金融体系以中央银行（加拿大银行）为核心，由特许银行及非银行金融机构、抵押公司、信托公司、证券公司、保险公司、互助基金、信用合作社私人退休基金等机构共同组成。

加拿大在 2008 年国际金融危机中，充分证明了其在金融系统管理方面的实力。虽也出现亏损和资产减值现象，但加拿大银行的整体抗风险能力较为突出。加拿大对银行资本充足率方面的要求极其严格，其金融监管署（OSFI）对资本充足率的要求大大高于巴塞尔协议的要求，其中一级资本充足率为7%，总资本充足率为10%，而巴塞尔协议对以上两个比率的要求分别为4%和8%。由此可见，加拿大银行体系之所以稳健，主要是因为没有大量涉足金融衍生产品，金融监管机制相对成熟，金融风险较低。

6. 汇率风险

加拿大汇率的变化比其他国家相对稳定，但在短时期内，仍然可能受到美国的影响。美元兑加元汇率详见图6-4。自2020年初新冠疫情全世界流行以来，美国为刺激经济，美元不断贬值，在实行浮动汇率政策的加拿大，加元兑美元的汇率出现了几十年来罕见的大幅度升值。货币升值导致了商品出口的萎缩，进一步影响了经济的发展。但2022年，美元进入加息周期，加元兑美元处于贬值周期，对出口有利。

图6-4 美元兑加元汇率走势

数据来源：万得。

点评：

对于汇率风险，可以使用远期汇率，以外币报价，成本的计算以远期汇率为准，避免使用即期汇率，通过持有外币债务、原油远期合约等手段降低汇率波动带来的风险；使用强势货币进行报价。对于必须以第三方货币进行报价时，建议使用汇率波动较小的主要结算币种，例如美元、欧元、英镑等。如果流入流出使用同一种外币会出现汇率风险相抵的效果，减少汇率风险；此外，企业应加强投资国汇率研究，密切关注加拿大的经济、政治，掌握当地基本发展动态。

7. **市场风险**

近年来，国际油价的持续上涨对加拿大经济造成了一定影响。一方面，原油价格持续走高直接推动了加拿大原材料价格的上涨，在一定程度上增加了制造等行业的生产成本，影响了企业的盈利能力，对出口造成一定损失；另一方面，油价及其他商品价格的上升促进了能源、矿产等行业的发展。为了减少损失，企业可以从生产的各个环节入手，通过技术改良等手段降低能耗。

美国是加拿大的主要贸易伙伴。加拿大经济走向与美国经济的阴晴紧密相连。由美国爆发的金融危机已严重波及加拿大经济。一方面，美国经济的衰退令加拿大出口大幅缩水；另一方面，金融危机导致了各个经济层面资金链的断裂，企业经营所必需的融资活动受限。市场风险中等。

（三）法律风险

法律风险主要指涉及土地法、税法、劳动法、环保法、合同法、招标投标法等法律法规的更改和变化所引起的项目成本增加或收入减少等风险。可能的防范措施如：明确因违约、歧义、争端的仲裁在双方都认可的第三国进行。

加拿大法律体系较为全面、完整，政府各部门网站对相关法律的解疑和解读也充分明确。目前的司法程序被广泛认为在程序上是合格、公平和可靠的。

1. **法律合规风险**

在加拿大承包工程主要受当地的公司注册与合同、劳动用工、税务、环境保护、反贿赂等法律法规的制约。

点评：

合规是对中资企业开展境外经营最基本，也是最根本的要求。我国企业应合法合规合理地开展业务，切勿“走捷径”“打擦边球”。不然不仅会被所在国纳入“黑名单”，遭受经济和法律的制裁，同时也给整体国家形象带来不良的影响。

2. **法律差异风险**

加拿大的法律渊源与中国不同，因此两国的工程承包相关法律必然存在较大的差异，加拿大承包商不能再轻易按照国内的法律办事，否则容易招惹麻烦。

此外，由于加拿大是联邦制国家，各省/地区都有独立的立法权和司法权，某些市级政府也可能被授权为单独的司法辖区。地域性的法律差异也容易导致违规风险。

点评：

中国企业在进入加拿大之前，需要对其法律环境进行全面的了解，最好聘请当地在大型中资或者华人律所工作的律师作为公司法律顾问。另外，应加强项目法律部门人员对加拿大法律制度的学习，建立相应的法律知识信息系统，制定法律差异预防措施。

3. 税收法律风险

加拿大税收系统复杂，有联邦、省级和市级征税。如2022—2023年预算所述，联邦政府可能会在2023年对金融和保险实体等被认为在新冠疫情期间表现出色的行业实施有针对性的增税；还设想了15%的最低联邦所得税；联邦碳税每年在全国范围内增加（2022年，每生产1吨碳，征费将达到50加元，到2030年将增至170加元/吨）。这给外国投资带来很大的经营成本。该项风险中等。

4. 环境法律风险

在加拿大，工程建设项目必须通过环境影响评估，投资商应在项目计划初期就对环境因素予以考虑，考虑因素包括项目位置、采用清洁技术、污染控制措施、废弃物监管等。

与此同时，加拿大也越来越重视环境问题，并不断升级环境法规，提高环境标准和监管力度。这给工程建设行业带来了额外的压力。此项风险为中等。

[**案例 6-5**]

2016年12月，由于环境问题，特鲁多领导的加拿大政府提出了一项为期5年的禁令，暂停加拿大北极近海地区的勘探开发活动，并于2019年实施了一项新的重大能源项目影响评估程序。

特鲁多政府推行碳税和严格的气候政策，极大地打击了一些企业的积极性。连本土公司也对加拿大的投资环境感到担忧，历史悠久的石油巨头加拿大第一能源公司已将公司改名为Ovintiv，并将总部迁至美国。公司创始人之一摩根在接受加拿大广播公司采访时表示：加拿大能源业发展环境“太恶劣了”。在2019年特鲁多宣布连任的第二天，多家能源公司宣布裁员达1万多人。

此外，一些环保团体也会阻碍工程项目的建设，如加拿大金德尔摩根公司的跨山管道扩建方案、横加能源公司和安桥公司的油气管道项目受到环保主义者和一些原住民团体长期反对，使这些管道项目搁置或延期。致使受影响的一些阿尔伯塔省企业不得不于2019年削减产量。

点评：

加拿大环境保护方面的政策十分完善，国民保护环境意识强。计划在加拿大投资或承包工程的中国企业应事先了解环境政策，合规经营，及早制定符合当地法律法规并能够有效实施的投资与建设方案。同时，做好环境保护、生态复原的宣传工作，做好与环保团体的良好沟通。

（四）社会风险

社会风险主要指所在国的社会文化环境、基础设施建设、治安安全、医疗卫生等可能给企业和个人带来财产及人身方面损害的影响因素。这类风险一般的防范措施为：尊重当地风俗习惯，密切与当地居民的关系，做好安保防范措施以及相关风险识别和规划。

1. 抗议风险

加拿大原住民权利倡导者、环保人士、无政府主义团体、右翼人士、狂热的体育爱好者、反新冠管控团体或有其他诉求的组织会非定期地进行地区性或全国性抗议活动。由于近年国际环境动荡，抗议活动发生的可能性也正在增加。环境敏感项目（如油砂开发和管道项目）及劳动密集型行业更容易受到影响。

[**案例**6-6]

2022年1月中旬，加拿大政府宣布通过加美边境的卡车司机必须接种新冠疫苗等防疫限制措施。当地时间1月22日，数百名加拿大卡车司机及其支持者组织了“自由车队”，开始发起大规模抗议活动，要求政府取消这一限制。由此引发了加拿大全国性的大型抗议示威。2月6日，渥太华宣布进入紧急状态。“自由卡车”抗议示威运动还蔓延至美加边境，2月11日，位于美加边境的加拿大安大略省进入紧急状态，这对美加贸易造成极大影响。

点评：

中国企业在加拿大经营时切勿参加游行抗议活动。当大规模抗议发生时，减少外出活动，有需要时联系当地使领馆寻求帮助。

2. **原住民群体影响风险**

加拿大有大量对原住民保护的法律，如果工程位于当地原住民的传统领地内，为工程建设的顺利进行，需要与这些原住民建立业务关系，并让他们了解工程的影响。这种关系不论从法律角度还是从商业惯例来说都是十分必要的。

在法律方面，是源于加拿大宪法中“谘商义务”的相关规定，并且近年来法院的案例肯定了原住民的利益在工程项目开发中应该得到合理的考虑。从商业方面考虑，与受影响的原住民建立牢固的关系，有利于双方发展互利的商业活动，包括就业、基础设施利用、新技能培训、为原住民创造商业机会，以及第三方对工程的有力支持。

当地社区的支持对工程的成功与否至关重要，因为获得了其支持就等于拿到了一部分“社会许可”。“社会许可”可以使工程项目获得该社区及更广泛社区的支持，并且使得工程项目成为社区的一部分。要获得“社会许可”，要求从商业和企业公民的角度向受影响社区说明工程的长期商业价值、短期机会以及收益。

［**案例** 6-7］

加拿大托巴蒙特罗斯水电工程建设项目中，业主 Plutonic 电力公司与当地原住民签订了多项长期协议，包括收益共享、提供承包与就业机会等。在工程建设期间，能力建设方面的一个典型例子是为原住民制订了一个综合培训计划，同时原住民致力于施工营地300人的食品供应管理，使原住民们得到了营地管理方面的训练，而且作为一个商业机会也为他们提供了帮助，并支持了当地校方开设的烹饪课程的发展。

Plutonic电力公司还积极参与到与当地社区相关利益团体的一般性和重大的讨论中，目的是解答问题、解决冲突，并尽可能地维护社区的利益，如购置当地社区的设备，积极支持当地的慈善事业。

[案例6-8]

在加拿大北方管道项目的前期阶段，业主Enbridge公司在没有征得原住民首领许可的情况下，三番五次派出现场工作小组勘察对方的领地。该行为激怒了原住民群体，认为是对他们的权利和协议的不尊重。此后，Enbridge公司虽积极与原住民群体进行对话、协商，但问题在于公司将大部分早期与原住民群体沟通的工作外包给一家咨询公司，本公司人员几乎不参与。该咨询公司难以得到原住民的认可，且不能代表项目做出兑现任何承诺的决定，致使项目延期。

点评：

项目前期评估时，就要评估原住民群体影响风险。如果项目的确影响到了原住民群体利益，应事前就与其达成书面协议。这些协议可能会涵盖各种问题，具体取决于项目本身和其与原住民群体的权益相互影响的程度。可能包括：项目收入和其他直接经济收益分配的协议、承包和用工承诺、通过对话并达成共同决定的协议、环境及古迹补偿协议、征地和水资源使用的协议等。

如果是政府项目，项目所在地的政府可能也会提前与各主要原住民群体在一些关键问题上达成总协议，这将有利于后期与原住民群体的进一步沟通协调。

此外，在处理原住民群体问题上，要雇佣容易被原住民认可的当地员工开展公关、参与公众活动；了解不同原住民文化以及他们的特殊需求和担忧，对症下药，因地制宜；要充分尊重原住民。

3. **用工风险**

加拿大用工成本高，而引入外籍劳工困难，进一步加大了用工缺口。劳动力问题是开展工程建设项目投资需要着重考虑的风险。

点评：

鉴于加拿大近年来收紧外籍劳工准入政策、中国劳工进入加拿大配额较难获批的情况，建议：

（1）在加拿大投资或承包工程的中国企业，逐步实施本地化经营，增加对本地员工的使用比例，同时加强对当地员工的技术培训和教育。

（2）中资企业在向加拿大输出劳工时应选择当地有实力的合作伙伴共同向当局提交申请，尽可能在非技术性职位上雇用本地员工。如果确实准备雇用外籍员工，应当按照要求和程序及时申请外籍员工工作准证。

4. **管理风险**

管理风险是指在外中企因自身管理上的疏忽而导致的风险。在国外开展工程，容易在管理过程中出现水土不服、难以适应的问题。在境外常见的管理风险有：

（1）对所在国的法律法规不熟悉导致的风险。如在税法方面，在合同中遗漏或不完全考虑当地税法，直接导致利润流失。在海关条例方面，违反海关条例直接导致进出口时间延迟或被处以罚款。在劳工法方面，对当地劳工法不明导致工作安排不能及时落实，影响项目进度，或由于违反劳工法被起诉。在环境保护法方面，中资企业排放污染物的报道偶见报端。其他的诸如所在国环境法、专利法、合同法和建筑法等。

（2）自身管理制度、程序不到位。如沿用在国内的常见做法，程序不合规使工程实施过程中产生错漏、协调困难等风险。

5. 技术风险

技术风险指工程项目所在地的自然条件勘察不力和工程实施的技术难度等给承包商带来的风险。技术风险主要包括以下几种情况：

（1）前期工程资料不准确。前期施工资料，如水文地理等是由业主提供的，而业主给的资料可能存在不详尽、不准确情况。中企在境外施工，对加拿大的经验不丰富，缺乏相应的了解，前期核实和准备不足导致返工风险。

（2）技术规范不熟悉。如中企对当地技术规范不了解；或进入陌生的领域承包工程，对该领域的技术规范不熟悉；或是需要采用新的施工方法和工艺，没有适用的技术规范。

6. 自然环境风险

加拿大地处高纬度，大部分地区常年处于严寒和冰冻状态，全球最冷的 5 个地方有 4 个就在加拿大，如育空地区有 1/10 土地面积位于北极圈内。这给大部分是室外作业的工程建设项目带来极大的影响。承包商在编制项目计划时需要考虑严寒天气对项目进度、施工作业安排、物流、机械与材料性能、人员健康等方面的影响。

[案例 6-9]

2022 年 12 月 14 日，加拿大环境部对不列颠哥伦比亚省、新不伦瑞克省、新斯科舍省多地发布冬季风雪暴预警，而紧随其后，萨斯喀彻温省、曼尼托巴省、安大略省和魁北克省也很快被引发“最大的冬季风暴!”2023 年 2 月，极寒席卷北美大陆东部，魁北克省首府蒙特利尔达到零下 28 摄氏度的低温，多伦多温度接近零下 30 摄氏度，有 6000 万人受到影响。

三、加拿大未来发展预测与投资机会分析

（一）政治前景

加拿大实行三权分立的政治制度，其法律体系和政治体系较为完善而有效，政权机制稳定，政治风险小，是世界上最安全的国家之一。贾斯汀·特鲁多（自由党）自 2015 年 11 月起担任总理，在 2021 年 9 月提前举行联邦大选后继续担任总理职务。此次选举产生了一个新的自由党少数政府，自由党仅获得众议院 338 个席位中的 160 个议席，但总体的政治局势与 2019 年大选相比没有变化。

2022 年 3 月，由总理贾斯汀·特鲁多领导的自由党与左倾的新民主党达成了“信任与供应协议”，协议将允许自由党制定政府的主要优先事项，例如减少碳排放、保护土著权利和缓解高通胀，作为回报，特鲁多政府将同时推进新民主党提出的优先事项，包括推出牙科保健计划、推进建立住房加速基金等。该协议减少了在 2025 年到期的下一次选举之前发生政治转变的可能性。

在外交关系上，加美互动频繁。美国总统拜登上台后，加拿大和

美国开始逐渐恢复相对特朗普时期而言更加良性的互动，两国有望在更多领域进行对话与沟通。同时，拜登高度重视联盟战略，承诺恢复与盟友的关系，这也让加拿大看到了一些与美国加强合作的希望。2022年的俄乌冲突扩大了加拿大对美国的军事依赖，而因新冠疫情所造成的供应链危机加速了美国降低对中国商品的进口依赖，重构基于近岸和友岸生产的供应链体系，加美贸易有望进一步增长。

在中加关系方面，疫情之下的中加关系在原本就存在外交症结的基础上并没有太大起色。特鲁多政府早在2019年就提出要重新评估中加关系，计划制定一个新的对华政策框架，但这一框架并未成型，加拿大在对华政策上依然是在依赖盟友和追求有限的外交独立之间犹豫徘徊。同时，中加两国的贸易情况在疫情和双边关系的影响下维持着不算太坏的状态，甚至有走强之势，这是双边关系中较好的现象，但中加关系始终面临着来自美国的压力以及中美竞争的影响，两国的经济互补性需要更加健康良好的政治关系作为基础。

（二）经济预测

在宽松的货币政策和财政刺激措施之下，加拿大的经济逐步从新冠疫情影响中复苏。在消费和制造业推动下，加拿大经济在2021年表现良好，达到4.5%的增长率，这种趋势一直持续到2022年。根据国际货币基金组织（IMF）数据，加拿大2022年GDP增长率为3.3%。

疫情期间，为促进经济复苏，加拿大央行将隔夜政策利率设定为0%，并通过印制虚拟货币来扩大资产负债表，从而提供大量流动性和信贷。这些紧急措施一方面有效提振经济，但另一方面也导致2022年通货膨胀的爆发。2022年初的俄乌冲突所导致的食品和能源价格上涨以及疫情封锁措施下的供应链延误等因素进一步加剧了商品和服务价格的上涨，致使通胀率在 2022 年 6 月达到 8.1%的峰值。

为抑制通货膨胀，加拿大央行采取了非常激进的加息措施。加央行从 2022 年 3 月开始缩减资产负债表规模并上调政策利率，到 2022 年底，隔夜政策利率已上调至 4.25%，并进一步在 2023 年第一次货币政策会议上将隔夜政策利率上调 25 个基点至 4.5%。加央行表示，如果经济发展与央行的前景大体一致，其激进的紧缩周期将结束，但仍将继续其量化紧缩政策，以补充政策利率的限制性立场。

迄今为止的紧缩政策一定程度上抑制了通货膨胀。燃料价格下降导致 2022 年 12 月通胀率放缓至 6.3%，但随着食品和住房价格进一步上涨，家庭继续感受到高通胀所带来的压力。预计短期内加拿大的通胀预期仍处于高位，IMF 预测加拿大 2023 年全年通胀率将放缓至 4.2%，并进一步在 2024 年下降至 2.4%。

高企的通货膨胀以及激进的紧缩政策都严重影响了加拿大经济。通货膨胀在整个 2022 年影响了工资增长，并促使民众改变消费习惯，家庭购买力和消费者信心都有所下降。而更高的借贷成本也给想要投资的企业带来阻力。同时，加拿大经济非常依赖外贸，而 2023 年世界大部分地区都可能出现经济放缓或衰退，这将进一步抑制加拿大经济增长。IMF 预测加拿大 2023 年经济增长率将下滑至 1.5%，2024 年为 1.6%。

（三）投资机会

加拿大整体营商环境优越，除少数限制投资领域外，大部分领域可自由投资，投资目标行业可选择范围较广。中国企业在对加拿大投资时可以考虑以下投资领域。

1. 能源业

当前加拿大已探明石油储量 1667 亿桶，油砂（主要位于阿尔伯塔省）

年产量1.93亿吨，日均产量380万桶。已探明天然气储量达2.1万亿立方米，是世界第五大天然气生产国和第四大天然气出口国。钾矿储量和产量均居全球首位，探明储量达44亿吨，占全球探明储量的46%，铀矿储量57.2万吨，居全球第三位，镍矿储量330万吨，居世界第四位。

加拿大政府支持能源行业发展，如不列颠哥伦比亚省出台了能源行业税收抵免政策。2020年1月1日起，符合条件的天然气企业可进行税收抵免。

2. **汽车制造业**

汽车产业是加拿大重要经济部门。加拿大共有450家汽车整车及零配件生产企业，约1250家工厂，汽车制造业总产值1032亿加元，为加拿大最大出口部门。整车年产量超200万辆，其中93%出口。安大略省是北美传统的制造业基地。汽车配件方面，麦格纳是世界最大的汽车配件集团之一。加拿大自有汽车品牌New Flyer，是北美最大的客运汽车制造商。

加拿大汽车制造业主要优势在于成本、税收较低，背靠美国市场。相对低廉的能源价格、劳动力成本和持续走低的税率使加拿大汽车制造成本相比其他汽车制造大国拥有明显优势。我国对加拿大汽车产业投资主要是零配件生产。浙江万丰奥拓和四川波鸿工业公司分别在多伦多投资设厂，投资金额近5亿美元，为当地新增就业岗位超5000个。

3. **生物科学业**

加拿大生物技术产业是该国首屈一指的高科技产业之一。当前加拿大生物技术公司数量仅次于美国，生物技术领域收入世界占比10%。

加拿大政府致力于生物科学的发展，自1983年制定了国家生物技术战略以来，加拿大经济、国民健康和环境均得到较大改善。新冠疫情期间，加拿大凭借赛诺菲-巴斯德（多伦多）和葛兰素史克（魁北克）两大生物医药基地，在疫苗生产领域占据有利地位。

4. **清洁能源业**

加拿大是全球清洁技术和创新的领导者，在2021年全球清洁技术创新指数中排名第二，仅次于美国。拥有850家清洁技术相关企业，其中11家位列全球清洁技术100强。清洁能源产业主要包括水技术、碳固化、氢燃料电池等细分领域。加拿大在核技术发展方面拥有70多年的丰富经验，其核工业涵盖了核研发、铀矿开采、燃料制造等整个核燃料领域。

5. **工程建设行业**

加拿大2022年预算建议将加拿大基础设施投资计划的建设期限从2027年10月延长至2033年10月。在预算中，基础设施投资包括：（1）从2022年至2023年开始的两年内，向加拿大交通部和加拿大基础设施部投资3.968亿加元，旨在支持多伦多和魁北克市之间铁路网的设计和规划；（2）在两年内向加拿大土著服务部提供3.98亿加元，旨在支持升级社区基础设施，其中包括至少2.47亿加元用于支持水和废水基础设施；（3）在7年内投资15亿加元，旨在支持关键矿产供应链的发展。此外，通过加拿大投资计划，联邦政府在12年内对公共交通项目、绿色基础设施、社会基础设施、贸易和运输路线以及加拿大的农村和北部社区投资1800亿加元。2022年6月，萨斯喀彻温省政府宣布了1100万加元的联邦省级资金，用于萨斯喀彻温省的24个新基础设施项目，旨在创造新的绿地，帮助当地居民在社区周围活动。

Chapter 7
第七章

工程建设企业合规管理体系建立指南

一、合规管理的内部环境

合规管理是一种风险管理活动，是境外施工企业对业务活动是否遵守所在国（地区）法律、法规、规定、规则、行业自律等的一种鉴证行为。

合规管理的内部环境是其他所有风险管理要素的基础，为其他要素提供规则和结构。内部环境的要素包括：合规管理的目标和基本原则，企业文化和公司战略，管理层的理念和经营风格，公司组织架构及其岗位职责，员工的诚信、道德价值观和胜任能力。

（一）合规管理的目标

建立健全合规风险管理体系，实现合规风险的有效识别和管理，促使境外施工企业全面风险管理体系的建设，确保企业依法合规经营。

（二）合规管理的基本原则

（1）客观性原则。合规人员应当依照相关法律、法规对违规事实进行客观评价。

（2）独立性原则。合规部门在企业中应当有独立地位，合规管理应当独立于其他各项业务经营活动。

（3）专业性原则。合规人员应当熟悉公司业务制度，了解公司内各业务环节的专业知识和业务流程，并准确理解和把握法律法规的规定和变动趋势。

（4）公正性原则。合规人员在对业务部门进行检查时，应当坚持统一标准对违规行为及相关风险进行评估和报告。

（5）协调性原则。合规人员应当正确处理与公司其他部门及监管部门的关系，努力形成公司的合规合力，避免内部损耗。

（6）全面性原则。企业合规管理应覆盖所有境外业务领域、部门和员工，贯穿决策、执行、监督、反馈等各个环节，体现于决策机制、内部控制、业务流程等各个方面。

二、合规管理机构的设置及职责

（一）合规管理机构的设置

企业可根据业务性质、地域范围、监管要求等设置相应的合规管理机构。合规管理机构一般由合规委员会、合规负责人和合规管理部门组成。尚不具备条件设立专门合规管理机构的企业，可由相关部门（如法律事务部门、风险防控部门等）履行合规管理职责，同时明确合规负责人。

1. 合规委员会

企业可结合实际设立合规委员会，作为企业合规管理体系的最高负责机构。合规委员会一般应履行以下合规职责：

（1）确认合规管理战略，明确合规管理目标。

（2）建立和完善企业合规管理体系，审批合规管理制度、程序和重大合规风险管理方案。

（3）听取合规管理工作汇报，指导、监督、评价合规管理工作。

2. 合规负责人

企业可结合实际任命专职的首席合规官，也可由法律事务负责人或风险防控负责人等担任合规负责人。首席合规官或合规负责人是企业合规管理工作具体实施的负责人和日常监督者，不应分管与合规管理相冲突的部门。首席合规官或合规负责人一般应履行以下合规职责：

（1）贯彻执行企业决策层对合规管理工作的各项要求，全面负责企业的合规管理工作。

（2）协调合规管理与企业各项业务之间的关系，监督合规管理执行情况，及时解决合规管理中出现的重大问题。

（3）领导合规管理部门，加强合规管理队伍建设，做好人员选聘培养，监督合规管理部门认真有效地开展工作。

3. **合规管理部门**

企业可结合实际设置专职的合规管理部门，或者由具有合规管理职能的相关部门承担合规管理职责。合规管理部门一般应履行以下合规职责：

（1）持续关注我国及业务所涉国家（地区）法律法规、监管要求和国际规则的最新发展，及时提供合规建议。

（2）制定企业的合规管理制度和年度合规管理计划，并推动其贯彻落实。

（3）审查评价企业规章制度和业务流程的合规性，组织、协调和监督各业务部门对规章制度和业务流程进行梳理和修订。

（4）组织或协助业务部门、人事部门开展合规培训，并向员工提供合规咨询。

（5）积极主动识别和评估与企业境外经营相关的合规风险，并监管与供应商、代理商、分包商、咨询顾问和承包商等第三方相关的合规风险。为新业务的开发提供必要的合规性审查和测试，识别和评估新业务的拓展、新客户关系的建立以及客户关系发生重大变化等所产生的合规风险，并制定应对措施。

（6）实施充分且具有代表性的合规风险评估和测试，查找规章制度和业务流程存在的缺陷，并进行相应的调查。对已发生的合规风险或合规测试发现的合规缺陷，应提出整改意见并监督有关部门进行整改。

（7）针对合规举报信息制定调查方案并开展调查。

（8）推动将合规责任纳入岗位职责和员工绩效管理流程。建立合规绩效指标，监控和衡量合规绩效，识别改进需求。

（9）建立合规报告和记录的台账，制定合规资料管理流程。

（10）建立并保持与境内外监管机构日常的工作联系，跟踪和评估监管意见和监管要求的落实情况。

（二）合规管理部门的设置方式

合规管理部门是负责施工企业合规工作的具体组织和执行部门，依照所规定的职责、权限、方法和程序独立开展工作，负责公司各部门和全体员工的合规管理工作，合规管理部门对公司高层负责。

合规管理部门人员应具备较高的思想素质和法制观念，坚持原则、忠于职守、廉洁奉公、公正无私，并具备相应的专业知识。合规管理部门必须制定相应的人员岗位责任制，明确任务，落实责任。合规管理部门工作人员同样应遵守公司各种规章制度和规定。合规管理部门依据国家及有关部门的法律法规、公司章程、公司内部管理制度和承包合同，在所赋予的权限内，按照所规定的程序和方法，对行为对象进行客观公正的检查监督并提出处理建议。

合规管理部门的设置有如下几种类型（见表 7-1）。每种类型都有各自的优缺点。企业应根据公司业务类型、组织结构、组织资源等因素选择合规管理部门的设置。

表 7-1 合规管理部门类型及特点

序号	类型	特点
1	合规管理部	在企业内部建立一个专业的合规管理部门，任命首席合规官作为合规管理总负责人。 优点：企业合规管理部门的独立性强，合规团队专业能力强，合规工作也做得相对专业。 缺点：要求企业投入大量的资金、人力等资源；对合规管理人员职业技能要求高，既要懂合规专业知识，又要懂具体的业务知识；合规管理部门与其他部门之间的沟通协调能力也要求较高。
2	法务合规部	把法务部或者法律事务部的管理职能与合规部门管理职能统一到法务合规部门职能之中，由法务合规部对企业的法律事务工作和合规管理工作进行统一管理。 优点：部门设立相对容易，投入成本相对较低，公司在设立合规管理部门时可以利用公司现有的法务部门的资源，因为大多数公司在成立合规部之前都有法务部门。另外，合规管理工作与法务部工作配合容易，因为合规管理部门有效开展工作的前提须对外部法律法规、监管等规定有正确的理解，在一个领导之下，合规管理部门与法务部门之间的沟通也相对顺畅。 缺点：按照这样的方式设置合规管理部门，开展工作时与其他部门的沟通协调要求较高，需要合规管理部门与业务部门密切配合，对合规管理人员职业技能要求高，既要懂合规专业知识，又要懂具体的业务知识。
3	审计合规部	合规部与审计部结合形成审计合规部。 优点：便于企业对合规风险进行管理，企业可以通过较少的投入达到合规管理的目的。 缺点：独立性不强，适用于业务单一且面临合规风险较低的企业。以生产汽车为主的北京奔驰汽车就采用了该类型。

续 表

序号	类型	特点
4	风控合规部	融合了公司治理、风险控制与合规管理。 优点：大大提升了合规管理部门整合公司资源的能力，有很强的独立性，方便了合规部门与风险管理部门的沟通，合规部门在合规风险评估时可以和风控部门结合起来共同开展工作，实现风险管理工作成果共享。 缺点：对合规部的领导力提出了很高的要求，同时也需要企业提供较多的资源支持，还需要与法务部门等其他部门加强沟通，平衡业务与合规风险管理的关系。
5	其他	具体根据公司业务类型、组织结构、组织资源而定。 如英国石油公司（BP）在集团层面设置“道德与合规部”进行合规管理，同时配以法律各领域专家提供日常的法律专业支持，来保证 BP 各部门的合规专业有效运行。 BP 公司除了在道德与合规部门工作的全职合规工作人员之外，在每个业务与职能部门及其每一个下属地区部门，都有一位部门领导兼任本部门的“道德与合规联络人”。其职责是确保各项合规制度在本部门的有效实施，并且就日常工作中的合规问题进行处理和解答。这种安排能够有效提高本部门领导的合规意识，高效率解决日常合规问题。

三、企业内部的合规管理体系

（一）董事会的合规责任

董事会作为决策层应以保证企业合规经营为目的，通过原则性顶层设计，解决合规管理工作中的权力配置问题。

董事会负责企业整体风险的预防和控制，审核、监督公司风险控制制度的有效执行，可以下设合规与风险管理委员会，负责对企业国内施工承包及境外施工经营的风险控制及合法合规进行审议、监督和检查，草拟企业风险管理战略，评估企业风险管理状况。

董事会对企业的合规管理承担最终责任，履行以下合规职责：

（1）审核批准合规政策，监督合规政策的实施，并对实施情况进行年度评估。

（2）审核批准公司年度合规报告，对年度合规报告中反映出的问题，采取措施解决。

（3）根据总经理提名决定合规负责人的聘任、解聘及薪酬事项。

（4）决定公司合规管理部门的设置及其职能。

（5）保证合规负责人独立与董事会、董事会相关委员会（如审计委员会或者其他专业委员会）沟通。

（6）公司章程规定的其他合规责任。

（二）监事会的合规责任

为了完成合规监督职能，监事会不仅要进行会计监督，而且要进行业务监督。不仅要有事后监督，而且要有事前和事中监督（即计划和决策时的监督）。监事会对经营管理的合规方面监督包括以下方面：

（1）对企业董事、总经理和其他高级管理人员执行公司职务时违反法律、行政法规或者公司章程的行为进行监督并有权通知他们停止其非合规行为。

（2）随时调查企业的合规执行状况，审查合规体系文件、合规记录和合规报告，并把审核意见向董事会报告。

（3）当监事会认为有必要时，一般是在企业出现重大问题时，可以提议召开股东会。

（三）管理层的合规责任

（1）企业的高级管理层应分配充足的资源建立、制订、实施、评价、维护和改进合规管理体系。

（2）管理层人员应当熟悉工程建设相关法律、行政法规及国际性组织的监管要求，依法合规、勤勉、审慎地行使职权。管理层人员应当维护企业的统一性和完整性，在其职权范围内对企业经营活动进行独立、自主决策，不受他人干预，不得将其经营管理权让渡给股东或者其他机构和人员。

（3）管理层人员应当根据企业经营环境的合规要求，督促和落实合规责任体系的建立和运行。

（4）管理层人员应当构建企业自身的合规文化，保持企业内部机构和人员合规责任体系、合规报告路径的清晰、完整，不得违反规定的报告路径，防止内部责任体系、报告路径和内部员工之间出现割裂的情况。

（四）合规管理部门的合规责任

（1）协助领导构建企业合规管理体系，制订、修订企业的合规手册和其他合规风险管理规章制度；

（2）起草年度合规管理计划；

（3）主动识别、评估、监测和报告合规风险；

（4）负责各项具体合规工作方案的拟定，使合规工作顺利展开；

（5）起草合规报告；

（6）参与新业务的开发，识别、评估合规风险，提供合规支持；

（7）违规事件的调查处理，起草违规处理决定；

（8）梳理企业内控流程，提出相关改进建议；

（9）审查企业内部管理制度、业务规程，提供合规改进建议；

（10）组织合规培训并向企业员工提供合规咨询服务；

（11）跟踪法律法规、监管规定和行业自律规则的变动、发展，并根据其有关要求提出制订或者修改企业内部规章制度的建议；

（12）相关辅助性工作和领导指派的其他工作。

（五）合规管理的主要内容

企业应以倡导合规经营价值观为导向，明确合规管理工作内容，健全合规管理架构，制定合规管理制度，完善合规运行机制，加强合规风险识别、评估与处置，开展合规评审与改进，培育合规文化，营造重视合规经营的企业氛围。

1. 合规管理的主要活动

合规管理旨在构造企业监督系统，对企业的决策系统、执行系统进行全程、动态的合规监控，监控的对象覆盖企业经营管理的全部内容，主要包括：

（1）定期学习法律、法规，传达监管要求，打造企业合规文化，提高员工合规意识；

（2）审核业务合同，各部门的制度和工作流程；

（3）依据合规要求，检查和评估日常经营管理活动的合规性；

（4）梳理整合各项法律法规、规章制度，开展合规培训；

（5）为新的承包合同提供合规支持；

（6）开展法律咨询，协同处理企业法律纠纷及其投诉。

2. 合规文化

合规文化建设是合规风险管理的一部分，同时也是企业文化建设的一部分。如果企业上下所有员工都严格遵守高标准的道德行为准则，那么该合规风险的管理是最为有效的。

在企业内部要形成浓厚的合规文化，做到人人合规。所有员工都要有足够的职业谨慎、具有诚信正直的个人品行以及良好的风险意识和行为规范。企业内部要具有清晰的责任制和问责制，以及相应的激励约束机制，形成所有员工理所当然要为自身从事的职业和所在岗位的工作负责任的氛围，进而逐步形成工程建设企业的合规文化。企业加强合规文化建设应从以下四个方面努力：

（1）管理层的重视。

（2）全员合规理念的建立，一定要改变钻政策空子，打擦边球的观念，打消侥幸心理。

（3）合规部门与其他部门的配合、信息交流，实现资源共享，协同作战。

（4）合规考核机制的有效落实。

3. **合规政策**

合规政策是企业体现合规理念，培育合规文化，制定实现合规目标的纲领性、指示性的文件，对企业开展合规工作提出了原则性要求。其内容包括：

（1）合规政策的制定。

企业的高级管理层（合规委员会）负责制定书面的合规政策，并根据合规风险管理状况和法律、规则、准则，以及项目所在地的政策、宗教和文化环境的情况适时修订合规政策，经董事会审议批准后传达给全体员工，定期评价各项合规政策和执行状况；若发现重大的合规问题，管理层必须立即向董事会汇报。

（2）进一步明确合规管理部门的职能。

为确保合规管理部门能在公司合规管理中充分发挥作用，对合规管理部门的责任至少应明确：①合规管理部门的功能和职责；②合规管理部门的权限；③合规负责人的合规管理职责；④保证合规负责人和合规管理部门独立性的各项措施，包括确保合规负责人和合规管理人员的合规管理职责与其承担的任何其他职责之间不产生利益冲突等；⑤合规管理部门与其他部门之间的协作关系；⑥设立分支机构合规管理部门或项目部合规管理部门的原则。

（3）合规政策的落实。

①高级管理层：负责贯彻执行合规政策，确保发现违规事件时及时采取适当的纠正措施，并追究违规责任人的相应责任。

②企业职能部门及各项目部：遵循企业合规政策，研究制定本部门或本项目决策和运作的各项制度流程并组织实施，定期对本部门或项目的合规风险进行评估，对其合规管理的有效性负责。

③合规管理部门：作为合规风险的日常管理部门，主要负责识别、评估和监控合规风险，并向管理层和董事会提出合规建议和报告。

4. **合规审核**

通过审核，对于外部监督可能发现的问题及时自查自纠，以减少企业损失，避免可能受到的处罚。

合规审核的程序一般包括：制定合规审核机制、合规审核调查、合规审核评价，具体内容见表 7–2。

表 7–2　合规审核的程序及内容

程序	内　　容
制定合规审核机制	制定合规审核计划，需要列出审核的目标、步骤和流程。
合规审核调查	合规人员开展内部合规审核时，可能出现内部人员不配合，刻意隐瞒实情的情况，需要合规部门人员进行审核调查，但审核调查手段不能干扰企业或项目的日常运作。
合规审核评价	合规审核工作需要进行阶段性的评估，可以由内部或外部人员进行，最终目的是改进合规部门的工作。

5. **合规审计**

企业合规管理职能应与内部审计职能分离。企业审计部门应对企业合规管理的执行情况、合规管理体系的适当性和有效性等进行独立审计。审计部门应将合规审计结果告知合规管理部门，合规管理部门也可根据合规风险的识别和评估情况向审计部门提出开展审计工作的建议。

6. **合规检查**

合规检查的主要对象是制度、程序和流程的执行情况，合规检查主要看企业各个层面，特别是施工项目部是否落实了合规要求，检查要点：

（1）企业各个层面是否按照相关法律法规和企业章程的规定履行职责，合规记录是否真实、准确、完整，是否按规定存档。

（2）合规问题的整改情况及违规责任人的处理情况。

（3）风险管理制度是否涵盖了不同风险控制环节。

（4）其他需要检查的内容。

7. **合规培训**

企业应将合规培训纳入员工培训计划，培训内容需随企业内外部环境变化进行动态调整。境外经营相关部门和境外分支机构的所有员工，均应接受合规培训，了解并掌握企业的合规管理制度和风险防控要求。决策层和高级管理层应带头接受合规培训，高风险领域、关键岗位员工应接受有针对性的专题合规培训。合规培训应做好记录留存。合规培训的内容包括但不限于：

（1）企业内部的员工守则和各项业务的合规制度。

（2）国际商业公约及项目所在国特定的合规要求。

(3) 境内外合规案例警示教育。

8. 合规汇报、举报与投诉

合规负责人和合规管理部门应享有畅通的合规汇报渠道。合规管理部门应当定期向决策层和高级管理层汇报合规管理情况。汇报内容一般包括但不限于合规风险评估情况，合规培训的组织情况和效果评估，发现的违规行为以及处理情况，违规行为可能给组织带来的合规风险，已识别的合规漏洞或缺陷，建议采取的纠正措施，合规管理工作的整体评价和分析等。

如发生性质严重或可能给企业带来重大合规风险的违规行为，合规负责人或合规管理部门应当及时向决策层和高级管理层汇报，提出风险警示，并采取纠正措施。

企业应根据自身特点和实际情况建立和完善合规信息举报体系。员工、客户和第三方均有权进行举报和投诉。企业应充分保护举报人。

合规管理部门或其他受理举报的监督部门应针对举报信息制定调查方案并开展调查。形成调查结论后，企业应按照相关管理制度对违规行为进行处理。

企业各层级人员对违规行为应有制止的义务，企业应有合规投诉处理的渠道和制度，合规投诉处理的流程为：接收、审议、改进、反馈。合规投诉处理的措施包括：

(1) 建立合规投诉渠道。

(2) 建立合规投诉的管理办法或处理流程等制度，其中建议含保密、奖励等内容。

(3) 规定相关处理极限范围、处理流程与时限等。

9. 合规考核

合规考核应全面覆盖企业的各项管理工作。合规考核结果应作为企业绩效考核的重要依据，与评优评先、职务任免、职务晋升以及薪酬待遇等挂钩。

境外经营相关部门和境外分支机构可以制定单独的合规绩效考核机制，也可将合规考核标准融入总体的绩效管理体系中。考核内容包括但不限于按时参加合规培训，严格执行合规管理制度，积极支持和配合合规管理机构工作，及时汇报合规风险等。

（1）建立考核目标。

企业应在相关部门和各层级建立合规目标作为考核依据。

企业策划如何实现合规目标时，应确定：

· 做什么；

· 需要什么资源；

· 谁负责；

· 何时完成；

· 结果如何评价。

（2）建立员工合规操守考核制。

建立包括合规操守、合规业绩考核在内的绩效管理体系。每年初根据境外企业项目建设和生产经营的实际情况，制定考核指标并与主要负责人签订责任书，采取“月度通报、季度考核、半年小结、年度清算”的考核机制，年底根据完成情况进行考核，合规业绩考核结果与企业工资总额、领导班子成员年薪和领导班子成员任职评价“三挂钩”。通过加强合规绩效考核，充分调动企业合规经营的积极性，促进资产的保值增值。将考核结果纳入年度绩效考核，与绩效工资挂钩，以增强员工合规意识，确保员工日常行为合规。

（3）建立违规问责制度。

对于发现的违规事件，要严格认定和追究违规行为人的责任，并采取有效的纠正措施，及时优化经营管理流程和修订相关规章制度，切实消除违规事件产生的负面影响。

10. 合规评价

企业应定期对合规管理体系进行系统全面的评价，发现和纠正合规管理贯彻执行中存在的问题，促进合规体系的不断完善。合规管理体系评价可由企业合规管理相关部门组织开展或委托外部专业机构开展。

企业在开展效果评价时，应考虑企业面临的合规要求变化情况，不断调整合规管理目标，更新合规风险管理措施，以满足内外部合规管理要求。

（1）建立法律法规及其他要求适用表。

①合规性评价的基础工作是建立适用的法律、法规及其他要求清单。

②合规渊源，包括：

· 立法机构和监管机构的法律、规则和准则；

· 市场惯例；

· 行业协会的行业规则；

· 内部职员行为准则；

· 诚实守信和道德行为准则。

③合规渊源的获取渠道。

（2）建立法律法规及其他要求合规性评价表。

建立法律法规及其他要求合规性评价表的原则和方法。

（3）进行合规性评价。

①归口管理部门；

②评价频次；

③评价人员；

④评价依据；

⑤评价内容；

⑥评价记录；

⑦不合规处置。

（4）提出改进方法。

①企业合规性评价和改进建议表。

②撰写企业规章制度的修改建议书，应注意：

· 如果企业的规章制度体系文件与现行的法律法规有冲突，则必须对规章制度体系进行修改。

· 应通过与有关部门的沟通，了解企业规章制度这样规定的原因，并探讨有无可能提出既合乎技术原理又合乎法律法规的方法。

· 在建议书中，必须写明既有文件的哪一部分与法律法规存在冲突，并给出修改意见。

四、合规管理中的风险控制方法

合规风险，是指企业或其员工因违规行为遭受法律制裁、监管处罚、重大财产损失或声誉损失以及其他负面影响的可能性。

合规管理部门应深入调查，梳理各操作岗位的工作规程，研究各岗位原有的内控风险、管理体系风险及法律风险，针对各环节隐藏的或者有可能发生的合规风险进行系统排查，并梳理成全面的合规管理风险。参照国家的法律法规、有关政策和行业标准规范，结合企业实际运营的情况，整理各业务领域需要遵守的法律法规和其他标准，结合上述排查的合规管理风险，细化业务操作标准，量化要求。之后，强调风险提示，列出哪些岗位会出现风险操作、风险级别、业务流程环节中容易出现风险的操作点以及风险控制措施，以便于业务操作人员在工作中能够有意地避开风险操作点，增强风险意识，加强自身责任感。这是企业达成合规要求，实现合规经营的根本策略。

整个风险管理过程是一个闭环系统（见图 7-1），随着风险应对策略的实施及风险监控过程中内外部环境或工作内容的变化，风险会出现许多变化。这些变化的信息可及时反馈，新的风险识别就能及时对新情况进行风险评估和分析，从而调整并实施风险应对策略。这样循环往复，保持风险管理过程的动态性，就能达到风险管理的预期目的。

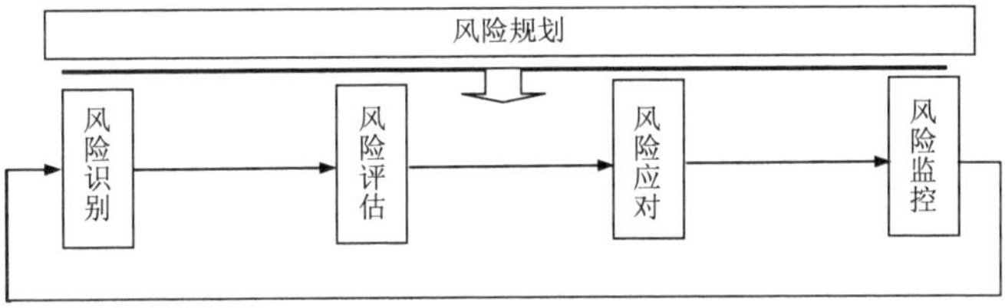

图 7-1 企业风险管理的全过程

（一）风险规划

风险规划是定义如何实施合规风险管理活动的过程，合规部门应该根据企业的业务类型、实施环境和人员特点，制定风险管理规划文档，即风险管理计划。该计划要与业务内容（如所承包的项目类型、项目战略优先级等）对企业和其他相关方的重要程度相匹配，其中特别需要注意的是业务（如工程项目承包）实施过程中关键相关方（如工程所在地政府、业主及企业自身领导层）对合规风险的容忍程度。

风险规划的内容应包括：

（1）确定合规风险管理的领导者和团队，明确其职责；

（2）确定合规风险管理活动所需资金及应急储备和管理储备的使用方案；

（3）确定在项目生命周期中实施合规风险管理过程的时间和频率；

（4）确定合规风险的分类方式和风险分解结构；

（5）记录各相关方的风险偏好度和风险临界值；

（6）根据具体的项目对风险的概率和影响进行定义；

（7）风险登记册、风险报告以及项目风险管理过程中的文档要求和内容格式等。

合规风险管理活动应纳入日常工作范畴，是合规管理工作的最重要组成部分。同时，企业应在合规风险规划阶段对各类相关人员做好合规培训工作。培训对象及内容见表 7-3。

表 7-3　合规培训对象及内容

序号	培训对象	培训内容
1	企业高层、高级合规官	如何建立企业合规管理体系
2	合规管理团队成员	合规管理团队的职责、应知应会等
3	从事境内经营的工程建设企业所有人员	境内合规要求、制度
4	从事境外经营的工程建设企业所有人员	境外合规要求、制度

可采取现场培训、书面培训、网络培训相结合的形式，由合规管理部门制定年度合规培训计划，由各业务部门提出培训需求，以工作

的实际需要为出发点，与岗位紧密结合，根据年度培训计划、国家政策法规的变化及企业业务发展需要实施培训，有计划、有目的地组织各种形式的合规培训，强化合规经营理念。

（二）风险识别

企业应当建立必要的制度和流程（风险规划），识别新的和变更的合规要求。企业可围绕关键岗位或者核心业务流程，通过合规咨询、审核、考核和违规查处等内部途径识别合规风险，也可通过外部法律顾问咨询、持续跟踪监管机构有关信息、参加行业组织研讨等方式获悉外部监管要求的变化，识别合规风险。

企业境外分支机构可通过聘请法律顾问、梳理行业合规案例等方式动态了解掌握业务所涉国家（地区）政治经济和法律环境的变化，及时采取应对措施，有效识别各类合规风险。

企业的合规风险识别工作应在整个经营过程中持续开展，并根据环境和业务特性的变化不断更新风险内容。

具体工程项目上的风险识别应以企业已识别的合规风险为基础，结合项目特性、所在地的环境（包含自然环境、社会环境、管理环境和作业环境）等因素，在合规管理部门的配合下，一同开展合规风险的识别。

可使用头脑风暴、核对单、访谈收集与风险相关的信息，通过根本原因、假设条件和制约因素、各种文件和SWOT（优势、劣势、机会和威胁）等分析风险及其来源，召开专门会议讨论和完善风险的识别。具体识别风险的方法见表7-4。

表 7-4　常见风险识别方法

名称	方式	说　明
调查法	访谈	约访专家、工程管理人员，或通过实地观察走访等识别潜在的风险。
	专家会议讨论	通过成立风险管理专家小组，召开会议，利用其专业知识和经验识别潜在的风险。
头脑风暴法	自由联想讨论	组织一群人自由联想、讨论，发表自己的观点或看法，互不强制干预对方。
核查法	核查表	将之前相似项目发生过的风险归纳总结列成清单，核查拟建项目是否存在该类风险。
分解法	工作分解法（WBS）	将复杂的整体工程进行系统分解（单项工程-单位工程-分部分项工程-工序），分析潜在的风险和损失。
	风险分解法（RBS）	将整个工程的风险从不同的方面或层次分类，再将大类风险分解为具体的子风险。
	WBS-RBS	将复杂的工程工作和风险分别分解成简单、易于理解的基本单元，再将其耦合形成 WBS-RBS 矩阵，找出可能的风险因素。
情景分析法	场景假设	设想同一环境不同情境下可能出现的风险和其带来的损失。
假设条件和制约因素分析	实施条件审查	每个项目及其项目管理计划的构思和开发都基于一系列的假设条件，并受一系列制约因素的限制。来探索假设条件和制约因素的有效性，确定其中哪些会引发风险。从假设条件的不准确、不稳定、不一致或不完整，可以识别出威胁，通过清除或改变会影响项目或过程执行的制约因素，可以创造出机会。

续 表

名称	方式	说　　明
流程图法	流程图	将项目划分为连续的作业流程，再将各个作业流程划分为若干个具体板块，分析各板块中潜在的风险。
SWOT 分析	多维度进行分析	项目的优势、劣势、机会和威胁（SWOT）进行逐个检查。
文件分析	历史资料分析	通过对企业或项目以往文件的结构化审查，可以识别出一些风险。可供审查的文件包括计划、假设条件、制约因素、以往项目档案、合同、协议和技术文件。

1. 合规风险识别的领域

企业识别、分析和评估合规风险可以从重点领域、重点环节、重点人员三方面考虑。

（1）重点领域：市场交易、商业伙伴、安全环保、施工质量、劳动用工、财务税收、知识产权、反腐、诚信与反贿赂。

（2）重点环节：重要决策事项事前合规审查。境外施工重大决策、重大合同、大额资金管控、境外子企业公司治理等。

（3）重点人员：管理人员、高风险岗位、海外人员。

2. 合规风险识别的框架

全面识别合规风险的一个良好方法是通过风险分解（RBS）建立合规风险识别框架。

（1）合规风险 RBS 建议，参见表 7-5。

表 7-5　不同类型风险需合规的内容或风险点

类别	需合规的内容或风险点
国际条约、惯例和协议合规风险 相关的规定主要来自联合国（UN）、国际劳工组织（ILO）、世界知识产权组织（WIPO）、国际标准化组织（ISO）、社会责任国际（SAI）、国际商会（ICC）、世界银行（WB）、石油输出国组织（OPEC）等	· 合同管理：FIDIC 条款、NEC 合同条款、JCT 合同条款、AIA 系列合同条件等； · 劳工权利：《国际劳工组织宪章》、《建筑业安全和卫生建议书》、《1990 年夜间工作公约》、SA 8000 等； · 知识产权：《保护工业产权巴黎公约》《专利合作条约》《世界版权公约》 等； · 环境保护：《生物多样性公约》《控制危险废物越境公约》《联合国气候变化框架公约》《巴塞尔公约》 等； · 财务报告：《COSO 全面风险管理框架》《COSO 内部控制整合框架》 等； · 国际贸易：《国际贸易术语解释通则》《商业跟单信用证统一惯例》 等； · 诚信与反贿赂：《世界银行诚信合规指南》《海外反腐败法》 等； · ……
国家（地区）性合规风险	· 美国的《海外反腐败法》《针对机构实体联邦量刑指南》《萨班斯-奥克斯利法案》； · 美国的“长臂管辖” 司法判例 ； · 所在国出于国家安全和国家利益做出的行政决定；如美国把华为公司列入出口管制“实体名单”； · 所在国及地区出入境相关规定； · 驻所在国使领馆的规定和要求； · ……

续　表

类别	需合规的内容或风险点
宗教、文化和习俗合规风险	· 基督教； · 伊斯兰教； · 佛教； · 当地的其他教派和习俗； · ……
国内施工企业涉及的主要法律、法规合规风险	1. 法律 《中华人民共和国建筑法》《中华人民共和国安全法》《中华人民共和国消防法》《中华人民共和国合同法》《中华人民共和国招标投标法》《中华人民共和国土地管理法》《中华人民共和国城乡规划法》《中华人民共和国环境保护法》《中华人民共和国环境影响评价法》《中华人民共和国保险法》《中华人民共和国劳动法》等。 2. 行政法规 《工程建设质量管理条例》《工程建设安全生产管理条例》《工程建设勘察设计管理条例》《中华人民共和国土地管理法实施条例》等。 3. 部门规章 《工程监理企业资质管理规定》《注册监理工程师管理规定》《工程建设监理范围和规模标准规定》《建筑工程设计招标投标管理办法》《房屋建筑和市政基础设施工程施工招标投标管理办法》《评标委员会和评标方法暂行规定》《建筑工程施工发包与承包计价管理办法》《建筑工程施工许可管理办法》《实施工程建设强制性标准监督规定》《房屋建筑工程质量保修办法》《房屋建筑工程和市政基础设施工程竣工验收备案管理暂行办法》《工程量清单计价规范》《工程建设施工现场管理规定》《建筑安全生产监督管理规定》《工程建设重大事故报告和调查程序规定》《城市建设档案管理规定》《增值税暂行条例实施细则》等。

续 表

类别	需合规的内容或风险点
国内外行业专业技术合规风险	指针对不同的行业、不同质量控制对象制定的专业技术规范文件。包括规范、规程、标准、规定等，如：工程建设项目质量检验评定标准，有关建筑材料、半成品和构配件质量方面的专门技术法规性文件，有关材料验收、包装和标志等方面的技术标准和规定，施工工艺质量等方面的技术法规性文件，有关新工艺、新技术、新材料、新设备的质量规定和鉴定意见等。
企业内部制度和流程合规风险	· 公司章程 · 公司制度和业务流程 · 工艺流程和操作手册 · ……

（2）全面风险识别 RBS 建议，见表 7-6 至表 7-17。

表 7-6　境外工程建设企业全面风险识别框架（RBS 0 级）

序号	层次	风险类型
1	国家层面	经济风险、政治风险、社会风险、自然风险、法律风险
2	项目层面	招投标风险、设计风险、施工风险、采购风险、业主方风险
3	企业层面	融资风险、资金风险、组织结构风险、人力资源管理风险

表 7-7　国家层面：经济风险清单（RBS 1~2 级）

序号	风险因素	风险源
1	经济发展	所在国经济 GDP 总量及发展趋势如何？经济产业结构是怎样的？经济发展规划和政策有哪些？
2	通货膨胀	所在国通货膨胀率是多少？是否得到有效控制？发展趋势如何？国家的货币政策如何？
3	政府财政和债务	政府财政收入、来源及占比是多少？政府财政收支情况如何？政府外债与内债情况如何？政府外汇收入、来源及储备情况如何？
4	市场竞争	政府投资和私人投资情况如何？市场竞争激烈情况如何？市场竞争者来自哪些国家？中国企业的市场份额、分布领域和竞争优势怎样？
5	汇率变化	所在国采用何种货币？是否是国际货币？与美元的兑换比率是否稳定？汇率的发展趋势怎样？
6	外汇管制	所在国是否是外汇管制国家？所在国的外汇储备怎样？外汇管制的对象是哪些？外汇管制的范围有哪些？
7	华人经济团体影响	所在国是否存在华人商会或经济团体？这些商会团体对所在国经济的影响力如何？与当地政府和社会组织团体的关系如何？
8	商业银行合作	所在国的主要商业银行有哪些？银行的资信、业务及收费、效率情况如何？外国人可否开立银行账号和可办理的业务情况有哪些？

表 7-8　国家层面：政治风险清单（RBS 1~2 级）

序号	风险因素	风险源
1	政治制度	所在国政治体制是哪种（民主共和制/君主立宪制）？所在国民主程度如何？是否存在以及多大程度的独裁？政治权力在各组织机构之间如何划分？

续 表

序号	风险因素	风险源
2	政党及政策	所在国的政党情况如何？是一党制、两党制还是多党制？主要政党有哪些？主要政党对国家政策和政治权利的影响怎样？执政党及其他政党对华态度怎样？
3	国家信誉	所在国的国际信誉如何？是否有国家信用评级？评级情况如何？
4	政府腐败	所在国政府廉洁情况如何？腐败行为严重程度如何？政府是否就腐败问题采取打击措施？政府打击力度和决心怎样？
5	政策连续性	国家政策是否稳定？近几届政府更迭过程是否稳定？新政府对原政府行为（各项政令及外交政策）继承是否完整及政策是否稳定？
6	政局稳定性	国家政局是否稳定？影响国家政局稳定的主要因素有哪些？
7	战争或内乱	所在国是否存在反政府武装或恐怖组织？其破坏活动近年来是否频繁？国家是否已采取军事行动？未来的安全形势会如何？
8	国家关系	所在国周边国家政局是否稳定？其与周边国家关系如何？国际上有无敌视国？中国在该国是否设有大使馆？其与中国合作情况如何？
9	舆论风险	我方在项目所在国设立的机构是否建立了舆情监控机制？
10	工程协会	所在国是否存在工程协会？工程协会的作用及其对市场的影响如何？
11	紧急事故应对	我方在所在国设立的机构是否建立了紧急情况的应对机制？包括哪些具体的应急保障措施？

续 表

序号	风险因素	风险源
12	项目安保	我方在所在国设立的机构是否建立了安全保障管理制度？当地是否有专业的安保公司？费用如何？当地政府可否提供安保力量？
13	市场歧视	建筑市场对外国承包商的态度如何？中资企业在当地受欢迎程度如何？

表 7-9　国家层面：社会风险清单（RBS 1~2 级）

序号	风险因素	风险源
1	民族冲突	所在国有多少民族？各民族之间的关系如何？主要民族占人口比例及其对国家政治、社会的影响？
2	宗教冲突	所在国有无宗教信仰？具体信仰哪些宗教？宗教之间的关系如何？宗教对国家政治、社会、文化等的影响程度如何？
3	风俗禁忌	所在国有哪些风俗习惯？禁忌有哪些？
4	法定假日	所在国有哪些法定节假日？法定假日多不多？节假日如何分布？
5	劳工素质	社会教育体系是否完善？教育是否普及？公民受教育程度如何？
6	交流障碍	所在国官方语言是什么？较为通行的外国语言有哪些？
7	医疗卫生	所在国医疗保障体制是否健全？医疗水平和伤病费用成本如何？
8	社会治安	社会治安状况如何？偷盗、抢劫等暴力犯罪率高不高？

表 7-10　国家层面：法律风险清单（RBS 1~2 级）

序号	风险因素	风险源
1	法制差异	所在国属于英美法系、大陆法系还是其他法系？
2	法制不健全	所在国的国家立法程序如何？法制是否健全？基本法律有哪些？法律法规调整是否频繁？
3	公民法律意识	当地法律文件是否易于获取？公民法律意识怎样？公民犯罪率如何？
4	执法风险	所在国执法部门法律执行力度如何？执法是否公正？
5	司法风险	司法环境如何？司法是否公正？司法效率如何？诉讼成本如何？
6	国际法约束	是否与中国签订双边或多边条约？是否共同加入某种国际组织？
7	公司法风险	所在国关于公司设立及治理的相关法律法规有哪些？主要规定是怎样的？
8	进口管理	所在国对进口程序和手续有哪些规定？海关检查是否严格？清关效率怎样？
9	外籍劳务限制	所在国关于外籍劳务的法律法规有哪些？是否对外籍劳务有明确的限制？外籍劳务需要办理哪些签证和手续？
10	外商投资法	所在国关于外商投资的法律法规有哪些？主要规定是怎样的？
11	投标法规	所在国关于投标的法律法规有哪些？主要的规定是怎样的？
12	合同法	所在国关于合同的法律法规有哪些？主要的规定是怎样的？
13	劳动法	所在国关于劳动关系、职业安全健康的法律法规有哪些？主要的规定是怎样的？对工人加班的时间和费用有何规定？

续 表

序号	风险因素	风险源
14	税法风险	所在国关于税收制度的法律法规有哪些？主要规定是怎样的？税率如何？对外国承包商有无优惠？税法是否定期修改？
15	环保法	所在国关于环境保护的法律法规有哪些？主要规定是怎样的？对于破坏环境行为的惩罚是怎样的？
16	企业资质管理	所在国关于建筑企业资质管理的法律法规有哪些？主要的规定是怎样的？资质分为几类几级？资质申请的程序和所需的材料有哪些？
17	工程纠纷管理	所在国关于诉讼、仲裁等争议解决方式的相关法律法规有哪些？主要的规定是怎样的？
18	所在国仲裁机构	所在国仲裁机构有哪些？这些机构的国际影响力、公正性、收费情况如何？
19	国际仲裁有效性	所在国是否为纽约公约成员？外国仲裁裁决在该国承认和执行情况如何？
20	法律资源获取	所在国的法律资源如何？有无国际知名律所？本国律师的水平和能力怎样？律师收费如何？该国有无知名的工程咨询专家和税务顾问专家？

表 7-11　国家层面：自然风险清单（RBS 1~2 级）

序号	风险因素	风险源
1	自然灾害	所在国自然灾害现象（地震、洪灾、旱灾、火山、台风等）是否严重？是否常年缺水？
2	气候恶劣	全年降雨量和气温如何？是否有明显的旱季和雨季？雨季和旱季分别是哪些月份？夏季的最高平均温度和冬季的最低平均温度是多少？

续 表

序号	风险因素	风险源
3	水文地质	所在国的地形地貌如何？水文地质条件是否复杂？
4	传染疾病	所在国是否为传染疾病高发区？主要的传染疾病有哪些？病情是否得到有效控制？公民的疾病防范意识如何？
5	生态保护	所在国是否注重对生态的保护？项目是否经过生态保护区？

表 7-12　项目层面：招投标风险清单（RBS 1~2 级）

序号	风险因素	风险源
1	投标程序	建筑市场投标的基本程序是什么？公正性如何？外国企业投标需要做哪些准备？
2	投标政策	所在国对本国企业和外国企业投标的政策是否不一样？具体政策是怎样的？
3	业主手续	业主的行政审批手续是否齐全？
4	工程量和工程范围	合同中关于工程项目内容描述是否清楚？是否存在可凭借推测和想象而导致工作范围扩大的成分？工程量是否有清单？
5	合同报价	合同计价方式约定是否明确？是固定总价合同还是可调总价合同？合同中有无关于价格调整方式的条款？合同价格包含的风险费是否足够？
6	融资要求	合同中是否要求承包商融资？融资额度是否超过企业规定标准？
7	保函担保	业主是否要求承包商提供保函担保？需要提供哪些保函？保函失效、失效条件及担保金额约定是否明确？
8	预付款约定	合同中是否约定工程预付款？预付款的比例是多少？预付款支付形式是什么？

续 表

序号	风险因素	风险源
9	进度款支付约定	合同中是否约定工程进度款的审批及支付时限？进度款的支付方式是什么？是否约定发包人未按时支付工程进度款的违约责任？
10	工程尾款支付约定	合同中是否约定工程尾款的审批和结算时限？工程尾款的支付方式是什么？是否约定发包人未按时支付工程尾款的违约责任？
11	质保金支付约定	合同中是否约定质量保修期和期满后工程质量保修款的清算和支付时限？
12	竣工结算约定	合同中是否约定工程竣工验收的条件？是否明确规定竣工结算审核单位和审核时限？是否约定中间结算和结算时限？
13	付款形式	合同工程款结算的币种有哪些？业主以何种方式付款？
14	工程变更	是否约定工程变更、洽商、签证价款的审批和支付时限？
15	违约赔偿	合同对双方违约的责任是否做出明确的规定和量化？是否约定赔偿的条件和形式？
16	条款不平等	业主是否特意将自身承担的风险定义模糊化？风险范围是否缩小？是否将一些不可抗风险全部强加给承包商？
17	条款不严谨	合同对一些重要性条款有没有清晰的定义？规定是否详细？前后是否存在矛盾？
18	合同条款误解	合同条款翻译是否正确？双方就条款的理解是否进行沟通并达成一致？
19	业主免责	合同条款关于业主责任的要求是否明确？有无具体的制约措施？

表 7-13 项目层面：设计风险清单（RBS 1~2 级）

序号	风险因素	风险源
1	设计标准	业主要求使用的设计标准规范是哪些？是中国标准、欧美标准还是所在国自身标准规范？设计分包商对国外标准规范的熟悉程度？
2	设计技术	设计院或分包商的资质如何？是否做过海外工程的设计？设计团队人员组成结构是否合理？设计人员的设计经验如何？
3	设计资料	业主提供的资料信息是否真实、完整，有无及时更新？承包商是否亲自到项目现场勘察过？勘察资料的深度和广度是否满足设计要求？
4	设计方案	承包商是否深入研究业主提出的技术指标和要求？设计方案是否合理？业主是否会因喜好任意要求承包商改变设计方案？业主对设计方案的审批效率如何？
5	设计变更	设计分包商是否正确理解业主的概念要求？业主对项目的要求是否一次性交代清楚？
6	衔接风险	设计部门的时间安排是否合理？与采购部门、施工部门工作的衔接是否顺畅？

表 7-14 项目层面：采购风险清单（RBS 1~2 级）

序号	风险因素	风险源
1	本地材料设备供应	所在国有无项目所需的材料设备？当地材料的质量能否达到项目要求？当地的材料生产能力和设备生产效率能否满足项目的需求？材料和设备的价格怎么样？
2	材料设备采购计划	各种材料和设备的采购来源是否合理安排（当地、中国还是第三国）？每次材料采购数量是否经济？采购计划是否合理和灵活？

续 表

序号	风险因素	风险源
3	供货商供货	供货商的信誉情况怎么样？供货数量和质量是否有保障？能否及时供货？供货规格是否与项目匹配？售后服务怎么样？
4	物流运输	物资运输形式和成本如何？运输速度和安全性如何？货物运输损耗大不大？清关手续是否复杂？货物是否在所在国进口管制名单内？
5	物价上涨	材料设备价格是否上涨？跨国采购时货币汇率是怎样的？
6	采购报价	业主是否指定供货商？供货商的数量是多少？承包商询价是否方便？供货商报价是否合理？供货商会不会坐地起价？

表 7-15 项目层面：施工风险清单（RBS 1~2 级）

序号	风险因素	风险源
1	施工技术	技术交底是否清楚？施工工艺是否落后？专项施工方案是否得到论证以及效果如何？有无采用新工艺和技术？
2	安全措施	现场安全措施是否到位？执行力如何？是否安排专职安全巡视员？
3	施工人员管理	施工人员素质如何？施工人员是否服从安排？施工人员是否会盗窃材料设备？施工人员是否会集体要求涨薪或罢工？施工人员是否接受加班安排？
4	分包商管理	分包商之间的施工界限是否清晰？分包商进场安排是否合理？与分包商之间的沟通是否顺畅？有无做好各分包商之间的协调？
5	材料设备管理	现场材料设备是否有专人看管？设备的保养怎样？材料的进场是否及时？设备之间的调度是否协调？

续　表

序号	风险因素	风险源
6	基础设施	施工现场供水供电是否充足？交通方不方便？
7	施工组织	施工方案是否可行？施工进度计划是否科学？施工现场平面布置是否合理？
8	施工影响控制	施工过程中有无注意保护周围的生态环境？有无干扰到周围居民的生活？有无对周围建筑和地下管线造成影响？
9	劳工流动	当地的劳工是否充足？劳工的流动性大不大？
10	技术文件翻译	公司是否拥有既会说当地语言又懂工程技术的人才？技术文件的翻译与原文贴近程度如何？
11	项目目标管理	项目目标分工是否明确？是否制定严格的项目目标管理体制？项目目标管理计划是否严格执行？

表 7-16　项目层面：业主方风险清单（RBS 1~2 级）

序号	风险因素	风险源
1	业主支付不及时	业主拖欠工程进度款和竣工结算款的情况？业主对承包商的请示回复情况？
2	业主干预	业主是否强行干预项目的管理？发出一些不合理的指令？
3	需求变更	业主会否因经济问题减少项目工作量或范围？业主是否要求承包商执行合同规定之外的工作？

表 7-17　企业层面：企业风险清单（RBS 1~2 级）

序号	风险因素	风险源
1	融资风险	企业的融资能力如何？融资渠道有哪些？融资是否得到国家支持？

续 表

序号	风险因素	风险源
2	资金短缺	企业的资金运转是否正常？是否有足够的资金维持垫资施工？
3	人力资源管理	企业雇用当地员工和国内员工的规划是否合理？员工的培训计划和费用如何？薪酬制度是否透明公正？
4	企业内部组织管理	企业的管理团队是否团结？内部是否拉帮结派？与当地建筑企业是否存在腐败交易？管理人员结构安排是否合理？各自的责任与权力是否明确？
5	组织结构	企业项目组织机构采用何种形式？机构设置是否合理？

3. **风险识别的结果**

风险识别的最终的成果是建立风险登记册，记录已经识别的风险、潜在的风险责任人和潜在的风险应对措施。

（三）风险评估

风险评估是指根据工程所处的环境，风险管理人员应用统计、概率分析等方法对已识别风险的发生概率和影响进行综合分析的过程。其主要目的是对风险进行优先级排序，筛选出重点关注的高优先级风险。

企业应通过考虑不合规的原因、来源、后果的严重程度及其后果发生的可能性进行合规风险评估。后果包括（不限于）：个人和环境伤害、经济损失、声誉损失和行政责任等。

企业可根据企业的规模、目标、市场环境及风险状况确定合规风险评估的标准和合规风险管理的优先级。

企业进行合规风险评估后应形成评估报告，供决策层、高级管理层和业务部门等使用。

风险具有动态性、紧迫性、临近性、潜伏性、可控性、连通性、可监测性、可管理性、不确定性、相对性、突发性等众多特性。传统的风险评价方法大都认为风险度为风险发生概率 P 与风险损失 I 的乘积，即 $R=P\times I$ 。这种分析方法仅从概率和损失两个维度来评价风险，不能全面反映风险的发生过程和规律，可能会导致错误的结果。有必要将风险分析从两维向三维甚至多维拓展，也就是除了考虑风险发生的概率和风险损失，还需考虑风险的可控性、紧迫性、临近性等风险特性指标，用风险特征向量表示如下：

$R=(R_1,R_2,R_3,R_4,R_5\cdots)$ =（概率、损失、可控、紧迫、临近……）

风险各评价维度的具体含义如下：

（1）发生概率：风险在工程全过程中发生的可能性大小。

（2）损失：风险发生后影响工程进度、质量、成本等目标而造成的损失，以及连带给企业的经济损失、声誉损失和行政责任等。

（3）紧迫性：为有效应对风险而必须采取应对措施的时间段。时间短就说明紧迫性高。

（4）邻近性：风险在多长时间后会影响一项或多项项目目标。时间短就说明邻近性高。

（5）可管理性：风险责任人（或责任组织）管理风险发生或影响的容易程度。如果容易管理，可管理性就高。

（6）可控性：风险责任人（或责任组织）能够控制风险后果的程度。如果后果很容易控制，可控性就高。

（7）可监测性：对风险发生或即将发生进行监测的容易程度。如果风险发生很容易监测，可监测性就高。

（8）连通性：风险与其他风险存在关联的程度大小。如果风险与多个其他风险存在关联，连通性就高。

（9）战略影响力：风险对组织战略目标潜在的正面或负面影响。如果风险对战略目标有重大影响，战略影响力就大。

（10）密切度：风险被一名或多名相关方认为要紧的程度。被认为很要紧的风险，密切度就高。

值得说明的是，并不是每一个风险特性都需要考虑，除概率和损失外，其他的特性根据项目的情况进行选择，并设定相应的权重。各项评分应由经验丰富的专家进行打分，评分的标准应在风险规划中设定，多位专家的多重评分会显著提高风险评估的准确性。表 7-18 是风险评估模型示例。

表 7-18　风险评估模型（示例）

风险 10 分制	维度	概率	损失	可监测性	紧迫性	…	综合 评分	优先级
	权重	30%	30%	5%	5%	…		
风险 A	—	9	8	8	8	…	8.3	1 级
风险 B	—	7	8	5	6	…	6.5	3 级
	…							

（四）风险应对

企业应建立健全合规风险应对机制，对识别评估的各类合规风险采取恰当的控制和处置措施。发生重大合规风险时，企业合规管理机构和其他相关部门应协同配合，依法及时采取补救措施，最大程度降低损失。必要时，应及时报告有关监管机构。

合规风险的应对主要从五个大方面考虑，即风险上报、风险规避、风险减轻、风险接受和风险转移。详见图 7-2。

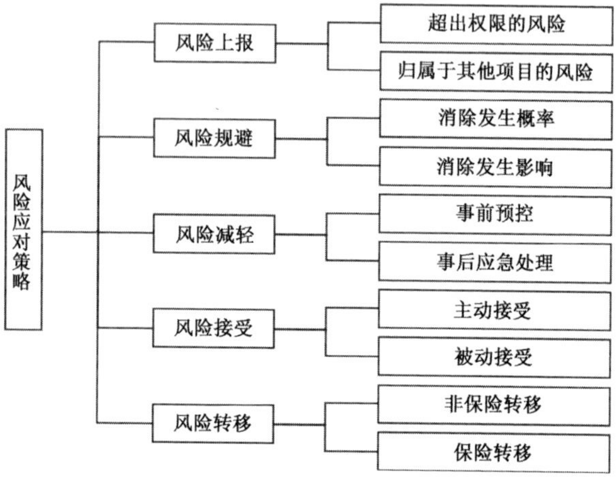

图 7-2　风险应对方案框架图

1. 风险上报

如果某风险不在职责范围内，或提议的应对措施超出了责任人能力或权限，就应该采用上报策略。被上报的风险将在相应的相关部门加以管理。而风险责任人确定应就风险通知哪些人员，并向该人员或组织部门传达关于该风险的详细信息。

上报策略带来的好处是能在更高层次进行统筹管理，能调动更多的资源来响应风险。合规管理人员应该充分意识到上报并不是责任推诿，也更应清楚地意识到如果在超出职权能力范围内自行管控风险或是瞒报而导致风险没有得到及时有效处理，都将导致最终的失控。

2. 风险规避

风险规避是指采取行动来消除威胁，避免受威胁的影响。规避策略其应对的核心是“阻断”，即把概率降低到零；或者风险发生了，主体也会受保护而不受影响。

某些合规风险发生概率和损失都很大，但又没有经济有效的措施来减小风险，合规管理人员就应该采取放弃项目或原计划，或者改变目标，避免损失。

采取风险规避策略常需同时满足以下三点：

（1）对合规风险要有足够的认识和把握。

（2）该风险发生的概率很高，带来的后果很严重。

（3）采用其他应对策略的代价超过风险所带来的经济效益，只有采取风险规避才能将项目损失降到最低。

但运用该策略时也须认识以下三点：

（1）风险是始终都存在的，规避这个风险可能会面对另外一个新的风险。

（2）规避风险也就丧失了从该风险中获取利益的机会。

（3）风险规避要把握最佳时机，当断则断。

正如上所述，在采取规避策略的时候，往往需要付出相对较大的代价，因此在制定策略的时候需要考虑经济性和可行性的权衡，如果无法完全规避，可以考虑强化其他策略。

3. 风险减轻

风险减轻是指采取措施来降低威胁发生的概率和（或）影响，最终使风险在可控范围内。当风险应对目标是只需可防可控时，或对于需要完全消除风险（高风险），但因风险特性或其他因素无法采取规避措施时，优先采用减轻策略。

采取减轻策略，在具体应对方案的制订时，从决定风险严重性的因素入手，通过强化过程控制来降低概率和损失。

减轻策略一般包括事前控制和事后控制。事前控制是指通过制定防范性措施来降低风险事件发生概率的行为，分为有形的和无形的。

有形的措施如高空作业人员必须系安全带，脚手架挂安全网；进场人员须戴安全帽；易燃易爆材料远离办公场所等。无形的措施如对现场工作人员进行风险教育，制定严格的风险管理制度，采取多种货币结算方式等。事后控制是指通过制定应急处理计划来尽量减小风险事故所造成的损失或抑制事故进一步发展的行为。相应的措施如调整施工进度和材料设备采购计划；准备索赔证据，计算索赔金额，递交索赔报告；查看项目资金链运转状况，调整融资计划等。

4. **风险接受**

风险接受，又称为风险自留。

风险接受是指承认风险的存在，事前不主动采取措施，因此它不改变风险的概率和损失，是依靠自身的力量来承担风险事故损失的行为。此策略可用于低优先级威胁，也可用于无法以任何其他方式加以经济有效应对的威胁。对于采用接受策略（暂时不管它）的风险，有两种建议，一是为它建立应急储备，包括预留时间、资金或资源以应对出现的威胁；二是定期审查，确保其并未发生重大改变。

5. **风险转移**

转移涉及将应对威胁的责任转移给第三方，让第三方管理风险并承担威胁产生的影响。采用转移策略，通常需要向承担威胁的一方支付风险转移费用。购买保险、使用履约保函、使用担保书或保证书是转移的最常见手段。

该行为并不能减小风险发生的概率和损失，而只是将风险损失转移给最有能力承担或控制的其他组织或个人。一般分为保险转移和非保险转移。

保险转移是指项目主体通过购买工程保险来将风险转移给保险公司。常见的保险转移措施有：建筑工程一切险、安装工程一切险、社会保险、车险、汇率险等。

非保险转移是指项目主体通过签订合同将风险转移给对方。该方法能够转移那些不可投保但被转移者长于该类风险管理的风险。但要注意被转移者的财务能力，一旦无法承受风险带来的损失而破产，那么最终的损失仍由转移者承担。此外为确保风险转移的顺利落实，在合同中须明确规定双方的权利与责任。常见的非保险转移措施有：工程分包、转包、担保、出售；技术转让；设备租赁；免责合同等。

（五）风险监控

监控风险是在整个项目期间，监督商定的风险应对策略的实施、跟踪已识别风险、识别和分析新风险，以及评估风险管理有效性的过程。

由于在项目实施过程中合规风险是不断变化的，企业应落实监控措施，管理合规义务和对应的合规风险，实现预期的行为。

采取有效的监控措施确保满足合规义务，能够预防或发现不合规事件并纠正。充分而严格地设计各类、各层次的监控措施，以促进企业的活动和运行环境实现合规义务。

比如，控制包括：

· 清晰、实用并易于遵循的文件化运行方针、程序、过程和操作指示；

· 系统和异常报告；

· 审批；

· 划分有冲突的角色和职责；

· 自动化过程；

· 年度合规计划；

· 员工绩效计划；

· 合规评估和审核；

· 管理层的承诺和促进合规行为的其他措施；

· 对预期的员工行为（标准、价值观和行为准则）进行主动、公开且经常的沟通。

风险监控方法如下：

（1）风险审计：专人督察风险监控机制的执行情况，并定期对风险执行过程进行审核。

（2）风险审查会：定期召开合规风险的审查会，来检查和记录风险应对策略的有效性。在风险审查中，还可以识别出新的合规风险，并及时制定应对措施。

（3）技术指标分析：比较计划技术指标与实际技术指标之间的差异。

（4）风险预警监督：度量项目在运作过程中某指标偏离预警线的强弱程度、发出预警信号并提前采取防范措施。

结　语

开展境外经营是中国企业实现企业发展战略，参与“一带一路”建设，推进中国与世界各国互利共赢的重要方式。强化合规经营意识是企业海外经营行稳致远的前提。

不论国内还是国外，廉洁、合规都已成为世界范围内对企业的基本要求，国际机构以及国家、行业组织等各个层面的监管力度都将越来越大，企业依法合规经营已经成为当今企业治理的国际趋势。中国的工程建设企业也应当积极顺应国际趋势，认识到建立合规制度、强化合规监管的重要性，努力建设和实施符合国际标准的合规经营制度。

我国工程建设企业在“走出去”过程中，因不合规被处罚的案例比比皆是，而在海外失败项目中的经验教训，往往具有很高的相似度。“屁股出去了，脑袋还留在国内”，这十分形象而深刻地概括了合规问题的成因。我国工程建设企业在国内市场的技术、工期等方面创造了一系列的工程奇迹，但是我们必须清楚地认识到，这些“奇迹”的产生是依赖中国这个得天独厚的市场环境，占尽“天时、地利、人和”，一旦脱离了这个熟悉的市场环境，丧失了赖以创造“奇迹”的土壤，中国承包商很难复制“中国速度”。

我国工程建设企业在几十年“走出去”的过程中所形成的经验，往往是以高成本作为代价的。而用高成本换来的境外工程经验，又常常是低效率的。一方面，获得经验的往往是个人，而个人的经验很难转化为组织合规体系的一部分，常常出现“人走了，经验也被带走了”的怪现象。然后，企业又不得不重新开始“交学费”和积累教训，很少能够像成熟的国际承包商那样，及时把经验和教训总结、固定下来，形成失败项目的案例库。另一方面，我国“走出去”的工程企业之间难以建立有效的沟通交流机制，个别企业的经验教训难以成为整个行业的共同财富。如果不能突破这种重蹈覆辙的恶性循环，我们所付出的“学费”会更加惊人。

因此，我们编制了本书，该书是境外合规经营的经验总结，期望能通过我们的努力，把大家的经验串联起来，能使境外经营人员及企业，对境外各国的经营方式及合规要求有总体的了解；同时，希望通过本书，加强企业对合规意识、合规文化及合规具体要求方面的重视。

附录

附录 1　加拿大部分政府部门和相关机构一览表

（1）政府门户网站 www. canada. ca
（2）公共安全部 www. publicsafety. gc. ca
（3）农业与农产品部 www. agr. gc. ca
（4）原住民与北方事务部 www. rcaanc-cirnac. gc. ca
（5）渔业与海洋部 www. dfo-mpo. gc. ca
（6）科学创新和经济发展部 www. ic. gc. ca
（7）司法部 www. justice. gc. ca
（8）全球事务部 www. international. gc. ca
（9）卫生部 www. hc-sc. gc. ca
（10）就业和社会发展部 www. hrsdc. gc. ca
（11）交通部 www. tc. gc. ca
（12）自然资源部 www. nrcan. gc. ca
（13）环境与气候变化部 www. ec. gc. ca
（14）移民、难民和公民部 www. cic. gc. ca
（15）基础设施部 www. infrastructure. gc. ca
（16）国防和武装力量部 www. forces. gc. ca
（17）退伍军人事务部 www. veteransgc. ca
（18）统计局 www. statcan. gc. ca
（19）标准委员会 www. scc. ca

（20）加拿大银行 www. bankofcanada. ca

（21）边境服务署 www. cbsa-asfc. gc. ca

（22）税务局 www. cra-arc. gc. ca

（23）食品检验署 www. inspection. gc. ca

（24）谷物委员会 www. grainscanada. gc. ca

（25）奶业委员会 www. cdc-ccl. gc. ca

（26）旅游局 www. destinationcanada. com

（27）文化遗产部 www. canada. pch. gc. ca

附录 2　加拿大华人商会、社团和主要中资企业一览表

1. 主要华人商会

（1）加拿大中国商会

电话：001-416-363-3235

传真：001-416-363-0152

邮件：ccpitcanada@ ccpit. org

地址：141 Adelaide Street W, Suite 1660, Toronto, Ontario, Canada M5H 3L5

（2）加拿大中国商会（安大略省）

电话：001-416-363-3235

传真：001-416-363-0152

邮件：ccpitcanada@ ccpit. org

地址：141 Adelaide Street W, Suite 1660, Toronto, Ontario, Canada M5H 3L5

（3）加拿大中国商会（不列颠哥伦比亚省）

电话：001-604-683-1088

传真：001-604-683-9228

电邮：bc@ chinachamber. ca

地址：1025 Dunsmuir Street, PO Box 49277, Vancouver, BC, V7X 1l3

（4）多伦多华商会

电话：001-416-595-0313

传真：001-416-595-7334

电邮：info@ tcbacanada. com

网址：www. tcbacanada. com

地址：1220 Ellesmere Road，Unit 13 Toronto，Ontario Canada M1P 2X5

（5）密西沙加华商会

电话：001-905-625-6222

传真：001-905-625-6225

电邮：mcba@ mcba-canada. com

网址：www. mcba-canada. com

地址：1550 South Gateway Road，Unit 223，Mississauga，ON L4W 5G6

（6）列治文山市万锦市华商会

电话：001-905-731-8806

传真：001-905-731-8867

电邮：info@ mrvcba. ca

网址：www. mrvcba. ca

地址：360 Highway 7 East，Lower Level One Richmond Hill，Ontario L4B 3Y7

（7）士嘉堡约克区华商会

电话：001-416-412-7661

传真：001-416-412-7661

电邮：canadasyrcba@ gmail. com

地址：4168 Finch Avenue E. PH#69, Toronto Ontario M1S 5H6

(8) 加拿大中华总商会

电话：778-883-8288

传真：604-227-3378

邮箱：cesc. canada@ gmail. com

网址：www. cesc-canada. com

地址：404-999 canada place，Vancouver，BC，Canada，V6C 3E2

2. 主要中资公司

(1) 中海油北美公司

电话：001-403-699-4000

传真：001-403-699-5736

(2) 中石化国际石油勘探开发公司加拿大公司

电话：001-403-266-6900

传真：001-403-817-4500

(3) 中油国际加拿大公司

电话：001-403-265-6635

传真：001-403-265-6636

(4) 兖煤加拿大资源有限公司

电话：001-306-668-5558

传真：001-306-668-5559

(5) 中国国际航空公司温哥华营业部

电话：001-604-685-0921

传真：001-604-685-5892

(6) 中国国际航空公司蒙特利尔营业部

电话：001-438-387-6661

传真：001-438-387-6669

（7）吉恩国际投资有限公司

电话：001-514-879-1688

传真：001-514-879-1795

（8）加拿大开滦德华矿业有限公司

电话：001-604-697-9212

传真：001-604-633-0342

（9）中国银行（加拿大）

电话：001-905-771-6886

传真：001-905-771-8555

（10）中国工商银行（加拿大）

电话：001-416-366-5888

传真：001-416-607-2030

（11）中国建设银行多伦多分行

电话：001-647-777-7700

传真：001-647-777-7739

（12）中国远洋海运集运（加拿大）公司

电话：001-604-689-8989

传真：001-604-689-8738

（13）中国电信（加拿大）公司

电话：001-289-597-8338

传真：001-289-597-3888

（14）华为技术加拿大有限公司

电话：001-905-944-5000

传真：001-905-944-5028

（15）中兴加拿大公司

电话：001-416-753-8858

传真：001-416-753-8857

（16）龙源加拿大可再生能源有限公司

电话：001-416-546-9634

传真：001-416-551-3617

附录3 中加使领馆信息

（1）中国驻加拿大大使馆

地址：515 St. Pptrick Street, Ottawa, Ontario, CANADA, K1N 5H3

信箱：P. O. Box 8935 New Terminal, Alta Vista, Ottawa, Canada

电话：001-613-7893434/7910511

传真：001-613-7891911/7891414

网址：ca. china-embassy. gov. cn

电子邮箱：chinaemb_ ca@ mfa. gov. cn

（2）中国驻多伦多总领事馆

地址：240 St. George Street, Toronto, Ontario, Canada, M5R 2P4

电话：001-416-9647260

传真：001-416-3246468、3249013

网址：toronto. china-consulate. gov. cn

电子邮箱：chinaconsul_ tor_ ca@ mfa. gov. cn

（3）中国驻卡尔加里总领事馆

地址：Suite 100, 1011-6th Ave. , S. W. , Calgary, Alberta, Canada, T2P 0W1

电话：001-403-5376922, 2643350

传真：001-403-5371286, 2646656

网址：calgary. china-consulate. gov. cn

电子邮箱：chinaconsul_ cal_ ca@ mfa. gov. cn

（4）中国驻蒙特利尔总领事馆

地址：2100 Ste - Catherine West，8th floor Montreal，Quebec，Canada，H3H 2T3

电话：001-514-4196748

传真：001-514-8789692

网址：montreal. china-consulate. gov. cn

电子邮箱：consulate_ mtl@ mfa. gov. cn

（5）中国驻温哥华总领事馆

地 址：3380 Granville St.，Vancouver，B. C. V6H3K3，Canada，V6H3K3

电话：001-604-7347492、7365188

传真：001-604-7370154、7364343

网址：vancouver. china-consulate. gov. cn

电子邮箱：

商务组：commerce@ chinaconsulatevan. org

科技室：stoffice@ chinaconsulatevan. org

教育组：eduvation@ chinaconsulatevan. org

（6）加拿大驻华大使馆

办公处：北京市东直门外大街 19 号

电话：010-51394000

（7）加拿大驻上海总领事馆

办公处：上海市南京西路 1788 号 1788 国际中心 8 楼

电话：021-32792800

传真：021-32792801，32792892（签证处）

领区：上海、浙江、江苏、安徽、湖北

（8）加拿大驻广州总领事馆

办公处：广东省广州市天河区天河路 385 号太古汇一座 26 层

电话：020-86116100

传真：020-86116196

领区：广东、广西、福建、海南、湖南、江西

（9）加拿大驻重庆总领事馆

办公处：重庆市渝中区邹容路 68 号大都会商厦 17 楼

电话：023-63738007

传真：023-63738026

领区：重庆、四川、贵州、云南